让 我 们 一 起 追 寻

Edwin W. Martin
Divided Counsel: The Anglo-American Response to Communist Victory in China
Published by agreement with the University Press of Kentucky

本书根据美国肯塔基大学出版社 1986 年版译出

抉 择
与
分 歧

The Anglo-American Response
to Communist Victory in China

英美对
共产党在中国胜利的
反应

［美］埃德温·W. 马丁 / 著　　姜中才 于占杰 / 译　　姜中才 / 校
（Edwin W. Martin）

社会科学文献出版社
SOCIAL SCIENCES ACADEMIC PRESS (CHINA)

献给艾玛·罗斯（Emma Rose）

译者前言

自中美关系正常化以来，尤其是中国经济总量跃居世界第二并紧追第一的美国以来，世界上最大最强的发展中国家中国与最大最强的发达国家美国之间的关系成为当今世界最重要的国际关系——没有之一。

"历史从哪里开始，思想进程也应当从哪里开始。"研究20世纪40年代末50年代初的中国共产党和中华人民共和国与美国关系，成为国内外史学界的一个热门课题。翻译出版埃德温·W.马丁《抉择与分歧——英美对共产党在中国胜利的反应》一书，无疑会对早期中美关系的研究起到有价值的参考作用，这不仅因为作者是新中国成立前后美国在中国和东南亚的职业外交人员，而且因为作者使用的许多档案资料都是非常新颖的。更有意义的是，作者不是单纯论述新中国初创时期美国对华政策的演变过程，而是将这一过程与当时中苏关系和中国共产党对美政策的变化相交织，尤其是与英国对华政策的演变相对照，从而使这一时期中美关系的演变过程能从一个较新的角度得以审视，进而使这段历史中一些长期未公开的情况得以为世人所知。

不仅如此，随着当今中美关系、中俄美俄关系、中欧美欧关系的愈发复杂，不仅国内外史学界，而且国内外政界、知识界的有关人士也越来越对中美早期关系发生兴趣，试图从中发现对中苏和中美关系在20世纪50~70年代发生的戏剧性变化的历史性解释和说明，并试图从历史的启迪中寻找破解上述关系尤其是中美俄大三角关系的钥匙。翻译出版本书，无疑也会在一定程度上满足人们的这种需求。

最后要指出的是，受作者立场的限制，书中一些观点及部分引用资料带有一定的偏见，而且对某些事情的叙述和描绘也有片面不实以至于歪曲和附会之处，望读者阅读时加以注意。另外，书中正文内凡以"译者注"形式出现的注释，均为中译本的译者所加，特此说明。

社会科学文献出版社曹义恒先生为本书的出版提供了许多帮助，在此表示感谢。

2015 年 10 月 1 日

原版前言

美国在与中华人民共和国的早期关系中的推迟承认政策的失误,曾引起了长期的争论。在这一争论中,人们在很大程度上忽视了美国直至1950年仍在努力使自己以官方形式留在中共统治区域的真相。而且,在对这个时期的中美关系问题的争论中,由于一些重要的事实被偏见所掩盖,或者说遭到了歪曲,因而很难做出公正的判断。本书作者埃德温·W.马丁通过运用权威性文献资料,详细叙述美国对得胜的中共自1948年11月占领沈阳至介入朝鲜战争、拒绝联合国停火建议期间实施的政策和行动的反应,将这段历史中被混淆的部分澄清过来。

非常难得的是,马丁还根据近期发表的英国外交部文件,平行地叙述了当时的中英关系,这对人们了解当时美国对华政策的演变过程很有益处。更有意思的是,英美两国政府向中共接近的初期努力都失败了,它们都过高地估计了自己影响中国政局的能力和中共与苏联关系的脆弱性。直到1954年日内瓦会议召开的时候,中共才改变了它在1949~1950年所坚持的外交政策和立场。

本书关于美国与中华人民共和国早期关系的新观点,必将受到关心亚洲历史和外交事务的各界人士的欢迎。

作者前言

当我开始为本书搜集材料时，本打算着重写一写美国对于共产党在中国的胜利是如何做出反应的。因为在我看来，在现有的中美关系题材的著作中，这方面的真实情况还没有得到充分的说明。例如，长期以来我就发觉：一些有见识的人一般都不知道，在中华人民共和国成立前后的几个月里，美国官方曾试图继续留在共产党控制的中国地区，美国代表也曾徒劳无益地试图和中共官方讨论一些具体问题。

按照这样的设想，我原来只打算在书中附带地写一下自美国官员于1950年春撤离中国后，英国人充当美国在华权益代理人的情况。但在查阅了英国外交部的文件后，我决定改变原来的写作设想，对中英关系也给予足够的重视。这是因为，通过详细对照当时英国外交部和美国国务院对共产党在中国实施的政策的反应，能使我从一个全新的角度审视那一时期中美关系的演变过程。当年英国选择了美国应该选择却未能选择的对华政策，然而美国的对华政策也并不像一般所认为的那样在英美分歧中起了多么重要的作用。本书所探索的主要问题是：当年英美的对华政策是如何以及为何发生分歧的。

本书的主体内容是探讨1948年底至1951年初英美对华政策的演变。这是比较合乎逻辑的，因为在1951年春天以后的几年里，英美的对华政策没有发生什么有意义的变化。尽管如此，我还是追加了两章篇幅，叙述1953～1954年英美对华政策的进展，因为北京的对英政策和对美政策在1954年的日内瓦会议上发生了值得注意的变化，这不能不在一定程度上影响到英美的对华政策。如果北京的这一政策变化发生在朝鲜战争之前而不是之后，中英和中美关系的发展进程就远不会像当初那样曲折了。

致　谢

在撰写本书的过程中，经美国科学研究会审批通过，我获得了彭罗斯基金会的资金支持，从而使我得以在英国档案局进行研究；哈定德郡大学特雷弗·梅教授为我写了极有帮助的介绍信；英国档案局也对我的研究给予了大力协助。在此，我一并向他们表示感谢。美国档案处的萨莉·马克斯热情而干练，为我的研究提供了诸多方便。

我要特别感谢约翰斯·霍普金斯大学高级国际研究院的拉尔夫·克拉夫先生，他为本书的写作提供了许多深刻的见解和建议。凯瑟琳·福曼耐心细致地多次审阅了本书的底稿，罗伯特·艾尔沃德向我提供了宝贵的原始资料，在此我也向他们表示感谢。我还要感谢格拉迪丝·哈伯德·斯威夫特，她向我提供了她父亲的信件以及口述历史录音带，并允许我在本书中引用。傅泾波、菲利普·曼哈德和史笃克等也为本书的写作提出了很有见地的观点，在此也向他们谨致谢忱。

目 录

译者前言 ／1

原版前言 ／1

作者前言 ／1

致 谢 ／1

上篇 原地不动

第一章 对胜利示威的反应 ／3

第二章 原地不动 ／7

第三章 苏联和中共 ／17

第四章 英美的政策 ／22

第五章 司徒雷登大使的主动 ／28

第六章 司徒雷登和黄华的晤谈 ／33

第七章 周恩来的新方针 ／39

第八章 郁闷的上海 ／48

第九章 毛泽东发出邀请 ／53

第十章 撤离中的坚持 ／60

第十一章　封锁　/ 67

第十二章　英美之间的政策分歧　/ 78

中篇　承认与撤退

第十三章　中华人民共和国宣告成立　/ 89

第十四章　"华德事件"的考验　/ 95

第十五章　英国考虑承认问题　/ 104

第十六章　美国确定对台政策　/ 113

第十七章　英国承认中华人民共和国　/ 120

第十八章　收回美国领事馆地产　/ 127

第十九章　中苏条约　/ 137

第二十章　英国遇挫　/ 142

第二十一章　离境的风险　/ 150

第二十二章　美国的一个试探性举动　/ 160

第二十三章　中英相互不满　/ 165

第二十四章　外国企业受到排挤　/ 173

下篇　朝鲜战争的影响

第二十五章　美国对台政策的转变　/ 181

第二十六章　对台湾中立化政策的反应　/ 188

第二十七章　禁运对贸易的影响　/ 198

第二十八章　英国在华艰难立足　/ 203

第二十九章　焦点在联合国　/210

第三十章　中国介入朝鲜战争　/219

第三十一章　灵活性的终结　/229

第三十二章　监禁与留难　/243

第三十三章　朝鲜战争的苦果　/260

第三十四章　中华人民共和国政策的转变　/269

结　语

注　释　/288

索　引　/341

上篇　原地不动

第一章　对胜利示威的反应

1948年岁末的几个星期，在中国内战的战场上，共产党接连不断地取得了令人震惊的军事胜利。11月，刚刚征服了东北①的共产党军队又马不停蹄地挥师南下，开始威胁华北平原的两大城市——天津和北平。翌年初，共产党军队先后占领了这两座城市。与此同时，在华东的淮海战役中，据中共自己报道，"共六十余万人"的共产党军队歼灭了五十多万国民党的军队，并使国民党政府的首都南京"处在人民解放军的直接威胁之下"。[1]

在这一系列示威性的军事胜利中，中国共产党中央委员会主席毛泽东于1949年1月1日向中国人民发表新年献词宣称，"中国的反动派"和"美国帝国主义在中国的侵略势力"看到了"中国人民解放战争在全国范围内的胜利，已经不能用单纯的军事斗争的方法加以阻止"，因此，他们一天比一天地重视"政治斗争"的方法，即"利用现存的国民党政府来进行'和平'阴谋"。但是，毛泽东当时没有和谈的兴趣。他宣称："现在摆在中国人民……面前的问题，是将革命进行到底呢，还是使革命半途而废呢？……只有彻底地消灭了中国反动派，驱逐了美国帝国主义的侵略势力出中国，中国才能有独立，才能有民主，才能有和平。"[2]

---

① 对于中国东北地区，当时西方习惯称"满洲"，后来亦逐渐称"东北"。为方便起见，本书一律译为"东北"或"东北地区"。——译者注

早在一年前，在向中国共产党中央委员会做的一个报告中，毛泽东就宣布，在全世界范围内，"以苏联为首的民主势力"反对"帝国主义和反民主的阵营"的斗争，已经达到了一个转折点，"全世界反帝国主义阵营的力量超过了帝国主义阵营的力量"。中央委员会通过了毛泽东的报告，并在决议中指出，"中国人民革命战争"应该"不间断地"发展到"完全胜利"，"应该不让敌人用缓兵之计（和谈）获得休整时间"。[3] 这样看来，如果说毛泽东的1949年新年献词反映了中共之决心的话，那么，这种决心又由于当时一系列军事胜利而更加坚定了，迫使其革命的对象没有考虑调和与妥协的余地。

英美决策人物对共产党力量在中国的勃兴再也不能漠然视之了，他们开始尽可能地制订应对计划，使自己的政策适应变化了的形势。1948年12月13日，英国召开内阁会议，讨论外交部提交的关于"我们应该采取怎样的行动来反击共产主义在中国及毗邻的远东地区的扩散"的备忘录。内阁会议断定，美国是唯一能够在中国采取反击行动的力量，但美国不可能采取这种行动，即使采取行动，效果如何也不好说。[4] 1949年1月11日，英国驻华盛顿大使向美国国务院递交了一份反映英国内阁会议上述观点的政策文件。该文件指出：只有美国能够"为反击共产党的行动提供资金、物资和军事装备上的支持"；而英国在中国的最好希望是"保持一个立足点……原地不动，以寻求同中共建立不可避免的事实上的关系，以及调查开展贸易的可能性"。[5]

恰好也在1月11日，美国国家安全委员会制定了一份文件（NSC34/1），将美国在华新目标确立为"让中国人自己最终发展一个对美国友好的统一、稳定和独立的中国"。然而，该文件清楚地意识到，不能指望中国的任何一个集团来实现这一目标：国民党政府不知道还能挺多久，共产党又持不友好态度。有鉴于此，国家安全委员会认为，美国的短期目标应该是"阻止中国成为苏联力量的附庸"。在准备 NSC34/1 文件时，美苏之间的冷战已经进行了相当长的一段时间，柏林墙已经开始全力修建达数月之久了。

国家安全委员会没有明确指出美国应该采取什么样的行动来避免中国成为苏联力量的附庸，却建议美国政府制订有关计划，以准备利用一切可能出现的机会，使美国政策"保持灵活性，避免无可挽回地束缚在一条行动路线或一个派别身上"。关于中国，该委员会还规定了一条重要的限制性条款："在先后次序上，中国应排在另外一些地区之后——这些地区对美国的安全利益更为直接攸关，值得美国为之花费更多的财力。"[6]

毫无疑问，中共的军事胜利对国民党政府产生了巨大的政治影响。本来，公众对蒋介石的领导能力已经失去了信心，如今愈加失望，而国民党政府内部主和派的支持率却在迅速上升。出生在中国的传教士、1946 年年中以来一直任美国驻华大使的司徒雷登，于 1948 年 12 月 21 日以个人名义发给乔治·马歇尔国务卿的一封电报称"蒋介石已彻底地失去了公众的信任"，"要求蒋介石下野的呼声很高"，"国民政府各级官员大部分都是这种看法"。[7]就在这份电报发出一个月之后，蒋介石终于通电下野，把和谈丢给了他在国民党内的主要政敌——副总统李宗仁。

随着中共在战场上的节节胜利，李宗仁几乎不可能指望在和共产党的谈判中捞到任何可以挽救其政府失败的稻草。而且，共产党在1949年1月14日通过其控制的陕北电台广播宣布的关于和谈的八项条件，也几乎没有为促成和谈做出半点让步。其中第一条就是"严惩战犯"，蒋介石名列榜首。美国驻华大使称，共产党的条款"几乎是要求政府无条件投降"，并指出："现在最直接的和最无法调和的分歧，是国民党要求先停战再和谈，而共产党则坚持在国民党全盘接受共产党提出的和谈条件后才能停战。"[8]

尽管和谈已经没有什么希望，李代总统还是决定派出一个代表团到北平，共产党同意接待这个代表团，但必须以八项条件为基础。在美国大使馆看来，这是"没有任何讨价还价余地"的条件，李宗仁"要么完全屈服，要么继续抵抗"，没有其他选择；李宗仁十有八九会选择继续抵抗。[9]李宗仁最终选择了抵抗，只是他是在这个代表团在北平度过了毫无成果的三个月之后才做出这样的选择。最终，李宗仁的抵抗也徒劳无功。

第二章　原地不动

当共产党在东北和华北取得一系列军事胜利之际，英美采取了一个关键性的反应步骤——原地不动。首先是在东北的重工业城市沈阳被中国人民解放军占领时，美国驻那里的总领事馆仍然对外办公。其次是在天津和北平失守时，美国驻那里的总领事馆采取了类似于在沈阳的政策。美国国务院当时认为，在共产党统治下的中国，至少美国企业和慈善机构还会继续存在下去。美国国务院甚至鼓励这些企业和慈善机构中的重要人员原地坚持，并向他们保证：一旦事态紧急，他们将获得同仍坚守不撤的领事人员一样的待遇。美国国务院最终希望的是，即使中国内战不可避免地席卷到在华的外交机构，但国务院仍维持当前所有在华的外交机构，鼓励那些对于美国企业和慈善机构的照常运转具有重要作用的侨民留下来。[1] 与此同时，那些无足轻重的美国侨民则不时被警告待在中国是危险的，并被劝告离开中国。

英美等国在共产党占领的城市继续开放领事馆的决定是符合国际外交惯例的，但是，要其在驻华大使馆的问题上做出类似决定，在政治上就比较敏感了。1949年1月26日，司徒雷登等各国驻华大使接到南京国民政府外交部的正式照会，宣布中华民国政府将迁往广州，要求各外交机构随行。[2] 对这个照会，司徒雷登在其自传中是这样看的："政府为顾及其声望，自然希望外交机构随迁广州。在法律上，我们都是政府正式派驻的大使，照理应随迁至'临时首都'。"[3]

考虑到共产党在淮海战役后对南京构成的威胁，国民政府外交部的上述要求并不奇怪。事实上，司徒雷登大使和北大西洋集团的其他大使就迁穗的可能性的讨论已经有一些时间了。[4]在1月19日的一次会议上，他们一致同意向各自政府建议，如果国民政府真要迁往广州，每位大使就从其下属中选派一名高级官员随往（当然，如有可能，可再派一些人随这名高官一同前往），以保持同国民政府的接触。考虑到未来可能出现的情况，大使应原地不动。[5]这个建议与上个月由美国国务院起草的应急计划是一致的。[6]不过，整个计划还要经过华盛顿的评估，才能决定国务院关于司徒雷登大使留在南京的计划。

至于为什么做出这个决定，美国国务院远东司司长沃尔顿·巴特沃斯在给代国务卿罗伯特·洛维特的一份备忘录中做了详细说明。[7]在巴特沃斯看来，在华的大部分美国商人和传教士很快都要处在共产党统治的地区。如果司徒雷登大使撤出南京，就会被看成美国意欲继续扶持中国国民党，这样一来，美国就没有理由待在共产党的统治区。"如果美国要在这些地区保护乃至促进自身的利益"，巴特沃斯解释道，"就必须有官方代表和这些地区的中央统治当局进行接触。"[8]

巴特沃斯承认，对于不让司徒雷登大使随中华民国政府迁穗的决定，会招致国会部分议员和新闻记者的猛烈抨击，但他强调，这些人没有认识到军事形势已处于绝望的境地。他认为，用美国驻华联合军事顾问团团长巴大维将军的话说就是，要使国民党政府在华南立足，美国就得提供无限制的援助，包括直接部署美国军队。巴大维极力反对此类决定，认为美国政府绝不应该为救国民政府而走得太远。只有两个选择：要么美国从中国完全撤出,要么就是尽可能地维护美国在华利益,以此影响最终的结局。[9]把司徒雷登大使留在南京,正是为了实现后一个目标。

杜鲁门总统最终批准了国务院关于司徒雷登在南京原地不动的建议,他的这一批示与北大西洋集团其他国家的立场一致。[10]然而,不到三个月后,共产党就占领了南京,美国及其盟国做出的把大使留在南京的决定就要接受共产党的考验了。

与此同时,共产党在其占领的城市中却发出通牒:如果西方通行的国际惯例不符合他们的要求,他们就不按照这种惯例去搞外交。不过,自1948年11月1日占领沈阳起的两个星期里,共产党是按照这种惯例来处理涉及外国人的事务的。11月5日,新任沈阳市市长朱其文代表当局将英、法、美总领事召集到他的办公室,当面允诺将给领事馆全体人员发放身份证,并为领事馆的汽车发放三角旗,作为识别标志。[11]四天后,这位市长又以官方身份回访了各国领事馆。在此期间,美国总领事华德①收到了"几封来自地方当局的信件",收信人要么写的是作为总领事的华德,要么是"美国总领事馆办公室"。这使华德断定:"当时共产党当局的意图很明显,就是承认我们,允许我们仍作为美国政府的官方机构行使职责。"[12]

共产党在沈阳给予外国领事馆的待遇是非常符合国际惯例的,连美国国务院都援引此例来打消其他共产党军队所经过的城市中的美国人的顾虑。[13]但是,好景不长,没过多久,这种待遇就不复存在了。正如当时美国驻沈阳副领事史笃克后来回忆:

---

① 华德(Angus Ward),中方电报和文件中称瓦尔德。——译者注

一份注明日期为11月14日、收信人为"前"美国领事的通知书（同样的公文也寄给了"前"法国领事和英国领事）要求所有外国人必须在四十八小时内全部交出他们所掌控的"电台"。总领事华德要求会见市长，就这个通知的内容交换意见，但没有得到市政府的答复，尽管提了好几次会见的要求……华德先生只得告知沈阳卫戍司令（他组织起草了那份通知书）：要答复这一通知，至少需要四十八小时，因为这些设备是美国政府的财产，领事馆要对其进行处理必须同美国政府会商；但同时他答应会尽快做出反应，而那位卫戍司令拒绝照此办理……

当时领事馆用的通信设备和编码机都是临时凑集的，要在四十八小时内得到华盛顿的指示是不可能的。规定的时间一到，显然得到了明确指示的沈阳驻军的司令立即派兵包围了美国驻沈阳总领事馆，切断了领事馆的电源、水源，领事馆全体人员都被软禁，不得与外界接触。[14]

就这样，沈阳新政权突然地、单方面地破灭了美国想通过领事官员与他们建立工作关系的希望。当时，美国驻沈阳领事馆的人都是自愿留在那里的，他们兴奋地期待着成为中共控制地区的首家美国领事馆。作为总领事的华德曾从国务院得到指示，寻找和共产党地方官员对话的机会。他为此也进行了不懈努力，且一开始看上去还充满了希望。[15]

在一段时间内，国务院没有意识到其驻沈阳领事馆到底发生了什么事，只认为那个领事馆是被禁止传送文电。这样，国务院便于12月2日指示美国驻香港总领事霍珀派人就沈阳的形势通知中共驻香港的代表，并探询一下他们是否能让华德接收一份文电。[16]这个努力也是无果而终。[17]翌年 3 月 2 日,国务院再次做出努力,指示其驻北平总领事柯乐博设法见到"尽可能高级的共产党领导人",代表美国政府就"接连传出的沈阳通信一直中断及领事馆人员遭到共产党限制的传闻"向中共方面质询。同时柯乐博指出:"国际惯例是允许外国常驻领事在政府间尚未承认的时期继续在其领事职权范围内行使其合法而恰当的职责的。"他可以承认,出于军事和行政的紧急需要,临时中断美国总领事馆的通信是可以理解的,然而,他必须强调,由于在"这样长的时间内"得不到总领事馆的任何通信联系,并"接连收到关于美国领事人员遭到限制的尚未证实的报告",已引起了美国政府的严重关注。[18]

柯乐博带着质询信来到位于北平的外事处,当面把信交给一位级别较低的官员。四十五分钟后,这位官员带着一位据称是外事处负责人的官员从里面出来。他叫李立华(音译),他告诉柯乐博说,信中的意思他全知道了,柯乐博可以把它拿回去了。李立华未说是否给予考虑,因为外事处和市政府的职权只限于北平,他不能做出尽早答复的允诺。[19]李立华的小心是明智的,因为事实证明,这封信从未得到过答复,尽管这对美国是十分重要的。

美国国务院给柯乐博的质询信同时也电告给美国驻香港总领事,责其转交给中共驻那里的高级官员。然而,这位总领事和北平的柯乐博一样,都是无果而终。在"没有得到承认"的情况下,中共驻香港高级领导人是不会会见美国总领事的。无奈之下,只好由副领事理查德·瑟维斯把信转交给新华社驻香港代表乔木,①求他再转交中共当地最高领导人。但是,乔

---

① 即乔冠华。——译者注

木于四天后把信退给了瑟维斯,同时给他一张私人便条,上面写道:"很抱歉,我不能转递这样的信。"[20]

此后不久,英国驻沈阳领事馆的通信也被切断了。英国外交部试图通过香港政府就此事与中共接触,但香港总督不想"在目前情况下给中共以某种程度的官方承认的印象",而且也不想遭到美国副领事那样的冷落,因此拒绝了英国外交部的要求。[21]英国外交部在分析后也"同意总督的看法——现在通过香港建立接触只会再次招致冷落"。但是,外交部想出了一个新办法:指示其驻南京大使写信"平寄"给沈阳和天津的英国领事官员,使中共"无论如何都能知道我们的态度"。[22]

就在这个时候,英国驻南京大使向英国外交部报告:美国大使馆把给柯乐博的关于和北平共产党当局探讨处理沈阳问题的指示看成美国"最后的尝试":如果美国驻沈阳领事馆的处境不能通过这次尝试得到改善,美国就将领事馆撤出。英国外交部远东司司长彼得·斯卡利特接到这个报告后顿感惊异(尽管他没有远东事务方面的经验),因为英国一直在和美国国务院探讨对共产党施加压力以使其"按正常礼节对待我们领事"的可能性问题,他从未听到过给柯乐博的指示就是"最后的尝试"的说法。斯卡利特"看不出从沈阳撤出总领事(华德)会有什么好处"。他判断:"如果必要的话,华德博士是有意被选来受围困之考验的,其总领事馆内现有的生活必需品至少可用一年。"[23]

总部设在新加坡的英国政府派驻东南亚的机构最高特派员马尔科姆·麦克唐纳同意斯卡利特的看法。在3月17日发给外交部的一份电报中,他希望美国国务院不要撤出其驻沈阳的总领事,因为这样撤离只会堕入共产党之彀中。在他看来,共产党的政策"明显是要使我们的领事机构不能发挥作用,并因此而撤出"。他表示,要设法避免造成西方盟国间"坚固阵线的任何破裂"。[24]

英国外交部中国处官员帕特里克·科茨在评论麦克唐纳的建议时说:"美国国务院是否会理睬我们关于他们的人应该留在沈阳的建议,是值得怀疑的。"他觉得,"更有可能的是",美国国务院反倒会劝说英国外交部"立即撤出陛下的总领事"。科茨的上司彼得·斯卡利特同意科茨的看法。[25]

然而实际情况是,当英国外交部忧心忡忡的时候,美国国务院并没有做出总领事馆撤离沈阳的决定,当然也更不会要求英国也这样做。美国驻北平总领事柯乐博仍反对撤离,因为在他看来,中国东北地区是苏联扩张的战略地区,对美国来说,沈阳作为观察站还是很有价值的。[26]当然,无论是柯乐博还是英国外交部,当时都没有意识到美国驻沈阳领事馆已毫无价值,直到1949年3月底,他们才醒悟过来。3月30日,英国驻南京大使馆收到其驻沈阳总领事高来含发来的报告称,美国在那里的领事馆已"不复存在","虽然英法领事的存在的确鼓舞着士气,但他们基本上也无力保护其侨民了"。[27]这是自1948年11月以来第一次收到其驻沈阳领事馆的报告。当外交部收到这份报告时,科茨认为共产党的行为"比我们知道的还要不光彩,这个消息毫无疑问会强化美国采取强硬行动的意愿"。[28]

在被中国人民解放军占领的其他城市中,虽然各领事馆未遭到沈阳领事馆那样的命运,但每个城市的当局都直言不讳:他们不同意传统的观点——在没有政府间的承认和外交关系的情况下,领事官员仍有权行使其职责。共产党的观点是,在没有相互承认和建立外交关系的情况下,领事官员只是一般侨民,没有资格行使官方职责。[29]这样,英美等国家的领事官员虽然尝试了许多次,但终未能将一些对其政府来说非常紧迫的问题向合适的共产党官员提出。

他们之所以遭受如此的尴尬和挫折,个中原因,或许从下面的一份译电摘要就可以明显看出。这份译电是北大西洋诸盟国驻北平领事于1949年4月12日联名致中共高级官员、北平市市长叶剑英的。译电摘要如下:

> 在中共军队占领这座城市以来的两个月里,我们一直未获与地方当局进行正常接触的机会。本来,我们可以通过与地方当局的直接接触来解决一些尚未解决的、涉及官方的重要问题。我们几次试图通过外事处来建立这种接触,但都没有结果。
>
> ……我们注意到,根据共产党的习惯做法,地方行政机构通常以没有外交关系作为拒绝和我们北平领事机构打交道的唯一解释。关于这一点,我们强调,按照国际法和国际惯例,在促进贸易、交流及诸如救援和保护海外侨民等涉及双边的事务方面,领事职责的行使一般不与国家间的承认问题相关联,承认问题只与国家政府间的行动有关。[30]

这份联名信照旧被退还给了诸国领事,没有任何答复。[31]这表明共产党仍未松动其强硬政策。就实际效果而言,这一政策实际上堵死了美英等西方国家政府与中共各地方当局进行联系的渠道。此时,北平已成为中国共产党和中国人民解放军的总部所在地。中国共产党中央委员会和中国人民革命军事委员会主席毛泽东、人民解放军总司令朱德及周恩来等高级官员，从 3 月 25 日起就进驻了北平。[32] 虽然不可能指望共产党最高级领导人直接和外国领事打交道，但由于他们进驻北平本身就确保了其权威性的政策指导可为下级即刻尊奉执行：只要下级官员获准与外国领事接触，他们自然会照办不误。

在外交部，科茨不由想到 19 世纪初的中华帝国的情形，当时外国人也不能获得接近帝国官员的机会，因此也"不能解决甚至也不能讨论任何问题"。在 4 月 29 日的一份备忘录中，科茨在回顾历史后认为，假如英国能与"共产党保持不间断的接触"，"紫石英号事件"就不会发生了。[33]

"紫石英号事件"发生在 4 月 20 日。那天，英国的紫石英号护卫舰从上海出发，沿长江上驶南京，以接济驻泊在南京的英国军舰伴侣号驱逐舰，结果在长江上行驶时遭到了解放军的炮击，损伤严重。英国三艘军舰，包括前去援救紫石英号的伴侣号驱逐舰，在这次炮击中被驱逐，伤亡非常惨重。英国人的自尊受到了伤害，中国人获得了自豪感。正如司徒雷登大使在后来的自传中所说："我能感觉这起事件背后的东西，那就是中国人在这次事件中所形成的民族自豪感。多少年以来，外国——主要是英国——的商船和军舰可自由地在这条大江中上下航行，现在终于遇到了大胆的挑战，败下阵来。"[34] 共产党当然要利用这一事件进行出色的反帝宣传。例如，4 月 25 日的新华社社论称："英帝国主义必须知道，中国不再是 1926 年英国军舰炮轰四川万县时的中国了，也不再是大不列颠和美国联合轰炸南京时的中国了。长江现在已属于中国人民和人民解放军，不再属于奴隶般卑躬屈膝的卖国贼……英国侵略军必须撤出中国。"[35]

科茨认为，共产党官员若能同（在天津和北平的）英国领事官员保持日常接触，"紫石英号事件"的悲剧就不会发生。这个假设或许不切实际，但他的这个观点，即只有先交换意见然后才有可能解决问题，已为英国政府所接受。针对共产党的无外交关系就不讨论任何问题的观点，英国外交大臣欧内斯特·贝文在回答议会的询问时指出，共产党当局要和英国建交，起码前提是"宣布建立国家特征的政府"。贝文还称："我们希望在中国的代表能够和共产党当局就一些共同关心的问题保持日常接触。不幸的是，此类要求都被拒绝了。"[36]他认为，由于中共拒绝同外国领事或外交官员讨论问题，[37]所以，这些误解及双方关系的顿挫，责任在共产党一方，而这种种误解和顿挫必将使中共与外国的关系蒙上阴影。

第三章 苏联和中共

与英美截然不同,苏联对中共关于领事地位的观点持完全支持的态度。基于和中共没有外交关系的理由,苏联关闭了其在中国人民解放军占领城市中的领事馆。[1]可能基于同样的原因,当中共占领国民党政府的前首都南京时,苏联大使并没有留在南京。苏联的举动,远非某些人认为的是对中共的冷淡,[2]而是以一种恰当的外交行为,表明他们与中共的共同观点,这种观点很可能源自苏联。当然,中共拒绝与西方领事人员的任何实质性接触,倒也有利于实现苏联的既定目标——使中国与西方的关系恶化。

这倒是极有可能的,因为在1949年的头几个月里美英都已经注意到,苏联的宣传机器对中共的赞誉之词日益增多;同时,中共的报纸电台似乎也在加紧表明其对苏联的支持和对美国的谴责。例如,2月3日,美国驻莫斯科大使馆提醒国务院注意两篇文章,"其一是苏联最近关于中国形势的社论",它"清楚地表明了"克里姆林宫和中共之间的"牢固联盟"。大使馆从这篇文章中感到,克里姆林宫关于中国形势的路线终于出台了,他们"近来对这个问题的回避"现在已不复存在了。在另一篇文章里,苏联则把中共视为最忠诚、最一贯和最无私的和平与民主权利的奋斗者。[3]

英国驻南京大使馆的报告称:3月18日,新华社发表的社论"不折不扣地采取了共产党的一贯模式,一方面谴责美国是帝国主义战争贩子,另一方面把苏联的动机和行动理想化"。这篇社论宣称是苏联促使日本投降的,还赞美1945年的中苏条约,赞扬苏联在中国人民反对帝国主义斗争中表现出来的友谊。外交部的科茨指出:"这表明毛泽东将军①将继续采取传统的政策,这是这段时间里共产党提供给我们的最好材料。"[4]

美国驻南京大使馆也认为,新华社的社论表明中共已完全支持苏联。大使馆报告说,和毛泽东于1948年11月1日在共产党和工人党情报局杂志上发表的文章及刘少奇的《论国际主义与民族主义》[5]一文相比,陕北新华广播电台广播的那篇社论,使中共的"对外政策更加卫星国化了"。大使馆指出,社论把美国作为唯一的攻击目标,把苏联对旅顺口和大连的占领,给出了一个合理的说法——"阻止美帝国主义"。[6]

在3月19日的日记中,司徒雷登大使把那篇广播与《北大西洋公约》联系了起来,他写道:

真是多事之秋。

1. 《北大西洋公约》全文公布,表明美国对宣称武力进犯的行为进行抵抗,还加进了对已有征兆的侵略行为的抵抗的内容,同时表明美国政策发生了划时代的转变。

2. 陕北新华广播电台明确宣布要支持苏联和斯大林,明确宣布了它的反美意图。以"谎言"和"颠倒黑白"为苏联辩护,对美国敌视。这很可能是出自莫斯科的指示,和上述美国的态度形成鲜明对比。[7]

---

① 原文如此。——译者注

在《北大西洋公约》签字的4月4日当天，"中国解放区所有民主党派"联合发表了由毛主席代表中共签署的"郑重宣言"：① 如果《北大西洋公约》引发了对俄国的战争，他们就帮助俄国抵抗侵略。[8] 英国外交部的盖伊·伯吉斯指出："北京——中共之中心——立即通过广播宣称，一旦苏联和大西洋诸强国发生战争，中共将率先支持苏联。"在伯吉斯看来，与莫里斯·多列士和帕尔米罗·陶里亚蒂代表法共和意共发表的类似声明相比，中国的声明不像前者那样形禁势格。[9]

科茨在评论彼得·弗莱明在4月22日的《泰晤士报》上发表的文章时，反映了远东司对中共的正统观念的看法："我认为，文章作者对中共最近的声明所体现出的不折不扣的正统观念可以说予以足够的重视，而攻击铁托和大西洋诸国只是反映其正统观念的最明显的例子……4月18日，我们驻南京的大使馆报告称：'共产党突然明显强化了他们效忠苏联的表态，中共近期的行为表明，他们已开始采用苏共的信条。'"[10] 关于中共的正统观念，除远东司外，调查司也有类似的看法。2月3日，调查司发表了一份长篇备忘录，强调了中共对莫斯科路线的效忠。该备忘录还认为，毛泽东是否有与西方建立关系的愿望是非常令人怀疑的，即使他有这种愿望，也不可能转而反对苏联。在概述了毛泽东在1947年12月25日对中国共产党中央委员会所做的报告后，这份备忘录指出：

六个月以后，中共开始对铁托和南斯拉夫进行谴责，所用措辞均是非中国化的，这就进一步证明中共已追随莫

---

① 即《各民主党派反对北大西洋公约联合声明》。——译者注

斯科。也许是还嫌表述不够清晰,于是毛泽东要"画龙点睛":1947年①11月1日,毛泽东又发表了一篇题为《全世界革命力量团结起来,反对帝国主义的侵略》的署名文章②,文章详细阐明了共产党执政后将继续遵循的路线,所用措辞同样是非中国化的,并且刊登在布加勒斯特出版的共产党和工人党情报局的刊物上。[11]

在中国东北发生的一些事件,也使英美察觉到中苏在1949年头几个月日益紧密的关系。首先是1949年4月1日中共的党组织公开出现在大连。在这之前,该机构虽然和控制这个城市的苏联军事当局一直有紧密联系,但从未公开过。当时美国驻大连领事保罗·帕多克是这样报告的:"中共地方支部已正式从地下出现,并宣称它隶属于中共东北局。各种前线组织机构也都更改了名称,有的不公开承认是共产主义团体。在此之前,中国国民党和苏联的旗帜一起飘扬在公共建筑物之上,以表明俄国'恰当的'对华政策。如今中共的旗帜取代了国民党的旗帜。各种前线组织、政府职员、工厂的工人、警察等,都游行庆祝中共的正式出现。"[12]帕多克不能理解的是:"俄国人为什么要把关东的民政权力交给中共,首先是在1946年暂时移交,最后又在1949年加以确认。"他指出:"一开始,俄国人担心会遭到国民党的抵触,并担心国际舆论,故从1946年起,始终暗中扶植中共关东行政机关。今天,俄国人

---

① 原文如此,当为1948年。——译者注
② 这是毛泽东给欧洲共产党和工人党情报局机关刊物《争取持久和平,争取人民民主!》所写的纪念十月革命三十一周年的论文。这篇论文发刊1948年第21期。——译者注

让这个民政机关掌权，并公开让中共为之配备人员，大概是因为中共在此时才获得政治优势。"[13]

苏联和中共的密切来往，不仅表现在关东民政方面，而且也表现在经济开发方面。据新华社1949年4月17日报道的一个讲话，中共旅大区委书记欧阳钦详述了苏中联营公司所取得的进展，并"感谢苏军司令部的积极援助"。[14]上海《新闻日报》记者张柏（音译）于同年6月初参观了旅大，并写了许多报道文章，其中指出，到1947年10月底，"中苏联营的几家工厂的生产能力已得到增强"。1950年年初，另一位中国记者进一步证实了张柏的报道中提到的有关日期："1947年10月，中国共产党号召大连和旅顺口人民学习苏联经验，努力增进城市的工业生产。"[15]

苏联占领大连和旅顺口，当然是根据1945年8月14日中苏两国政府签订的条约。该条约不仅恢复了苏联在沙俄时代就取得的一些在东北的特权和特殊待遇，而且还像科茨在3月26日和备忘录中指出的那样，是"一个彻头彻尾的帝国主义侵华标志"。[16]然而，中共宣传机构却一直赞誉它，并谴责1943年中国国民党与美英谈判所签订的条约——这些条约规定英美放弃在"不平等条约"时代获得、当时已剩得不多的特殊权利和特殊待遇。

第四章　英美的政策

在中共和苏联关系日益紧密的时候，英美则开始在对华政策上发生分歧。应该说，英美两国在对中共的贸易政策上一开始是相当一致的。在华盛顿，国家安全委员会审议了两个可供选择的方案：一是对中共进行贸易制裁，二是允许与中共进行贸易。头一个方案需要动员"西方国家的政治和经济力量，通过威胁和直接施压，与中共政权公开对抗"。这一政策的目的有两个："要么通过严厉的经济限制，迫使中共抵制克里姆林宫的压力，采取美国能够接受的内外政策；要么使中国完全孤立于日本和西方，促使中共政权分崩离析。"审议的结果是，国家安全委员会对此案予以否决，原因是"很难预计西方国家能够采取必不可少的一致行动，以有效地实施对华严厉限制或贸易禁运政策"。[1] 英国尤其反对这一政策，因为它在华的投资不仅比美国多得多，而且香港的经济地位也仰仗和中国内地的积极的转口贸易。因此英国在华公司"不止一次地表示要在中共统治下继续和中国做生意"，英国驻美国大使馆还暗示美国国务院，英国"最关心"的是保护本国在华利益及确保香港的地位。[2]

美国国家安全委员会内部反对经济限制政策的其他一些理由也值得一提，因为它们在很大程度上说明，美国在以后采取这一政策时为什么会遭到失败。这些理由包括：中国的经济相对自给自足，消费水平低，这样势必使经济限制和禁运的效果打折扣；以外力实施这种限制政策，将使共产党得以树立其抵抗外强和捍卫中华民族利益的形象；贸易限制还会妨碍日本重建与中国的贸易关系的进程，使日本在很长的一段时间里仍依赖美国经济；顾虑最多的，也是最害怕的，是贸易制裁会促使中共政权完全屈从苏联，这样一来就违背了美国对华政策的基调，即"阻止中国成为苏联力量的附庸"。[3]

考虑到这些反对意见，经杜鲁门总统批准，国家安全委员会决定，在不影响基本安全的情况下，美国、日本及西欧国家均可恢复同中国的贸易关系。至于安全问题，则由一套控制程序予以保证，这就是对华出口审查制度，其目的在于防止把出口到中国的重要工业、交通和通信物资及设备由中国转口给苏联和东欧。同时还决定，美国应利用其经济地位，使中共与苏联之间可能出现的"任何冲突进一步扩大"，"不断加深中国对日本和西方的贸易依赖关系"。[4]

3月21日，在和英国人商谈对华贸易政策时，美国官员解释说，美国打算将目前只应用于欧洲的控制出口的限制程序（即所谓"R程序"）扩展到中国。按此程序，所有对欧出口都必须有出口许可证，以使美国商业部可根据战略考虑，决定是否发放许可证。[5]

自1月11日以来，英国驻华盛顿大使馆向美国国务院通报了一系列有关对华政策内容的备忘录，其中3月23日的备忘录提出了英国关于对华贸易政策的如下观点：虽然英国意识到，从长远来看，中共将"对外国在华利益采取没收和驱除"的政策，但英国仍然认为："在开始阶段，严重的经济困难将使共产党不得不逐渐面对现实，并在一个时期内，对外国在华利益采取相应的容忍政策。"英国还相信："在开始阶段，任何施加经济压力的企图，都可能加速第二阶段的到来。"[6]

美国官员否认他们正打算对中共施加制裁性的经济压力。4月7日,巴特沃斯向英国驻美使馆参赞休伯特·格雷夫斯指出,虽然美国要以"充分的控制措施防止军用品和某些战略物资流入共产党手中,并防止这些物资得以储存或转口给苏联",但美国不想"卷入和中共的经济战之中"。[7]不管怎样,英国人都有这样一种感觉:美国人在真正想要使用经济制裁这个武器之前,就会不自觉地扳动这一武器的机关。故此,格雷夫斯于4月11日给彼得·斯卡利特写了一封信,说他已告诉巴特沃斯:"英国政府得出的结论是,美国的那一整套经济武器不应轻易使用,除非共产党胡作非为而迫使我们不得不采取积极行动。"格雷夫斯认为,与美国的建议不同,英国的态度是,"我们应该在晚些时候使出反制措施"。[8]

当英美正在华盛顿商讨对华贸易政策时,美国国务院收到了来自中国战场的建议:以经济压力迫使共产党当局允许美国领事馆行使其职责。例如,起码在2月初,美国驻沪总领事约翰·M.卡伯特就告知国务院,在天津和沈阳,共产党当局以未承认为由,拒绝和那里的领事馆进行任何接触。有鉴于此,他认为:"最紧要的是,我们应该采取最有效和可行的措施,迫使他们在占领上海后和我们打交道。"卡伯特建议,美国要使共产党知道,如果没有上海领事馆按照自己的职能提出建议,那么,"上海和美国之间的任何进出口贸易都将不被允许"。像大多数当时在华的西方人喜欢夸大中共经济的脆弱一样,卡伯特说,采取这样的措施,"会在实际上迫使"共产党同美国领事馆打交道。[9]

无论如何,以经济压力迫使中共承认领事地位的建议,最终都被国务院否决。4月14日,国务卿向国家安全委员会执行秘书提交了一份备忘录宣称:这种压力"从策略上看目前是不能指望的,而且与国家安全委员会第41号文件所规定的政策相矛盾"。该备忘录提出,"领事职责的履行……应从它本身的法律依据去寻找",领事职位应按照领事签证做保证。[10]

英美之间更主要的分歧不在于贸易政策,而在于对台湾①的政策上。两国政府都想和共产党中国继续开展贸易,而且都看到了对这种贸易实行某些控制的必要性。他们的分歧主要是在贸易控制的实施时间和程度方面。至于台湾,他们的分歧就比较严重,概括起来就是:英国的立场是,把台湾视为中国的一个省,并认为它迟早会要落入共产党手中;而美国的观点则是,把台湾视为一个特殊地区,阻止它落入共产党之手。

美国的对台政策似乎是受几个方面的考虑所影响,其中考虑最多的是参谋长联席会议的态度,因为在他们看来,台湾和澎湖列岛对美国具有重大的战略意义。另一个考虑是台湾的地位还未最后确定。第二次世界大战结束时,日本就按照1943年开罗会议的要求,把台湾及澎湖列岛交还给中国,但在中日和约尚未缔结的情况下,还不能完全将其主权移交给中国。华盛顿设想,可通过将台湾与中国大陆分离的办法,阻止其落入共产党手中。[11]

对台态度上的分歧不仅在美英之间日益扩大,在美国政府内部,国务院和国防部之间也有分歧。1949年2月10日,参

---

① 在美国文件中,台湾及澎湖多数作"福摩萨"(Formosa)和"佩斯卡多"(Pescadores),后来亦用"台湾"(Taiwan)字样。为方便见,本书一律译为"台湾"、"澎湖"。——译者注

谋长联席会议向国防部长提交了一份备忘录。这份备忘录虽然认为"目前对台湾承担任何公开的军事义务都是不明智的"，但又建议："可在台湾一个或数个港口驻泊少许舰队，以及使用用于舰队维修、空中通信和人员娱乐等相关的岸上设施。"参谋长联席会议承认这个行动方针会引起外交困难和风险，但认为，"共产党控制下的台湾"就意味着美国的安全受到威胁，为此而承受这些风险和代价是值得的。[12]

国务院反对参谋长联席会议的建议，并重申了"国务院一贯的立场"，认为这样一个行动方针"不仅在外交上是不利的，而且更严重的是，我们将背上沉重的政治包袱"。另外，炫耀军事力量"会引起全中国严重的政治反弹，在我们正谋求利用苏联在中国东北和新疆的行动之时，此举会引发中国的领土收复主义运动"。国家安全委员会普遍支持国务院的观点，并决定，为支持国务院正在采取的阻止台湾落入共产党之手的"政治和经济措施"，"海军舰队目前既不要驻泊在台湾，也不要撤离台湾"。[13]

虽然国务院承认，实现美国在台湾的目标，最终将不得不使用武力，但又强调指出，单方面使用武力的做法并不可取。正如艾奇逊国务卿向国家安全委员会解释的那样："在未来的某些时候，我们会断定，用目前的手段实现我们的目的是不可能的，而且那时我们还会建议重新审视这一问题……如果我们要对那个海岛进行武力干涉的话，我们完全有可能与志同道合的诸大国一道这样做，甚至可以让联合国这样做，同时还需要发表一个声明，表明我们的意图——保证台湾本土人民寻求民族自决的合法要求，方式是联合国托管或'独立'。"[14]

正当美国国务院把注意力放在"台湾独立"运动的潜在

价值并以此作为阻止中共占领台湾的手段之时,国民党当局正好帮了忙,因为其军队已经登上该岛。面对1948年年底中共军队在中国东北的胜利进军,蒋介石总统已开始在台湾储备军事装备和其他资产。例如,1949年1月8日,司徒雷登大使就向国务院报告说:"委员长正将大量的金银和流动资产运往台湾,这明显是要使台湾成为一座由此可继续对抗共产党的堡垒。陈诚和蒋经国已分别被委任为台湾省政府主席和国民党台湾省党部主任委员,并把空军司令部、海军和工业设备带到那个海岛,其意图已被这一切所证明。"[15]虽然华盛顿最终不再把国民党视为在大陆的有效抵抗力量,但国民党的前景由于防守台湾而出现好转则是事实,最起码在短期内是这样。有鉴于此,英国驻美大使奥列弗·弗兰克斯爵士报告称,美国国务院目前的看法是:"保留国民党政府对该岛的行政权——哪怕是暂时的,会更有利于保护美国在太平洋地区的地位。"他还提到,美国国务院远东司司长巴特沃斯曾私下里谈到,台湾的问题必须引起联合国的关注,并由联合国就可能的美国托管问题安排一次全民公投。目前,无论如何,"美国对台湾前途的设想还没有明朗化"。[16]

英国外交部的帕特里克·科茨审阅了弗兰克斯的报告(以及附送的美国国务院的一份备忘录)。他从中感到,美国的政策缺乏深思熟虑,从而"使美国国务院更有可能为应付中国形势的某些方面而做出极不明智的、尤其草率的决定"。[17]

第五章　司徒雷登大使的主动

英美两国在台湾问题上的分歧，并没有妨碍它们既定的原地不动政策。1949年4月，英美和大西洋公约集团的其他国家一道，重申了它们在是年1月做出的决定——在共产党占领南京后，各国大使馆一律不动。当时，虽然包括外交部在内的中华民国政府各部已于2月迁往广州，代总统李宗仁则仍然留在南京，以寻求与共产党和谈。然而，到4月初的时候，谈判的前景已经黯淡，在长江北岸业已完成战争准备的共产党军队，看来要不了多久就会发动对南京的进攻。

在这种形势下，英国驻华盛顿大使馆于4月9日向美国国务院递交了一份备忘录，重申了英国的对华立场，认为在当时的情况下"就驻华使领馆问题达成一致意见是非常重要的"。一如英国所看到的那样，如果撤离南京，就很有可能丧失"与共产党中国建立令人满意的关系"的机会，另外，已经被共产党侵扰的在华商业利益也将被迫放弃，并且，英国领事人员将得不到体面的对待。[1]

美国国务院同意美国和大西洋集团一道，将外交使团的首要人物留在南京，并给司徒雷登大使发出一份电报，命令他留在南京。这份电报和司徒雷登发给华盛顿的请示电报在内容上是相似的。[2] 司徒雷登在4月13日的日记中写道："国务院消息。国务院答复了我们大使馆的电报，批准了先前我提出的留在南京的建议。我非常高兴。"[3]

英美把其大使留在已被共产党占领的南京，基本上是出于同样的考虑，但司徒雷登大使的特殊资历则为他留在那里提供了一个特殊理由，这是其英国同行所不能相比的。巴特沃斯在1月26日的备忘录中有这样一段评价：司徒雷登出生在中国，讲一口"流利的"中国话，和中国的许多政界人士熟稔；而且，作为燕京大学的前校长——"据说该校有近一半的学生在共产党阵营中"，"在和许多中国人的关系中"他都处于"老师的地位"。[4]司徒雷登本人也相信，这种师生关系可以使他接触到一些共产党领导人。但是，他的一位亚洲同行、印度驻华大使潘尼迦却相当怀疑他的这种自信。潘尼迦是这样描述司徒雷登的："一个非常正直而又非常天真的人……对人世间的邪恶总感到惊异。"司徒雷登的"弱点之一"就是喜欢"过于主观地判断中国人的性格，他已经在某些方面意识到这一弱点"。潘尼迦还指出："他曾多次告诉我，师生关系是中国伦理道德中的基本概念，作为许多年轻的共产党领导人的老师，他的这种地位将有助于促使未来的共产党领导人制定出有利于西方的政策！"[5]

英国至少和美国一样渴望使其大使留在南京，但施谛文爵士①却没有其美国同行司徒雷登那样的非同寻常的资历。他缺乏在华工作经验，在建立更为密切的英中关系方面，其个人建树乏善可陈。此外，与司徒雷登不同的是，对于如何影响共产党领导层，他几乎不得要领。他对中共的态度可由这样一个例子来说明：英国驻沪总领事罗伯特·厄克特建议争取使上海和平移交给中共，他却答复说："很长时间以来，我们一直在寻求与中共建立事实上的关系，但都无果而终，这就意味着我们

---

① 施蒂文爵士（Stevenson，Sir Ralph），中共往来电报中称斯蒂芬逊。——译者注

不可能与中共建立直接接触,遑论影响他们。"他还认为:"按照中共目前的态度,即使能够建立事实上的外交关系,也不能指望他们在这个时候听进我们的建议,能够响应外交途径——无论是官方的还是非官方,或屈从国外的公众舆论。"[6]

由于司徒雷登相信他在中国的个人关系具有特殊价值,所以他认为,如果他能够和共产党领导人谈谈,就能够对他们施加影响。3月10日,他给迪安·艾奇逊国务卿发去一份长篇急电,建议美国政府授权他"不仅以美国政府官方代表的资格,而且以私人身份"同共产党领导人进行接触。"作为个人",他"不仅长期居住在中国,而且还由于如下两个方面的原因而著称:一方面坚定地支持中国的民族独立和民主进步,另一方面坚决主张首先是为了中国人民的利益而建立更为密切的美中关系"。司徒雷登还希望,无论共产党会怎样把他和"好战的帝国主义"等同起来,他以前的活动以及和许多共产党人的关系,都"不会被完全漠视"。[7]司徒雷登也承认:"指望通过我或其他什么人的影响就能使中共采取更宽容的政策,是天真幼稚的想法,但考虑到时局已危如累卵",他又确信:"在千钧一发之际,这种努力还是完全值得一试的。"[8]

从司徒雷登给艾奇逊的电报来看,他之所以认为自己能对共产党施加影响,是因为他相信,共产党的反美情绪不仅是出于意识形态的信念和对美国援助国民党的憎恨,而且也是出于对非共产党国家的过分怀疑和对美国意图的根深蒂固的误解。他指出,如果这种误解"能够消除,或在一定程度上得以减少,就能为其他问题的解决铺平道路"。司徒雷登建议,要使共产党打消疑虑,就得"在友好的商谈中"使他们的领导人知道,美国过去一直是中国的朋友,一直支持中国的独立,美国承认中国人民有选择自己政体的权利；若能在此基础上消除彼此之间的疑虑，并就共同关心的问题开展合作，那么，对中美两国来说都将是有利的。[9]

司徒雷登真诚地希望找到与中共建立工作关系的途径，对此我们没有理由加以怀疑；但是，这位老师也随时准备对他的门生加以责罚或与之断绝师生关系，如果这些学生表现出不顺从或是不如老师之意的话。这样，他就要警告那些他要与之谈话的共产党领导人，如果他们不能给中国带来真正的自由和现代民主，而是把俄国模式的专制政体移植给中国，美国就会"感到有义务去援助任何有组织的抵抗力量的核心人物"，并"利用我们可能利用的一切手段，把真正的自由交还给中国人民"。在向国务卿提出这一建议后，他强调说，他不会将这一警告作为官方信息转达，"更不会作为带有任何最后通牒性质或威胁性质"的信息转达。[10]

在仔细考虑了司徒雷登大使的建议电报后，国务院于4月6日回电，授权他与"共产党高层领导人"举行会谈，以当面向他们陈述其建议中的要点，但不要带有威胁和最后通牒的色彩，尤其不要讲美国在某种情况下会"援助有组织的抵抗力量的核心人物"，或"利用我们可能利用的一切手段，把真正的自由交还给中国人民"之类的话。在国务院看来，此类表述，即便是以非官方的形式讲出来，也会被理解为一种威胁，而且，"在这个时候，美国政府无力承担对国民党政府进行全面的军事和经济援助的义务"。[11]

三天前，英国外交大臣欧内斯特·贝文就把他在华盛顿和艾奇逊的谈话内容电传给英国外交部，说此时授权司徒雷登与共产党领导人举行会谈，反映了美国的对华态度。贝文还说，艾奇逊告诉他，美国人认为国民党已经不行了，普遍的感觉是，支持国民党中央政府的政策已经破产了。此外，中国的新政府要花很长时间才能步入正轨。以莫斯科为师的共产党势力将"逐渐削弱"，"中国人的腐化和普遍的低效，会使他们头疼不已"。但是，国务院必须注意避免因停止对国民党的支持而遭到的谴责。于是，当五十一名国会议员联名写信给总统以表达他们对不再支持国民党的忧虑时，艾奇逊坦白地解释了形势，"他们很不情愿地接受了一个事实：美国政府实在是无事可做了"。[12]

第六章　司徒雷登和黄华的晤谈

司徒雷登不久就找到了会谈的机会，即使不是和"共产党高级领导人"会谈，至少也能和直接接近周恩来的共产党官员会谈。这个机会的出现，缘于中国人民解放军4月下旬对南京的占领。4月16日，共产党谈判代表将一份和平协议草案交给国民党政府在北平的代表团，限其在4月20日子夜前接受。国民党没有接受这一草案，认为是"征服者对被征服者之处置"，但是，他们要求停火，以便为达成一个可接受的解决方案继续谈判。[1]共产党的回答是毛泽东主席和中国人民解放军总司令朱德给其全体武装力量的进攻命令："奋勇前进，坚决、彻底、干净、全部地歼灭中国境内一切敢于抵抗的国民党反动派，解放全国人民，保卫中国领土主权的独立和完整。"[2]

司徒雷登大使的日记记载了这道命令在以后几天里对南京和美国大使馆的影响：

> 4月22日，星期五。晨……叶公超（中国外交部代部长）来访，代表官方劝我迁往广州。……
>
> 11时——就使馆迁往广州的问题会见外交使节——他们一致表示不迁往广州——都在看美国的态度。
>
> 4月23日，星期六。中共昨夜占领下关——警察不见了——正进行接管。

中共报道有30万兵力渡过长江——到处都在倒戈。

使馆有人员举行长时间的会议——为我们自己的安全做好安排……足不出户。

4月24日，星期日。昨晚——火光、枪声、爆炸声彻夜不休……

中共今晨入城——当地人民平静地观看这一切——有条不紊。[3]

大约在南京被占领后的一个星期内，司徒雷登一直待在家里，以"避免不愉快的事情发生"。[4] 5月7日，他向国务院报告说："自5月3日以来，我每天都定时到使馆办事处走一趟，没有任何人阻拦，还去过城里其他几个地方。5月6日早晨，我院子里的卫兵撤走了。"[5]

就在同一天，傅泾波拜访了黄华。傅泾波是司徒雷登的私人秘书，是司徒雷登信任的一个知心的中国人，而黄华是新到任的中共南京军管会外侨事务处处长。在以后的3个月里，司徒雷登大使和周恩来各自的代理人大约会见了12次。5月6日的会见是第一次，为司徒雷登在一个星期后与黄华的首次会晤奠定了基础。

在司徒雷登博士的大使生涯中，傅泾波扮演的角色，大概是美国外交史上绝无仅有的。作为一个中国人，他不可能接触美国的秘密文件，但在大使馆给国务院的众多秘密报告中，里面的很多内容正来自傅泾波与国共两党官员就中美关系的方方面面举行的交谈。傅泾波就住在司徒雷登的官邸，这一安排，首先至少会令安全官员反感至极。据司徒雷登说，就连马歇尔上将也为之"瞠目结舌"。[6]但是,司徒雷登却不这么看,还在他任燕京大学校长的时候,他就把傅泾波作为自己的助手,并在其外交生涯中把傅泾波看成不可或缺的同伴和知己。他这样评述傅泾波的贡献:"他经常替我拜会那些有必要保持接触而我又不便出面会见的人。在我拜会中国官员时,我差不多总是把他带在身边,而他从不泄露秘密。这一切意味着,我和中国各阶层的交际更广泛了,知己也更多了。毫无疑问,在大多数场合,他都能代表我。"[7]

中共派黄华到南京来,是专门和留在那里的外交使节及其他外国人打交道的。他是周恩来的门徒,是一个注定会有辉煌外交生涯的年轻人。30年之后,他升到了中华人民共和国外交部部长的职位。黄华也是燕京大学的毕业生,不仅和司徒雷登有师生关系,而且和傅泾波还是同学关系,当然,傅泾波是司徒雷登非常器重的人。如果这种关系能有其价值的话,那么,司徒雷登大使和黄华的会晤就会比较容易进行了。

然而事实上,在和傅泾波及司徒雷登的会见中,黄华不仅坚持毛泽东在新年献词中重申的中共的反美政策,而且坚持毛泽东在3月5日为中国共产党中央委员会制定的路线:"在国民党军队被消灭、国民党当局被打倒的每一个城市和每一个地方,帝国主义者在政治上的控制权即随之被打倒,他们在经济上和文化上的控制权也被打倒……不承认国民党时代的任何外国外交机关和外交人员的合法地位……取消一切帝国主义在中国开办的宣传机关,立即统制对外贸易,改革海关制度。这些都是我们在进入大城市的时候所必须首先采取的步骤。"[8]黄华所执行的这个路线,不仅反映了中共的疑虑和误解,而且也清楚地表明,中共是要把革命进行到底的,直到摧毁国民党政府，驱逐美帝国主义的在华势力。

在5月6日和傅泾波的第一次会见中，黄华"严厉地谴责了美国的外交政策"，并向傅泾波讲明了中共以美国为敌的原因所在。黄华还告诉傅泾波，中共有两个目标："（1）消灭封建主义；（2）驱逐美英帝国主义。"当傅泾波建议黄华拜访一下"老校长"时，黄华表示同意，但他不会把"老校长"视为大使。在谈话几次涉及司徒雷登时，黄华都极力避免使用大使的称呼，因为司徒雷登是派驻在"国民党政府"的大使。[9]

一个星期以后，当黄华拜访司徒雷登时，后者采取的态度基本上是抚慰式的。司徒雷登谈到了避免战争和缓解"目前紧张局势"的必要性。他说，他愿意长期留在南京，以证明美国人民对中国人民的福祉，从整体上是关心的。他还希望恢复过去的友好关系。当黄华对美国承认中共问题表示关心，并提出以平等和互利为先决条件时，司徒雷登答复说，只有按照公认的国际惯例，尊重国家之间的条约，才能奠定承认的适当基础。他还说，中国建立什么样的国家性质的政府，纯粹是中国的内部事务，但共产党根本没建立起任何意义上的国家性质的政府。在建立起这一政府之前，美国和其他国家只能静观其变。司徒雷登还表示，外国领事馆有与事实上的地方当局保持非正式关系的职责。[10]

在和黄华的第一次会见中，司徒雷登没有直接提沈阳总领事华德及领事馆职员的问题，而这个问题正是美国政府特别关心的。4月15日，美国国务院就曾指示其驻北平的总领事柯乐博，要他通知共产党当局，除非他们"立即制止沈阳形势的恶化，给在那里的美国领事官员提供普遍认可的必需的便利条件，使其能履行其职责，否则，美国政府只能将其撤离"。柯乐博还受命指出："和在世界上其他地方一样，在中国，只有美国领事官员能够自由地履行其职责，我们的政府才能为中国对美商业贸易提供基本的服务和安全保障。"[11]但是，柯乐博的陈请既没有得到答复，也未见到共产党当局采取相应的行动，到5月中旬，华德及领事馆职员在沈阳已被监禁快六个月了。在这种情况下，国务院指示司徒雷登，要他提醒黄华，美国驻沈阳总领事目前的"处境是无法忍受的"，美国政府正在努力设法使这种处境得以改善。司徒雷登还要向黄华说明，之所以向他提出华德事件，一方面是因为无法弄清楚美国先前发出的信息是否传到了共产党的高层，另一方面是因为他作为大使，对总领事华德及领事馆职员负有责任；希望黄华能提醒北平有关当局关注此事。[12]

同一天，美国国务院判定，自柯乐博上一次接触共产党当局以来，有足够的时间让共产党做出答复，但很长时间过去了，仍没有见到任何回音，故指示柯乐博通知共产党，因为"他们毫无道理地随意限制领事馆人员"，美国政府将撤出驻沈阳总领事馆的全体人员，关闭该领事馆。柯乐博还受命要求共产党向华德及领事馆职员提供交通工具等，使他们能够携带私人财物和适当的办公用品及设备撤离沈阳。和以前的经历一样，柯乐博的信件如泥牛入海。[13]

6月6日，司徒雷登大使应黄华的邀请，以茶话会的形式和他进行了第二次会见。会谈洋溢着师生情、同窗谊。陪同大使的是傅泾波，陪同黄华的是他的助手也是燕京同学的凌珂一（音译）。司徒雷登找机会提出了沈阳问题，告诉黄华说，他非常关心如何打开目前的僵局的问题，在驻沈阳的美国领事人员安全撤离以前,他不愿执行离开中国回华盛顿述职的命令。黄华说此问题不在他职权范围之内,但是当司徒雷登向他指出"我们通过柯乐博,用尽了我们所能想到的一切方法而未能得到北平任何答复"时,黄华又说,他将重新考虑他能做些什么。[14]

自黄华上次与司徒雷登会见以来,黄华在北平的上司起码有三个星期的时间考虑那次会见的谈话内容,但在这一次的会见中,黄华的谈话在很大程度上并没有什么新意。黄华只是再次强调了美国与国民党政府断绝关系的必要性,并再次提出承认问题。在答复中,司徒雷登指出:"共产党政权目前最要紧的是击败国民党军队,稳固地占领正在扩大的国土。国民党政府在名义上还拥有很大面积的国土,而至今,共产党自己还没有宣布成立国家性质的政府机构。要外国与共产党打交道,只有成立了国家性质的政府机构才有可能。"[15]另外,"在人民解放军进入南京后,各国外交使节(苏联除外)仍留在那里,这本身就意味深长"。司徒雷登还告诉黄华,如果国民党当局要迁往台湾的话,美国将"尽一切可能"阻止。

在这次会见中,黄华没有对司徒雷登在上次会见中所表示的恢复中美友好关系的愿望做出答复,这一点是值得注意的。当时,当司徒雷登问黄华能为进一步密切美中关系做些什么时,实际上就给了黄华一个答复的机会,但司徒雷登的报告称,黄华的即席回答"可以说是粗暴的":中国必须在没有外来干涉的情况下,自己把握自己的命运,共产党对美国所要求的,只是停止对国民党的援助,并断绝与国民党政府的关系。[16]

第七章　周恩来的新方针[*]

在司徒雷登和黄华第二次会见的前几天，美国驻北平官员得到了共产党领导人的一个暗示，其内涵和黄华所转达的那个消极暗示相当不同——或者说至少看起来是这样。5月31日，澳大利亚记者基昂向有长期在华工作经验的美国助理武官包瑞德上校转达了一个据称是周恩来给英美两国政府的值得注意的口信。包瑞德随即把周恩来的口信转达给了美国驻北平总领事柯乐博，使之能送达国务院。周恩来突然发出的口信暗示，他主张尽早和西方大国建立关系，因为只有西方大国才能帮助中国摆脱迫在眉睫的经济困难。

周恩来在口信中详细地讲述了中国严重的经济困境，而周恩来相信美国的经济实力，中国需要得到美国的经济援助。根据柯乐博对口信的电报译文，周恩来表示"中国现在还不是共产主义国家……"周恩来还回忆了美国和中共在战时的友好接触，并希望"美国当局记住这些，相信在党内有真正的开明人士，他们关心的是与中国人民的福祉和'我们时代的和平'有关的一切事务，而不是教条主义的理论"。[1]

1944年，包瑞德曾率美军观察组进驻中共中央所在地延安，[2]故对周恩来很熟悉。他和柯乐博看来都不怀疑周恩来

---

[*] 据学者杨奎松等的研究，尽管《美国外交文件集》中有所谓"周恩来新方针"的记载，但负责对美联系的黄华等从未听说过此事。对于所谓中共内部不同派别，黄华亦明确予以驳斥，称之为"造谣挑拨、老调重弹"，完全是"美国对我阴谋"。——译者注

口信的真实性。对于柯乐博来说，问题在于是从表面上理解这一口信的价值，还是把它看成经过党组织充分考虑的甚至可能得到苏联赞助的对经济援助的请求，柯乐博选择了后一种判断。他把周恩来的新方针看成反映"共产党高层的政策"的举动，该政策是基于中国"严重的经济衰退"及由此而来的对美国经济援助的需要。他感到，苏联和中共大概都很清楚，苏联无法满足中国在经济上的需求。他认为，苏联和中共都意识到有必要与美国打交道，以避免"灾难性的经济崩溃"。同时，中共将和苏联保持紧密的政治关系，意在"继续得到苏联的政治面包的同时，佐之以美国的经济蛋糕"。[3]

尽管周恩来强调过对他的口信不必给予答复，柯乐博还是建议给予答复，以使中共明确地知道美国是愿意和中国保持关系的，但这种关系"必须建立在相互理解、尊重、合作、互惠和平等的基础之上"。[4] 显然，在柯乐博看来，这种关系将不允许中国以牺牲美国经济利益为代价来满足苏联的政治利益。

司徒雷登大使在6月3日的日记中写道，他收到了一份"由柯乐博和国务院根据包瑞德转达的口信发来的绝密电报，电文称周恩来想要和英美当局进行联系——这是一个非常有希望的兆头"。[5] 6月7日，司徒雷登回电国务院，认为周恩来的口信是"呼吁援助"，同时意味着"美国应就其可能的政策，给予一个极其重要的说明"。显然，一个怀疑这一口信诚意的人，是不会说出这番话的。他建议答复周恩来：只要"中美之间能重新建立起相互尊重和信任的基础"，美国"现在就准备一如既往地援助"中国人民"为获得独立和国家主权，为经济改善和技术进步"而进行的奋斗。他还建议，在答复的最后必须指出，"要想指望得到美国的援助，就必须把这一声明变为实际行动，使美国人民确信：美国继续援助中国实现其目标，乃是符合两国利益的事情"。[6]

国务院同意柯乐博和司徒雷登关于周恩来口信的真实性的判断，同意予以答复。根据后来由杜鲁门总统批准的一份咨文透露的情况，国务院曾在6月14日指示柯乐博"准备一份没有署名或不标出处的普通文件作为答复"，但只能是在"没有泄密危险的情况下"，直接"或通过完全可靠的中间人"转递这一文件。[7]

就实质而言，这个答复表达了美国的愿望："在相互尊重和理解以及平等、互利等原则的基础上，保持与中国的友好关系，继续保持两国的社会、经济和政治关系。"在该咨文中，美国还表达了对于违背以上原则和公认的国际惯例的事件的关注。该咨文中提到了美国关注的事件：非理性地限制美国驻沈阳总领事的行动和通信，且拒不答复美国就此提出的多次抗议；既不释放史密斯和班德尔（他们是美国军人，因1948年10月驾机误入共产党控制地区的领空而被捕获），也不答复美国就此提出的抗议。[8]

美国对周恩来的新方针的答复信始终未能传递出去，尽管美国方面不是没有付出努力。国务院指示柯乐博不要把答复信交给基昂，但要把他作为一个中间人，通过他做出安排，使包瑞德上校或柯乐博能亲自把答复信交给周恩来或他的秘书。然而，共产党不准备做出这样的安排，并且告诉基昂不要接近他们。6月24日，柯乐博电告国务院说："中间人向我们流露出懊恼情绪，但表示愿意用其他可能的方法帮助我们，如果我们愿意的话，可以通过新的渠道进行接触。我说，在我看来，共产党方面的明确答复必定是经过慎重考虑的,如果他们不愿意接受美国方面对周恩来口信的任何形式的答复,我觉得就没有必要请他就此进行更多的努力了。包瑞德也同意我的看法。"[9]在早些时候,根据毛泽东在6月15日召开的政治协商会议筹备会上的讲话,包瑞德就建议全面终止这项工作。[10]正如包瑞德所言,毛泽东的讲话使美中之间恢复友好关系的可能化为了泡影。[11]

毛泽东明确告诫,帝国主义者是要继续与革命为敌的。他认为:"有必要唤起人民的注意,帝国主义及其走狗……将用一切可能的手段反对中国人民;他们将钻进中国的内部,进行'分化和捣乱'工作;他们不仅要'煽动'中国的反动派,甚至'用他们自己的力量'也不是不可能的。"他警告,不要放松"对于帝国主义分子及其走狗的疯狂的报复阴谋的警惕性"。[12]

尽管美国想要答复周恩来口信的努力最终无果,但柯乐博还是认为,这一努力达到了两个目的:"(1)检验周恩来一派是否愿意就此继续努力;(2)探索一个新的接触领域。"至于共产党为什么不愿意接受美国的答复,在柯乐博看来,最合乎逻辑的解释是,周恩来的新方针"是用来服务于政治目的的,这就是使美国更加同情共产党领导人,且有可能由此影响美国在贸易和直接援助上的态度,这并不是共产党观点的真诚表露"。[13]

虽然基昂告诉包瑞德,周恩来想要基昂把他的话也转告英国人,但美国国务院认为,让英国外交部也得知周恩来口信是不妥的。[14]英国外交部是8月10日才得知周恩来口信的,那天,香港总督葛量洪发回了一份"绝密"电报,报告说:"三天前，前英国文化协会驻北平官员费子智抵达香港。他带来了周恩来给英国政府的一个重要口信。口信是通过基昂转给他的……周恩来不愿通过领事馆的渠道将口信转达给英国政府，而且在通过基昂转达口信时一再强调，千万小心不要道出他的名字。"[15]

拿费子智带给香港的口信和两个多月前基昂在北平转给包瑞德的口信相比，尽管其基调相似，但仍有重大差异。这种差异看来是有人故意为之的，是对英美不同观点的"量身定制"。例如，在给美国的口信中，周恩来详细地讲述了中国严重的经济困境，并讲述了对美国经济实力的信任，表示需要美国的经济援助。而费子智带来的口信，对有关美国援助的事只字不提。9月中旬，基昂到香港时，向英国人转达了一份更详细的口信，其中甚至认为中国不能指望得到美国的援助，因为美国一向是援助国民党的。在给美国的口信中，为请求援助而声称："中国现在还不是共产主义国家……"而由费子智带给英国人的口信，却称中国共产党人"是百分之百的共产主义的信仰者，他们把共产主义视为解决中国问题的唯一出路"。[16]

英国外交部对周恩来口信做出的第一反应，记录在盖伊·伯吉斯的一份备忘录中。伯吉斯指出："周恩来的口信实际上是一个明显的圈套。他将这一绝密的消息如此广泛地扩散，并选择新闻记者这个渠道，就说明了这一点。"接着他指出，关于"我和我的朋友都是温和派，让我们通力合作把极端分子赶出去"的说法，是"一个骗局……即使他们已决定实施敌对的政策，也要以这种方式获得对方的让步"。然而，伯吉斯断定，周恩来的目的可能是想和西方进行经济合作，因此无论我们是否相信基昂的话,英国的政策看起来都不会受到很大的影响。[17]

与毫无在华工作经验的伯吉斯不同,帕特里克·科茨是一个中国通。1937~1946年,他先后在中国从事四种职业,最后一个职业是任英国驻南京大使馆的代助理中文秘书。在此期间,他还曾在军队服役两年左右,其中有一段时间是服务于中国国民党的军队。科茨认为,虽然还不能完全排除"周恩来的口信是一个圈套"的可能性,但他又感到,周恩来关于中国共产党人是百分之百的共产主义者和他的一个最主要的支持者(林彪)"对所有外国人都怀有强烈仇恨"的表述,带有某些"使人消除疑虑"的意味,如此反而使周恩来的口信有了"某种真实性"。[18]然而,如果科茨看过周恩来给美国的口信的话,他就会做出不同的反应,因为在那个版本的口信中,丝毫没有他所说的使人消除疑虑的内容。

8月16日,助理次官、日本问题专家邓宁向外交大臣欧内斯特·贝文递交了一份关于周恩来口信的备忘录,指出,现在很清楚,"美国人得到这个口信的要点已有一些时候了",但却"未透露给我们,也未和我们讨论"。邓宁判定,这个口信不仅具有一定的重要性,而且总的来说具有"一定的真实性"。他认为,周恩来关于党内"有一个温和派,如果这一派不能得到西方的让步,一个更极端的派别就会掌权"的说法,实际上是周恩来使用的"由来已久的手段",英国不可为其左右,因为周恩来毕竟承认"他的党是一个百分之百的共产党,并认为共产主义是解决中国问题的唯一出路"。他接着警告说:"毫无疑问,美国人会说,这个口信是一个圈套,我们不应理睬它……而如果事情真像周恩来所说的那样,当其对手获胜并将我们彻底赶出去时,美国人又会说,'我早就告诉过你们这一点'。"[19]

如果美国国务院一开始就把周恩来的口信坦率地通报给英国人,邓宁也就不会如此严重地误解美国对周恩来的新方针的反应。实际上,和英国人相比,美国人更愿意对周恩来的口信做出积极回应。美国人不但没有把周恩来的口信看成圈套,反而还郑重其事地设法予以答复。事实证明,把周恩来的口信看成圈套而不予考虑的,正是英国外交大臣欧内斯特·贝文,他在8月17日的一份简短的记录中就表达了这一点。"这位外交大臣说,周恩来的举动,在很大程度上,使他想起了苏联卫星国里的比较激进的政治家在以前不同时期所采取的态度。他指出,对于来自所谓温和派的亲近表示,不管我们是否做出反应,激进主义者总是要取得胜利的。总的来说,这位外交大臣倾向于认为,这种举动是和苏联的惯用手法相一致的。"[20]看来很明显的是,贝文对周恩来的新方针的反应,是基于他本人同东欧共产党打交道的经验。在分析了他的外交部专家邓宁和科茨的看法后,贝文更加相信自己的经验判断。与伯吉斯一样,对周恩来的口信,贝文基本上也持怀疑态度。

继外交大臣对这个问题发表意见之后,英国驻南京大使施谛文爵士认为,周恩来的口信虽然在某种程度上是虎头蛇尾的,却是值得记录在案的,因为这不仅代表了中国人的观点,而且也与施谛文的美国同行司徒雷登的热切反应形成了对比。两位大使的不同反应,或许是出于他们的不同背景:施谛文是一个没有中国背景但经验丰富的外交家,司徒雷登则是一个有很深的中国背景但经验不足的外交家。

施谛文注意到，口信传递的方法是兜圈子式的，且一开始又是传给基昂的，时间上的间隔不免使其准确性打了折扣。因为施谛文认为，很难分清什么是原始口信，什么是传信人所理解的口信。他说："无论是基昂，还是费子智，都不能认为他们的说法是可靠的（外交部认为，这只能说是费子智这位知名学者的观点）。"施谛文还认为："周恩来所宣称的动机，就真实性来说，至少是令人怀疑的。"他发现，"周恩来绝不会期待他的口信得到任何答复，甚至连口信如何能被对方收到这个问题都不会去关注"。对于传达这样一个信息的目的，是很难做出判断的。[21]

尽管施谛文爵士感到，口信进一步证实了他关于某些重要问题的看法——例如，当时在华的许多外国人也都普遍认为的在共产党统治集团内部存在两个对立派别的观点——但他对其他一些关键问题仍有自己的看法。他认为："周恩来通过共产党在上海的中间人一再向我们透露的要求——对于中共的宣传机器起劲的亲苏反英宣传，不必过于较真——是非常不可信的。"不仅如此，对共产党想要进行贸易的请求，施谛文也持有疑义，用他的话说就是："只要意识形态上的偏见和排外倾向处于支配地位……他们就不会急于采取具体措施来解救正在遭受侵害的外国企业。"[22]对在华的外国商人来说，形势的发展不幸被施谛文言中。

还有一些人，由于对口信发送人非常熟悉，故非常怀疑周恩来口信的真实性。[23]傅泾波不认识基昂，但他很早就认识周恩来，他对周恩来用这样的方法传送这样的口信，持非常怀疑的态度。[24]然而，不容否认的是，当时在中国的最见多识广的三个人——包瑞德、柯乐博和司徒雷登——都把口信看成周恩来发出的，并且都郑重其事地对待。当英国官员后来收到周恩来的口信时，也没有怀疑它的真实性。而且，周恩来的口信似乎合理地解释了黄华所执行路线的转变，否则的话，这一转变就难于解释了。6月8日，傅泾波应黄华之邀前去拜访。黄华说，对于傅泾波在先前一次会见中提出的中共首先是要共产化还是要工业化的问题，他不能答复。但是，黄华又说，中共急于恢复经济，而美国的援助极为重要。司徒雷登随即报告华盛顿说，这是黄华第一次提出美国经济援助问题，"虽然不是直接提出的"。而仅仅两天前在同司徒雷登本人的一次谈话中，黄华还说："中共对美国的全部要求是，停止对国民党的援助，断绝与国民党政府的关系。"[25]

从6月6日到6月8日，仅过两天黄华的态度就来了一百八十度的大转弯，提出美国援助问题，只能说明中共中央发出了新指示，这和周恩来在5月31日给柯乐博和包瑞德的口信是一致的。黄华是否知道周恩来的口信并不重要，值得注意的是，黄华所陈述的美国援助的重要性，正是周恩来口信中最敏感的内容，无疑证明了周恩来口信内容的真实性。

很清楚，无论这一新方针的真实性如何，美国都设法予以答复，这表明美国希望并期待在共产党胜利后，继续和中国保持事实上的关系。同时证明，美国想要通过中国与美国官方之间的协商，为建立这种关系而扫清障碍。[26]一如柯乐博当时所说，美国的答复"清楚而坚定"地表明了美国对华政策。然而不幸的是，柯乐博转送这一答复的努力失败了。另外，在和黄华的晤谈中，司徒雷登大使也发出了几乎一样的信号，而且毫无疑问，黄华完全能够把这一信号报告给周恩来。[27]

第八章 郁闷的上海

1949年5月26日,中国最大的城市和最大的港口上海被共产党占领,共产党和英美官员之间的摩擦和误解也随之迅速增加。在共产党看来——或许在大多数中国人看来,由于西方人的存在,上海集中了中国一切丑恶的东西。资深记者、中国问题观察家理查德·休斯在一篇有关上海兴起的生动描写中,不无启发地说明了这一点:

> 上海诞生于泥泞的黄浦江岸。英国侵略者于1843年首次踏上这片土地。他们的入境签证是由贾丁、马西森和帕默斯顿颁授的,而使签证生效的则是火炮……
>
> 西方人无所顾忌地建造了公共租界和法国城。他们吞并了周边20多个中国村庄。他们强制实行自己的法律和法规……
>
> 上海之得以发展和繁荣,主要靠的是税收:长江流域的所有货物、贸易和航运,都在课税之列,而长江流域则集中了中国一半的人口,其贸易也占了中国总贸易量的一半……西方人在12平方英里的公共租界和法租界里,像老板那样控制着逐渐步入工业化和商业化的中国。[1]

在上海,胜利的共产党面临着新的挑战。他们长期在乡村搞革命,现在要统治大城市,得掌握一些有自身规律的复杂的技术。他们的准备是很不充分的,特别是在上海,居住于其中的外国人是中国城市里最多的。至少当时许多在华的西方官员和商人都是持这种判断。他们觉得,共产党在这里所面临的困境,将使他们采取比其在北方城市时更温和的政策。在共产党接管上海的前夕,英国大使施谛文拍电报给英国外交部说:"自天津落入共产党手中之后,接二连三的事件表明,我们的判断基本上是正确的,即共产党在应对大工业区的经济问题时缺乏管理经验和行政能力。上海成为摆在他们面前的更为复杂的难题,他们对外国援助的需要,近期内将日益明显和紧迫。"然而,司徒雷登警告说,尽管需要援助,他们也不会屈服于西方的经济压力。[2]

施谛文认为,和美国一道制定一个共同的经济政策是徒劳无益的,因为英美在华的商业利益不同,控制其在华商业企业的手段也不同。与英国相比,在诸如银行、沿海航运、纺织等行业及其他实业领域中,美国不大关注其在华企业的经营贸易活动。而且,英国企业占外国在华企业的多数。在这种情况下,任何共同的经济政策都难以控制这些企业。不仅如此,若实行经济制裁,势必遭到共产党的报复,这样一来会使这些企业损失严重。[3]英国在华经济利益不仅在数量上多于美国,在种类上也多于美国。英美对共产党接收上海的反应之所以不同,这些经济利益上的差异是重要原因之一。

在上海的英美侨民预计,由于管理上海这座大城市的复杂性,共产党会被迫向他们求助,但共产党的行为却令他们大失所望。不仅外国商人经历了他们的同胞在其他由共产党控制的城市中所经历的一切——官僚作风、与共产党官员联络困难,而且还面临着一个更加令人不安的问题——美国总领事卡伯特称之为"工潮中的'软禁风'"。[4]当时,劳资纠纷是共产党接收的城市中的普遍现象。在劳资纠纷中，工人们将工厂围困起来，经理如不答应他们的要求，就不允许走出工厂。

英美企业均遇到上述麻烦，但相比之下，美国商人更不愿意忍受共产党统治下的这些麻烦，接受不了经营的大起大落。而英国商人已植根于中国的国内贸易中，其在华总投资额高于美国，因此他们坚决拥护原地不动的政策。正如卡伯特在共产党占领上海一个月后的6月26日拍给华盛顿的一份长电的末尾所说："起初，侨民曾乐观地看待中共的统治，但最近几个星期所发生的涉外事件，使得侨民对前景不再乐观……越来越多的美国商人准备收拾行李，撤离上海，不愿忍受目前的羞辱和危境。"[5]两天前，卡伯特在日记中还写道："参加商会会议，沉闷悲观的气氛笼罩会场。古尔德和科尔特曼诉说了目前的危境——实际上每个人都想离开。"[6]

和英国总领事不同，美国驻沪总领事和英美私人公司一样，也遭遇了工潮的困扰。1949年年初，美国海军撤离上海，解雇了他们所雇用的中国工人。这些失业工人由于对遣散费不满，开始向美国驻沪总领事馆交涉。领事官员代表海军就失业工人的要求提出了一个解决方案，但遭到工人的拒绝。于是，失业工人准备采取大规模的行动。卡伯特确信这一行动迟早会发生，并于6月28日报告了有关传闻，说有可能"像最近其他外国公司发生的劳工事件那样"，发生被海军解雇的工人的"大规模请愿"事件，"他们将携带家属一窝蜂地占领总领事馆"。[7]翌日，卡伯特的日记揭示了这一骚扰给他带来的心理后果："我们准备用水龙管和催泪瓦斯对付暴民对领事馆的进犯，但我发现有些高级官员反对这样做——或许这种反对意见是正确的……我沮丧透顶，心灰意冷，倦怠至极，精疲力竭，只想尽快离开。"[8]

除遭受工潮的困扰外,美国领事馆人员还遭受了他们的英国同事没有遭受过的其他一些骚扰,最典型的事例是美国副领事奥立佛因一个不太重要的交通指控而遭扣押和殴打。[9]美国领事人员无法按常规的或者是合理的方式应对这种情况,故更加灰心丧气。美国总领事馆的官员到拘留奥立佛的警察局质询时,遭到了羞辱、威胁和嘲弄。据总领事馆对这一事件的报告,警察局政委显然是"要在一大群警察、军人及旁观者面前竭力羞辱总领事馆官员。人越多,他声越高,越放肆。对总领事官员说话的口气就像审问犯人一样,并要求领事官员自始至终都站着答话"。[10]

三天后,奥立佛被放了出来。他是被单独监禁的,食物是面包和水。当时总领事馆建议国务院"公布监禁和殴打副领事奥立佛的过程,并指出这是羞辱外国人的计划的一部分"。[11]不管到底有没有这个计划,上海当地的报纸电台还是迅速利用了奥立佛案件,以便再一次表明,共产党是把上海从外国帝国主义者的压迫下解放出来的解放者。例如上海《解放日报》就曾这样评论:

在违犯交通规则后,奥立佛仍以帝国主义者的惯用方式傲慢、粗暴地对待我公安人员。他还想以先前对待国民党反动派的"主人"态度对待我公安人员。

但是,奥立佛完全错了。在解放后的上海,人民已成为主人,人民政府绝不会容忍和允许外国人侮辱和欺凌我们的人民!

在人民政府管理下,帝国主义者的一切违法挑衅行动，都将受到应有的惩罚！所有帝国主义侵略势力，必须滚出中国去！[12]

卡伯特向国务院报告了他的看法："这件可怕的事情使我更加确信：在华的美国人已无安全可言。"[13]

第九章 毛泽东发出邀请

6月28日,司徒雷登大使从黄华那里得知,毛泽东、周恩来向他发出了他称之为"几乎可以说是邀请"的信息——"同意准许司徒去燕京一行,彼希望与当局晤面之事亦有可能"。在向国务院汇报这一邀请的背景时,司徒雷登指出,在6月初,傅泾波在司徒雷登不知情的情况下曾"私下里"问黄华,在司徒雷登生日(6月24日)那天,他是否有可能像往年那样,到北平去访问他过去待过的大学。黄华当时未置可否,但到了6月18日,他问傅泾波"时间是否允许"司徒雷登的北平之行。傅泾波只是回答说:"早在两个星期前他就提出了这个建议。"[1]

傅泾波和黄华之间的这些交谈,并没有得到国务院的授权,甚至直到司徒雷登收到毛泽东和周恩来的邀请时,华盛顿才收到有关情况的报告。北平则从这些交谈中感到,司徒雷登想要来北平。司徒雷登在日记中这样记载:

6月26日,星期日

周裕康从北平返回……得知黄华是因为我而被派到这里来的——汇报了我去北平的请求——毛泽东表示,如果我去北平,他会视我为中共的"老朋友"而欢迎我——没有瞒着美国人的东西,等等。

黄华显然汇报了我去北平的请求。

6月28日，星期二

傅泾波拜访了黄华。他告诉黄华，我已收到陆志韦（燕京大学校长）的来信，语气颇为热切。信中提到关于我要往北平旅行的事。傅泾波说毛泽东、周恩来衷心地欢迎我去，中共当局对黄华的复电进一步坐实了这一说法——下午黄华来了，带来了这则消息，待了大约一个小时。[2]

在报告黄华的口信时，司徒雷登没有向华盛顿提什么建议，只是列举了北平之行的利与弊。在他看来，此行的主要好处是：他可以有机会直接向毛泽东和周恩来表明美国的观点，并把"关于中共意图的最权威的信息"带给华盛顿；另外，还会加强中共内部比较开明的反苏派力量，并"通过这种非同寻常的方式开诚布公地表明美国希望改变中国的政治倾向的态度，或许还会对中美关系的未来产生积极的影响"。[3]

当时，有人已察觉到司徒雷登意欲北上，至少上海总领事卡伯特就察觉到了这一点。他在7月1日的日记中写道："可以肯定的是，他要北上。我表示要帮助他，并告诉国务院，如果司徒雷登成行，将不仅有助于上海总形势的改善，而且有助于保护西方在上海的利益。"[4]然而，国务院对司徒雷登提到的不利后果更为关注，并以此为主要理由，指示他们"在任何情况下都不得"访问北平。[5]司徒雷登所说的不利后果是，北平之行将使由美国发起的南京外交使节的"统一战线"破裂，各使馆的负责人将效仿司徒雷登纷纷前往北平。而且，"一个美国大使在这个时候前往北平，会在国内外大大提高中国共产党和毛泽东本人在国内外的威望，而且在某种程度上，这将成为我方承认共产党政权计划的第二步（第一步是我留在南京）"。[6]

事实上，在尚未坚定地表明中共与苏联结盟和以美国为敌的态度的情况下，毛泽东绝不会期待司徒雷登对他的邀请做出反应。他在6月30日发表的《论人民民主专政》一文中写道：

"你们一边倒。"正是这样……中国人不是倒向帝国主义一边，就是倒向社会主义一边，绝无例外。骑墙是不行的，第三条道路是没有的。

"你们太刺激了。"我们讲的是对付国内外反动派即帝国主义者及其走狗们……对于这些人，并不会出现刺激与否的问题。

……

"我们需要英美政府的援助。"在现时，这也是幼稚的想法……我们在国际上是属于以苏联为首的反帝国主义战线一方面的，真正的友谊的援助只能向这一方面去找，而不能向帝国主义战线一方面去找。[7]

毛泽东的"一边倒"，绝不是什么新的姿态，也不是由于近几个月来事态发展的结果。正如司徒雷登大使在给国务院的电报中所分析的那样，毛泽东"只是为他之前的有关政治理论的著作《新民主主义论》和此前中共许多重要声明里所公布的与苏联团结一致的观点画龙点睛而已"。[8] 在1940年1月发表的《新民主主义论》中，毛泽东就把联俄视为"新三民主义或真三民主义"的"三大政策"之一。"社会主义的苏联和帝国主义之间的斗争已经进一步尖锐化"，毛泽东预言说：

"中国不站在这方面,就要站在那方面,这是必然的趋势。难道不可以不偏不倚吗?这是梦想。"[9]

到 1948 年秋,当"帝国主义"和苏联的斗争明显进一步尖锐起来时,毛泽东便在《全世界革命力量团结起来,反对帝国主义的侵略》的文章中,重新提出了联俄问题。这篇文章发表在 1948 年 11 月 1 日出版的欧洲共产党和工人党情报局的机关刊物上。文中写道:"三十一年的历史,在许多国家中,难道还没有证明所有那些既要为帝国主义满意,又要为苏联赞同的人们的十足的虚伪和彻底的破产吗?难道还没有证明所有的那些企图摇摆于帝国主义的反革命阵线和反帝的人民革命战线之间的所谓'第三条道路'或'第三种力量'的十足虚伪和彻底破产吗?"[10] 几个月后,中共控制的地区的一些报纸全文登载或节选了这篇文章。[11]

正当美国准备对毛泽东的"几乎是一个邀请"做出回应之时,毛泽东却坚定地重申"一边倒"的政策,但很难说"寻求和解的一个极为重要的机会"就错过了。[12] 毛泽东在充分了解到美国愿意与中国继续保持关系的情况下,又一再重申他对以苏联为首的反帝阵营的忠诚。司徒雷登不仅向黄华转达过美国的立场,而且在 6 月 10 日还将这一立场告知其中的一位中间人,即所谓"第三种力量"的代表人物之一陈铭枢将军。陈铭枢在 6 月下旬分别和毛泽东、周恩来谈过这个问题。司徒雷登告诉陈铭枢:"美国人相信,意识形态不同的国家是可以相处的。"美国人"首先关心的是中国人民,而不是他们选择的政体,前提是政府必须得到全体国民的支持,愿意和能够继续遵守国际准则"。目前美国的态度"只能是等待和观察。无论如何,我和其他国家(苏联除外)驻华使馆的负责人继续留在南京这一事实本身就意味深长,相信中国共产党一定意识到了其中的暗示"。[13]

6月24日,司徒雷登向国务院报告说,他间接听说陈铭枢已和毛泽东、周恩来谈过美国的立场。[14]显然,在同一天,他又把这一情况告诉了他的英国同行施谛文爵士,因为次日施谛文便把这一情况报告给了英国外交部:

> 我的美国同行曾对我说(他要我对此事务必保密),他已和李济深领导的中国国民党革命委员会主任秘书陈铭枢进行了接触。陈铭枢最近在从上海去北平的路上拜访了司徒雷登。司徒雷登向陈铭枢概述了中国在未来与西方民主国家建立友好关系的好处。
>
> 陈铭枢对北平的访问显然事关重大……看来他已和毛泽东及周恩来谈过这个问题。[15]

不管两位大使对陈铭枢的北平之行寄予了怎样的希望,最终他们都落了空。陈铭枢从北平回来时,将载有谈话内容的书面报告交给了司徒雷登。司徒雷登阅后十分沮丧,因为从报告中"看不到任何偏离他们既定的政治路线的迹象,也看不到改善与美国关系的迹象"。[16]

为了严厉打击国内外那些以为经济困难就会迫使共产党和西方特别是和美国达成某种妥协的人,毛泽东采取了一条绝不调和的路线:否决所有认为西方的援助对中国而言是必不可少的这种想法,以及请求这种援助的意图。毛泽东断然否认了黄华在6月8日向傅泾波说的中国需要美国援助的话。事实上,正如我们所看到的那样,黄华当时是有意向傅泾波说出那番话的,旨在表明两天前他还执行的路线已发生了变化。

这样看来,黄华重新回到他6月8日前所执行的路线上来就不令人奇怪了。这种转变是在毛泽东的文章发表几个星期后,通过黄华与司徒雷登最后一次长时间的会见表现出来的。正如司徒雷登就会见内容所报告的那样,黄华说:"美国人最好不要插手中国的事情,商人、农民和学生无不这样认为。""没有援助,中国照样能解决她所面临的工业建设等问题。"司徒雷登还报告说,他本人是"十分尴尬地"从这次长达一个半小时的会见中脱身的,黄华的意见"不容争辩,甚至罔顾事实"。这位大使曾寄希望于通过讨论来改变共产党的见解,但到此时也不能不怀疑"一个人到底能不能改变另一个人的见解"。[17]

司徒雷登大使以去北平见毛泽东未果为由,反对再去广州见蒋介石。7月11日,杜鲁门总统告诉艾奇逊国务卿说,他认为"大使在返回美国之前,对广州进行访问不仅是重要的,也是适宜的"。杜鲁门认为:"作为一个大使,在长期和驻在国的政府脱离接触后便回国,是不会被美国公众所理解的。"[18]

起初,当司徒雷登接到去广州的指示时,他并未表示强烈反对。[19]然而,当他听说蒋介石委员长正好也抵达广州时,则辩称:如果他在此时去广州,势必要拜访蒋介石,而这并不合适。实际上,司徒雷登不想让此举影响到他正在和共产党领导人打交道。因此,他指出:"在我访问北平被拒之后,马上访问广州并会见委员长(如果去了广州,这是不可避免的),肯定会被共产党认为是对他们的一种蓄意的侮辱,并为此而采取强烈的反应措施……他们绝不会原谅我去广州见他们的头号敌人,因此,我将完全失去在中国共产党人中的作用。"[20]他进一步辩解说，去广州会增加"美国在上海和汉口所面临的困难"，并可能引起对美国大使馆及其他机构官员的"报复性行动"。最后他说："当我赞同国务院不让我去北平卑躬屈膝般地拜见毛泽东的决定时，我也同样感到，改变我原先的计划，让我去拜访蒋介石，是不明智的决定。"[21]

美国拒不授权司徒雷登去北平一事表明，对于权宜之计、临时之策，美国是有限度的。对于一个尚未形成国家性质的政府的政权来说，美国不会迈向承认的"第二步"。同时，在这个政权的领导人还像柯乐博指出的那样"明确表示要以美国为敌"[22]的情况下，美国是不会做提高其威望的事情的。另外，华盛顿同意司徒雷登不去广州一事表明，美国还不想无端地引起中共领导人的对抗，从而堵死可能存在的未来谈判的渠道。

第十章　撤离中的坚持

7月的到来对英美来说是不祥的，因为毛泽东公开重申的"一边倒"政策，使两国官方特别是美国官方变得更加沮丧愤懑。最终，美国忍无可忍，开始着手调整政策。司徒雷登在其自传中回忆道："共产党的政策倾向，使我不得不建议国务院制订一个从共产党控制的地区特别是上海撤侨的计划。反美宣传更加凌厉，对苏联的表忠更加露骨，对外国人及经营活动的歧视越来越明目张胆，警察国家的管控手段和国营贸易政策一如既往，变本加厉。"[1]

7月15日，中共上海外侨事务处召见美国新闻处驻沪的代理负责人，"寻衅似地"命令他立即停止美国新闻处的一切活动，包括"总领事馆的电影院、音乐厅、图书馆的开放及新闻报道"。[2]7月19日，美国驻北平总领事馆也接到类似的书面命令，所不同的是，这一命令是公开发布的，原因是"人民政府和美国没有外交和领事关系"。[3]

当然，对于这种解释，美国领事官员是再熟悉不过的了。他们按照通常的方式答复说，美国新闻处是领事机构的一部分，其存在"不取决于官方的外交承认"。在上海，马康卫副领事也表示抗议说，这个命令不仅违背了"世界公认"的领事机构的工作原则，而且"和苏联在这个城市里畅通无阻地进行的类似活动相比，这是对美国新闻处的歧视"。[4]

令人费解的是，共产党为什么没有在早些时候采取抵制美国新闻处的行动。早在3月，毛泽东在向中国共产党中央委员会所做的报告中就指出,共产党不仅"不承认国民党时代的任何外国外交机构和外交人员的合法地位",而且还要"取消一切帝国主义在中国开办的宣传机构"。在关于命令美英关闭其新闻处的报道中,新华社宣称,自从上海解放以来,这两个新闻处从未停止过宣传活动。[5]

在共产党对美国新闻处采取制裁行动之时,恰逢司徒雷登因不能回国述职而感到愈加灰心。按计划,他要在7月18日回国,但却延误了大约两个星期,原因是共产党要求他同普通外侨一样,在取得离境许可前,必须有一个"铺保"对其可能的未了债务和未清财产予以担保。国务院鉴于原则、声誉和惯例,对这一要求采取了非常消极的态度,并指示司徒雷登,严令其一行中的所有美国人拒签保单。最终达成妥协,中共当局同意免除司徒雷登的觅保手续,并免除其行李检查。[6]

司徒雷登猜测,他在撤离问题上遇到的麻烦,与他未去北平见毛泽东有关。7月14日,他在给国务院的报告中说:"当我拒绝去北平时,我感到这让他们觉得丢了面子,特别是黄华,他在这里是最先采取主动的。这种感觉,在黄华的第二号助手陈英(音译)最近与傅泾波的谈话中得到进一步证实,对于我和我的随行人员在取得出境许可一事上的麻烦,他是这样对傅泾波说的:'如果司徒雷登去了北平,所有这些小问题都不难解决。'"[7]

和对共产党与美国官员之间的其他摩擦的态度不同,在这次事件中,英国对美国持同情态度。7月15日,施谛文大使就司徒雷登遭遇的麻烦电告英国外交部说,他和留在南京的大使们一致认为,共产党的态度是"不可原谅的",因为大使和其他随员的"自由离境权""从来不成问题","即使在处于交战状态的国家"也不例外。他希望美国政府不要"在这个原则问题上让步,哪怕使馆负责人被当成人质扣押在这里"。的确,在7月14日的日记中,司徒雷登大使就写道:"我和留在南京的其他国家的驻华使节共进了午餐。关于铺保和私人担保问题,他们认为应从外交上反对这种做法,而且态度比我还强硬。"[8]谈到施谛文的报告,英国外交部的科茨认为,共产党的"目的是要使外国外交人员丢脸",他"几乎肯定"共产党有一个"使在华的欧洲人尽可能颜面扫地的既定方针"。[9]

共产党似乎不可能有任何这样的既定方针,但到这时为止,总的来看,他们的政策的目的在于劝说美国在华的这三名高级官员改变政策,在共产党接管的城市里不要开放领事馆。按照共产党的看法,不仅各国领事馆不得"自由行事",而且在共产党控制区里的领事馆工作人员也应减少到最低限度。有鉴于此,公使衔参赞柯慎思在冲绳与返回华盛顿途中在此停留的司徒雷登大使和总领事卡伯特会见后认为,司徒雷登和卡伯特"都经历过在共产党政权下的生活,而我则没有这方面的经历,因此他们对一些问题的感受比我强烈得多……他们的经历表明,领事馆官员已完全无法履行他们的职责。倘若置他们于并不友好的共产党政权之下而不顾,势必危及他们的人身安全"。柯慎思还报告说:"根据在共产党中国的经历,我越来越意识到,在无法忍受的条件下,和共产党'做生意'是不可能的;共产党为了他们的目标,决定清除美国的在华利益和宗教慈善机构。我们无论怎样表示亲近,都不会改变这种状况。所以,从我们最根本的利益考虑,对任何即将出现的共产党政权,我们都不要表示亲近。"[10]在撤离问题上,柯慎思的观点基本上与司徒雷登和卡伯特的观点一致,所不同的是他走得更远：他建议安排船只，撤回美国所有官方人员。

司徒雷登和卡伯特本来就怀疑中共控制地区的领事馆能否正常运转，当他们在 8 月 2 日离开中国时又得知副领事马康卫被阻困在美国在上海的领事馆办公室中达 4 天之久时，他们对此就更加怀疑了。阻困马康卫的是美国海军先前雇用的中国雇工，他们因不满失业而携带家眷占领了美国领事馆的部分建筑。事后马康卫在对这一事件的报告中说："虽然当局最终在幕后予以调停……但没有给我们补偿，也没有公开承认他们进行了调停，当然也没有表示歉意，没有对袖手旁观的当事官员予以处分，最后也没有向我们保证，在以后的劳工危机中，当我们遭受到类似的侮辱时，他们会采取不同于这次的行动。"[11]

当司徒雷登和卡伯特抵达华盛顿时，他们便能当面向国务院陈述他们的观点了。8 月 12 日，他们出席了一个会议。代理副国务卿腊斯克、无任所大使菲利普·杰塞普①等国务院官员也出席了会议。会议决定，在广州落入共产党手中之前，应关闭美国在那里的领事馆。[12]

国务院在这之前已决定关闭在重庆、昆明和迪化②的领事馆。在那些地方，美国没有什么重大利益。[13]司徒雷登离开南京前曾建议，"在得到承认之前"关闭在青岛和汉口的领事馆，因为它们在事实上已无法保护美国的利益，其人员很可能处于更加艰难和危险的境地，而且也不大可能从中国外部向领事馆提供补给。[14]这样，到 8 月中旬，根据那些原打算在共产党控制的中国继续保持领事机构的美国官员的经历，美国已决

---

① 菲利普·杰塞普（Philip Jessup），中方电报中译为耶塞普。——译者注
② 今乌鲁木齐。——译者注

定关闭在中国6个城市中的领事馆,以免其人员再遭不幸。在做出这一决定时,美国人当然还清楚地意识到,在迪化、重庆和昆明等边远城市中,保护美国在那里的利益的说法,已很难成为当地领事馆继续行使其职责的理由了。

尽管这些决定是对1948年秋以来美国所遵循的在中共占领区继续开放领事馆的政策的重大调整,但在天津、北平和上海的领事馆与南京大使馆仍实行继续开放的政策,尽管司徒雷登大使业已离开中国。正像我们所看到的那样,5月关于关闭沈阳领事馆的决定,是在一种特殊情况下做出的,并不表明美国改变了有关领事馆的总政策。

美国决定关闭6个领事馆一事,对英国的影响是不小的。美国的行动不仅多少偏离了英美关于在共产党的控制区里继续开放领事馆的共同政策,而且也给英国驻华领事代表和外交部增加了负担,因为美国请求英国在美国撤出领事官员的地区,对美国的权益予以保护。

非常出人意料的是,在向英国外交部提出这一请求之前,美国国务院已开始就此问题接近英国领事官员。8月15日,英国驻广州总领事泰瑞尔电报英国外交部说:"华盛顿向我的美国同行发出指示,授权他将美国的动产和政府所拥有的建筑交由我来看管,如果我愿意承担这种责任的话。国务院问他是否有必要就此事和英国政府谈判。"[15]泰瑞尔告诉他的美国同行,在承担这种义务之前,他必须得到本国外交部的指示。在他看来,这种义务不可避免地要扩展到对美国侨民的保护。他还告诉英国外交部说:"在美国正式撤出广州之后,他不想对美国的任何权益承担责任。这种撤离可能正在进行之中,因为他们预计到,共产党占领广州后,他们会遇到很多麻烦。"泰瑞尔指出:"如果这样的话,与美国关系过分密切,就会使我们在这里的总领事馆完全卷入美国的麻烦中去,我们要坚持下去也根本不再可能。"他还担心,如果英国同意美国的请求,"我们很可能在某个时候发现,我们已成为美国在华权益的看管人"。[16]关于最后一点,他的看法是完全正确的。

在接到泰瑞尔的报告之前,英国外交部没有听说美国要英国保护其在华权益的请求,甚至也没有听说美国打算关闭其在华的部分领事馆。科茨也对接受美国的请求表示担忧。他觉得,英国有"极好的借口"谢绝美国人的请求,这就是共产党不承认外国领事馆的官方地位。在这种情况下,英国在广州的领事馆"没有和共产党当局打交道的官方地位,故不能保护美国政府的资产……或美国侨民的利益"。

科茨在远东司的上级汤姆林森却不这么看。他指出:"正在为其撤退的政策而一直谋求我们支持的美国人,这时候却接近我们,这极为反常。"他认为,英国将从中获得来自美国的"极有价值"的回报,因为"美国人不可能在从英国滞留人员的工作中获取好处的同时",又非难英国人原地不动的政策。[17]

对于泰瑞尔的担忧,南京的施谛文大使也有此忧虑,认为承担"对美国驻广州(很可能扩展到中国其他地区)总领事馆及其权益的保护和代管义务"显然是困难的,甚至是危险的。然而,"从长远来看",他又相信,"接受友邦之托,虽然可能增加我们现时之窘境",却符合英国的利益。[18]他还是建议接受美国的请求,只是提出了一些旨在减少英国领事馆在财务和其他方面的负担的条件。

虽然英国很快就看出美国要为其在华侨民和财产向它寻求保护,但看上去却像马后炮。8月17日,美国驻伦敦大使馆向英国外交部递交了有关请求保护的第一份备忘录,其中所要求的,只是对美国政府在广州、迪化、重庆和昆明的资产提供保护,并允诺美国将"尽可能地提供资金……以支付代管人的薪水及美国资产的基本看护费"。次日,英国外交部通知美国大使馆说,英国驻华领事官员将得到指示,承担对美国资产的保护义务,但保护的程度则"肯定是有限的,因为他们的领事地位没有得到中共当局的承认"。[19] 8月19日,美国大使馆又向英国外交部递交了一份备忘录,要求英国在华领事"对美国侨民承担和对英国侨民相类似的保护义务"。英国外交部很快答复美国大使馆说,准备同意这个要求,但再次强调英国所能提供的保护是有限的。[20]

英国虽然愿意为美国在华侨民和财产提供保护,但英国外交部要使美国明白,英国政府不打算仿效美国的政策。8月16日,邓宁致贝文一份备忘录,提醒他说:"现在内阁的政策,应该是使我们留在中国,并站稳脚跟。"他建议英国外交部新闻司就美国关闭其在华领事馆的声明表态说:"不要期待联合王国也采取类似的步骤。"他感到,这个表态对安抚英国在上海和其他地区的侨民是很有必要的,因为他们的信心"已经由于国民党的封锁和不能恢复贸易而动摇"。[21] 英国政府采纳了邓宁的建议。

第十一章　封锁

邓宁在其备忘录中提及的国民党的封锁,是指国民党政府在6月底开始封锁不再受其控制的港口及其邻近海域。[1]英美政府都认为这一行动是不合法的,也都为此提出了抗议,但他们抗议的主要内容则预示了对国民党的这项新政策的最终反应的明显歧异。6月28日,在广州的美国使馆办事处向国民党政府外交部转递了一份照会,其大意是:对这一行动美国政府"尽管表示最友好的同情",但对宣布封锁港口及其邻近海域的"任何行动",却不能"认为是合法的",除非国民党政府能有效地实施这一封锁。[2]与美国不同,在英国的抗议中,有意不提对国民党政府这一行动的任何同情暗示。[3]而且,英国既强调"封锁企图"不会有什么作用,又申明由于国民党政府从未承认中国处于战争状态,故不拥有交战权。[4]

7月4日,在广州的英国使馆办事处发给英国外交部一份电报,简要地汇报了国民党政府对英国态度的反驳:"英美关于封闭港口的照会已在本星期发出,并迅即得到答复:在必要的情况下,一个国家可以关闭其领土上的任何港口。"[5]

国民党对上海港的封闭令,未见于任何官方文件。它是由驻长江口的国民党海军实施的,辅之以空军对长江入海口和上海港的空中轰炸。6月25日,在宣布港口封闭后不久,撤出长江入海口的英国海军巡逻舰报告:国民党有足够的军舰对这条江实行封锁。[6]开始,国民党的P-51S轰炸机轰炸了泊在入海口的英国商船晏芝轮。对此,英国外交大臣贝文向国民党政府驻伦敦大使提出强烈抗议。[7]国民党的封锁措施很快见到了成效,美国驻沪总领事发给美国国务院的一份电报就说明了这一点。这份电报说:"自6月25日所谓的封锁开始以来,整个7月份",进入这个港口的船只只有英国的一条拖船和日本的一条小船,前者将受伤的晏芝轮拖往神户。[8]

国民党的有效封锁,不只引起英国在华侨民的信心动摇,而且也向英国政府的"原地不动"政策提出了挑战——这一政策的依据是预计共产党控制下的中国特别是上海被迫需要同外国开展贸易和寻求外国的技术援助。在上海的英国商业界不顾一切地要打破封锁,重建贸易关系。但是,在缺少现实力量的情况下,这能变成事实吗?从哪里能得到这种力量呢?共产党对国民党的海空力量似乎也无可奈何,因为他们自己几乎没有海空军。

一开始,南京的施谛文大使反对任何英国船只强行突破国民党封锁的企图。他怀疑,在中国的现实状况下,为了贸易的潜在利益是否值得付出船只损坏、人身危殆、浪费纳税人的钱等代价。他敦促英国外交部应该"尽可能地严守""我们对中国内战所宣布的同情中立"政策。他认为,帮助共产党获得供给,不仅是冒险,而且也与英国的基本利益相悖。"在他们得不到(一直都不能得到)供给时,虽然也会坚决地反对英国海军在他们领海的存在,但为取得供给,却有可能为在其领海的英国商船提供保护。"他坚定地认为:"如果我们小心地退缩,共产党就会迫于形势,开始重视我们在中国的贸易,并相应地改变他们对我们的态度。"[9]

施谛文对封锁的谨慎态度,得到了英国远东海运代表德里克·艾伦的间接支持。6月27日,在给运输部莫尼少将的一封信中,艾伦说:"能和中共所控制港口打交道的,只有太古洋行(巴特菲尔德与施怀雅公司)。"他还说,在香港的一些较有见地的商人,以前曾主张"必须无条件而且不惜任何代价地与在很大程度上尚不熟悉的中国进行贸易",现在却有了不同看法。[10]

太古洋行对封锁及中国人的心理有不同的看法。6月22日,一封给伦敦施怀雅父子公司的信就集中地反映了他们的观点:"西方得不到向新来者证明自己的机会,这就是只要他们和西方达成妥协,他们就能从西方得到许多利益……我们应该证明,只有我们民间商人,才能从根本上使中国人对个人利益发生兴趣……我们相信,共产党进占上海这一西方乐园,会立即着手重建工作,对我们来说有相当重要的政治意义。希望我们的决策者们会大胆地考虑这一问题。"[11] 几天后,该公司致电在伦敦的约翰·施怀雅,敦促他向政府施加压力,使其为从英国到上海的海上商运提供海军保护,这就是他们所说的"大胆地考虑"这个问题。[12]

与最早到中国从事贸易的英国企业一样,太古洋行过高地估计了上海这个资本家的乐园对普通中国人的诱惑力。事实上,值得注意的是,早在几个月之前,毛泽东就在中国共产党中央委员会上发出了警告:"可能有这样一些共产党人,他们是不曾被拿枪的敌人征服过的,他们在这些敌人面前不愧英雄的称号,但是经不起人们用糖衣裹着的炮弹的攻击,他们在糖弹面前要打败仗。"[13] 这样看来,毛泽东和中共是欢迎封锁的。一旦封锁,他们就可以为上海的经济困境找到替罪羊。如今他们就归罪于美国人，说是美国人向国民党提供了用于封锁的舰船和飞机。

尽管如此，7月20日，中共向在上海的英国总领事罗伯特·厄克特和英国几家大型船运公司表示亲近，表面上是寻求他们的帮助，以打破封锁。帮助实施这一努力的中间人是一个叫韩明（音译）的"忠实可靠"的记者，此人有几年曾为英国总领事馆的许多工作人员所熟知。[14]在和英国人的一次会见中（厄克特未参加，他认为自己不宜去），韩明说共产党有一些轰炸机，但未装备雷达。这样，使商船进入上海的唯一办法，就是用军舰将商船护送至吴淞口（黄浦江口）。这些商船在吴淞口和上海之间就得冒冒险，当然，共产党将在两岸用高射炮进行掩护。在吴淞口外的长江入海口，他们将对外国护航舰睁一只眼闭一只眼。[15]

就在韩明在上海向英国人接近的当天，外交大臣贝文也指示英国驻华盛顿大使馆请求美国国务院答复英国的建议："组织运送基本物资——主要是米和燃料"，以救援在上海的外国人。贝文表示："完全同意美国政府的观点，即只要共产党坚持他们现时对我们商业利益的态度，就不宜采取在很大程度上有益于共产党经济的救援措施。"但他感到，如果因燃料缺乏或粮食暴动而引起公用事业崩溃，外国人所面临的危险是不能不予以考虑的。他问，是否有可能采取措施迫使国民党松动一下封锁，为救援船只让出一条通道，或者是否有可能使救援船只"在护航队的保护下运行"。[16]

但是，美国国务院不想在这个行动中与英国人合作，因为这一行动会舒缓共产党在上海的困难。7月21日，美国国务院口头答复了英国大使馆，反对英美联合向上海提供救援物资的想法，但不反对英国人自己以"权宜的救援措施"的形式实施这种行动。[17]

7月22日，彼得·斯卡利特向贝文提供了一份备忘录，供他在当天下午举行的内阁会议上参考，其中就救援问题指出两点：首先，南京的施谛文爵士虽然完全同意提供救援，但反对任何在海军保护下强行突破国民党封锁的企图，因为国共两党都会利用这个事件为自己捞取政治资本；其次，美国国务院不准备共同行动，而在英国远东司看来，没有美国的合作，英国不可能单独承担这一类任务。这种观点说服了英国内阁。7月23日，外交部致电英国驻华盛顿大使馆说，大臣们已考虑了救援上海的问题，认为在海军护送下强行突破国民党的封锁是不可能的。[18]

一个星期以后，韩明"在周恩来的许可下"，告诉在上海的英国航运界代表说，共产党欢迎英国海军护送商船突破封锁。如果有必要的话，他们将同意突破到吴淞口；共产党不会炮击吴淞口。在报告这一令人高兴的进展时，总领事厄克特认定，英国人的"克制和坚持""已开始奏效"。他还说："美国人陷入目前的困境，确实不是由于我们的过错，而是由于他们的反复无常。"[19]

在厄克特看来，美国的政策已发生了一百八十度的大转弯，且令人不快。在7月29日致英国外交部的一份"绝密"电报中，他报告了这一"上海观点"：

……

4. 在上海被占后的一个月左右，这里的美国人和我们所奉行的路线是一致的……我们都设想共产党已经稳定下来，我们设法用恰当的语调和姿态消除他们的敌意，以启动商业来往，以此作为外交承认之前的权宜之策。……

5. ……我们没有像美国大使那样，在这里发放棉花之类的储备物资，也没有像美国大使和美国总领事那样与当地官员进行接触，这种接触的努力当然是失败的。

6. ……我们的美国同行……曾对我说，使这样的大城市陷入非依赖美国经济合作总署不可的混乱状态，其后果是不可想象的。他特别强调要保持公共事业的运转，并提醒我说，在占领之前，美国人就认为，要保证一个月的基本物资储备，虽然这样做对新政权是有利的。

7. 现在，这里的英国人已觉察到，美国人的态度突然发生了一百八十度的大转弯……据认为，美国已开始支持国民党的封锁，而这种封锁首先对外国人来说是一个灾难，其次对那些主张和西方贸易的温和的共产党人来说也是一个灾难……但是，这种情况不会严重妨碍目前已准备就绪的政治和军事计划的进展。[20]

如前所述，当美国官员觉察到中共继续在语言和行动上敌视美国人时，便于7月间改变了其原地不动的政策。不过，要说美国在这个阶段支持了封锁，则是言过其实的，虽然从其受害者的角度来看是可以理解的。

在上海的美国人当中，有相当一部分人对封锁行动持与厄克特相同的敌视态度，但敌视的原因却有某些不同。在政权更迭的这段时间里，英国商人选择的是"耐心地忍受困难"（厄克特在一份电报中就这样认为），而大多数美国商人想要脱身离去，并就其所处的困境对国共两党进行同样的谴责。他们认为，与他们和共产党的纠纷相比，国民党的封锁后果更严重，认为是封锁使得他们在上海坚持下去的愿望终于破灭。在上海的美国商会致美国国务院的一份长篇备忘录中，有这样一些文字描述了他们的心境：

> 国民党的最后抵抗是封锁中国的港口和空袭中国的城市，之所以能做到这一点，正是由于有美国提供的军舰、飞机、燃料、炸弹和弹药。这些恐怖战术的结果之一就是，在华的美国侨民处境更加危险，因为被激怒的民众极易受排外宣传的怂恿。
>
> ……
>
> 所有的美国侨民都得不到应有的法律程序的保护，并面临着粮食暴动带来的危险，其原因是共产党宣传说是美国人鼓励和支持封锁。[21]
>
> ……
>
> 目前的局势表明，对外国工作人员的安全要予以考虑，美国各公司要求完成这些人员的撤退工作。[22]

然后，商会要求美国国务院与国共双方谈判，使之能够为美国公司人员的撤离提供安全的运输条件，同时建议国务院不要怕和国民党关系破裂，或者起码不要再向其提供支持，直至美国人的安全得到保障。几天后，在上海的美国人协会会长发表声明，表示对商会的请求持支持态度，甚至比商会走得更远：他敦促国务院用"一切可能的手段"一劳永逸地解除封锁，"否则撤离就会遭到阻拦"。[23]

在接到这些请求之前，美国国务院就意识到，对于一些美国公民来说,上海的形势"正日益变得无法忍受",政府应该"帮助提供撤离的便利条件"。[24]这种感受显然使得美国关于穿过封锁线运送救援物资的立场发生了微妙的变化。8月1日,美国国务院中国处处长石博思会晤了英国驻华盛顿使馆参赞查尔斯·米德。对美国在上海的团体要求安排救援物资运输一事,石博思说,美国政府愿意和英国政府一道,"使中国政府为携带着这种物资的疏散船只让开通道"。但是,他警告说,国民党尽管可能同意为疏散船只让开通道,但"如果船上载有向外国人提供的食品,就不会让这些船进入上海"。[25]

英国大使馆将石博思和米德之间的谈话内容报告给了英国外交部,指出,美国国务院非常担心共产党会把外国人作为人质,故把援救船一事和撤离联系起来。英国外交部远东司司长汤姆林森感到,美国"国务院的态度远不是令人满意的",虽然它奠定了"联合行动的基础"。他还指出,美国人显然更关心的是撤离上海,而不是在上海坚持下去。[26]

美国国务院强调的是从上海撤侨,因此反对向在上海的外国人提供救援物资,关于这一点,在石博思和英国大使馆一等秘书福特8月20日的谈话中得到了部分说明。福特在报告中指出:"石博思说,他愿意看到每一个美国侨民都能从中国撤出。不幸的是,中共可以把如此多的美国人当'人质',而美国却对遍地的共产党竟无计可施。"[27]石博思还表达了美国人对封锁无可奈何的心境:"国务院曾希望以控制与共产党中国的贸易为影响手段,但封锁却使这种希望破灭,这是最令人恼怒的。"[28]

美国对封锁的态度实际上是矛盾的。一方面,封锁符合其意图——用经济压力使共产党的政策变得温和一些；另一方面，封锁又是一种错误的手段，因为其目的在于阻止一切贸易，不能像贸易控制那样随心应手，产生最佳效果，而且，封锁还为共产党开展损害美国的政治宣传提供了机会，可以让共产党更有效地分裂西方盟国。

共产党则仍以英国为主要争取对象。8月26日，上海外侨事务处负责人章汉夫召见了英国总领事厄克特，并要求他不要将召见一事告诉其美、法同事。章汉夫告诉厄克特，虽然共产党对外国在华的外交和领事机关不予承认，但希望和外国商业界建立正常关系。章汉夫把上海的困难归咎于封锁，并确信这种封锁是得到美国支持的。他说，共产党准备占领舟山群岛，以解除这种封锁。当然，英国保护商船的军舰开到吴淞口是不成问题的；共产党将通过自己的努力打破封锁。厄克特认为，这次会见所取得的进展是："在适当的时候我们在中国继续存在下去是有指望的。"当然他承认，这种进展毫无疑问是由封锁带来的。[29]

此后，共产党还在做工作，设法消除英国的疑虑：8月28日，准许在上海的英国商会主席约翰·凯瑟克会见章汉夫；8月30日，又允许凯瑟克会见陈毅市长。厄克特向外交部报告称，陈毅市长告诉凯瑟克，"共产党政府正在驱使外国人出境"的说法纯系误解。陈毅要求外国人耐心一些，对未来要有一个较乐观的预期。[30]

厄克特承认，共产党当局有可能只能用安抚的语言来消除外国人的疑虑，除此之外，不会再采取什么实际行动，但他又说，凯瑟克和英国商会感到非常受鼓舞。[31]后者感到宽慰是自然的，因为到当时为止，外国商业界一直未得到当局的好脸色。只是在几个星期以前,上海商会还向在伦敦的英商中华协会抱怨说,它一直没有找到和有关当局建立接触的方法,因为无法使当局了解他们的看法。[32]在共产党控制的城市中,外国人一般都遭到冷遇。例如,英国驻天津总领事7月初就向英国外交部抱怨:"无论什么问题,那些一无所知的低级官员都不能给予外国商人以书面答复或说明。他们对外国商人的态度,不是怀疑,就是蔑视,乃至公开的敌视。"[33]

共产党这时所显示的温和政策——至少对英国商业界是这样,不仅见诸上海,而且见诸天津和北平。英国驻南京大使馆注意到,在来自上述地区的电报中,普遍提及的是:当局正在克制任何损害英国利益的倾向,并表示愿意与之建立商业关系。然而,大使馆还注意到,迄今为止,这些亲善的表示缺少"可信的行动依据","与共产党的行为不符"。在大使馆看来,这主要是政治方面的因素在起作用:共产党正在玩观望游戏,期待着西方大国之间特别是在远东的英美联盟之间的分化。[34]

在上海,美国总领事马康卫也注意到了这一点。在致美国国务院的一份电报中,对于凯瑟克拜会陈毅市长一事,他认为是"共产党当局正忙于实现他们的一贯计谋——利用一伙外国人反对另一伙外国人"。他说,可以证实这种猜测的是,"在过去的三四周里,中共没有对英国人表现出明显而直接的攻击……英国代表和中共的一系列接触也可证实这点",这种接触不仅在上海进行过,而且在天津和北平都进行过;无论如何,这种姿态显然没有对美国人做出。马康卫还说:"共产党的行动似乎是要在每一件事上都使美国侨民特别是美国政府工作人员遭到骚扰和诘难,以挑起一些枝节性的事件,用于反美宣传;或通过差别对待,暗中破坏西方人在上海形成的联合趋势。"马康卫认为,对这些"卑劣的小动作"要予以"相当程度的忍耐",一般来说,"美国侨民正表现出这种忍耐"。他还特别提到英国大使将于9月12日来上海一事,说此行的"目的是和英美领事馆及商业界代表商讨共同行动问题。需要一周的时间"。[35]

至于英国大使,则向外交部表示,希望能使美国人相信"我们的坚持政策"是于双方都有利的,并劝说美国人不要以"令人为难的对立和具破坏性的批评"拆英国对华政策的台。[36]

第十二章　英美之间的政策分歧

华盛顿和伦敦都意识到两国有必要就对华政策问题进行进一步磋商。1949年7月20日，艾奇逊国务卿指示美国驻伦敦大使刘易斯·道格拉斯面见英国外交大臣贝文，就远东问题——其中"最紧迫的问题"之一就是对中共的态度——进行一次坦率的意见交流。艾奇逊特别提到继续承认国民党政府及不承认共产党政府的后果问题："特别是中共的统治区域在不断扩大，很可能会在苏联的支持下宣称是中国的政府。"艾奇逊认为，还要讨论的另一个问题是与共产党的贸易。他还提到，英国商业界正在接近共产党官员并"建议开展合作"的传闻，使他"颇为心烦意乱"。[1]

作为对艾奇逊这一主动提议的答复，英国外交部助理次官邓宁敦促不大情愿的贝文，以欢迎的姿态就艾奇逊所提的问题和美国人进行磋商。在致贝文的一份备忘录中，邓宁宣称，"在过去的三年里"，英国一直努力使美国人在中国和日本问题上对英国人坦率一些，但这些努力都付诸东流；美国人"一意孤行，结局悲惨"；要使美国政策走上正轨，"最好的办法就是英美之间举行磋商"。[2]贝文对邓宁的观点表示赞同，于是1949年8月至9月英美两国举行了一系列正式的或部长级的会谈，就一系列问题交换了意见。8月16日，邓宁向美国大使馆一等秘书林华德提交了一份备忘录，其中提到交流中的第一个实质性问题，但附带了一个说明，说该备忘录"只是提供了外交部和国务院对中国问题的观点，但不一定就是外交大臣或国务卿的观点"。[3]英国外交部还警告其驻华盛顿大使馆"不要将该备忘录看成英国政府的观点"。[4]不过,无论是贝文还是其他内阁大臣,后来都批准了这个备忘录,并把它作为9月中旬贝文与艾奇逊在华盛顿会谈的基础性文件。[5]

这个备忘录表达了这样一些观点:英联邦和北大西洋诸大国与中共政府的关系,在最坏的情况下,也要"遵循他们与苏联的东欧诸卫星国之间的关系模式",但是,也有这样一种可能,即这种模式最终会向着他们与南斯拉夫的关系模式的方向发展;所以,"西方诸大国应注意,不要一开始就对共产党政权采取公开敌视的态度,以免破坏这一未来的可能"。这份备忘录虽然明确地"反对在政治上仓促承认"中共政权,但又指出,拒不承认一个有效地控制了中国大部分地区的政府,不仅"在法律上是讲不通的",而且还会"对西方在华利益的保护造成严重的实际困难"。该备忘录还指出,"迫使中共接受任何特殊的条件以换取承认,都是根本不可能的",因为他们"不可能因得不到承认而受到严重的阻碍";因此,"推迟承认",就有可能在某一个阶段后"不仅严重地损害西方在华利益,而且也得不到任何利益补偿"。[6]

该备忘录发出几天后,英国外交大臣贝文告诉美国驻英大使道格拉斯:英国"对所有中国问题的态度,在很大程度上是受过去的历史影响的"。例如,他认为,那样长时间地承认清政府就不能不说是一个严重的错误。他还说,英国人相信:"中国共产党人首先是中国人,不可能在一夜之间变成俄国人。"在最后概括其"基本态度"时,他"倾向于留在我们原先就驻在其间的中国,并努力避免不得已的撤退或是被驱逐,同时努力突破封锁,提供最低限度的物资供给"。[7]道格拉斯一再回答说，对于封锁问题，美国倾向于相反的观点。

英美对封锁问题的不同态度，在很大程度上起因于双方在与中共的贸易问题和台湾问题的不同意见。从3月到夏季，英美两国一直在就实施所谓的对华有限贸易措施（R程序）问题进行讨论。原则上，英国不反对贸易管制，但要求禁运的物品种类要比美国人设想的少得多。而且，他们比美国人更热心于得到法国和其他西欧国家的合作，并且不愿在香港、新加坡等贸易中心强行实施贸易管制。美国人则不然，在他们看来，要防止管制措施出现漏洞，就必须在这些贸易中心也实施贸易管制。[8]

英美在对华贸易政策上的不同立场，集中地体现在一份备忘录上，这份备忘录是9月12日英国驻华盛顿大使馆提交给美国国务院的。和往常一样，这两个盟国就总体目标达成了一致，而在如何实现这些目标的问题上却出现了分歧。英国的备忘录断言，对于美国提出的贸易管制的总体目标——影响中共政权的方针政策、保证西方的贸易而不增强中共的军事力量，"英美两国政府并无不同"。"实际上"，该备忘录还宣称："英国政府凭其在香港和东南亚的地位，有着直接的和完全令人信服的理由，可确保上述两个目标的实现。"对于其中的一个目标，英国当然有把握：他们正在采取措施防止武器装备进入中国，或通过香港转口中国内地。对于其他目标的实现方式，英美两国有分歧。对于"旨在改变中共政权的政治路线"的贸易管制的效果，英国甚是怀疑，"不愿意为这样一个目标而实行管制"。[9]

9月9日，在会见英国商业界代表时，沃尔顿·巴特沃斯建议美英等西方政府应一道"有选择地控制那些对中国经济具有重要意义的必需品，不一定非要强行阻止这种商品的流通，但可以作为一种象征，表明我们有能力对中共采取惩罚性措施，如果将来有必要的话"。[10] 但是，英国人似乎不想以这种惩罚性的行动对中共进行威胁。他们不像美国人那样，认为这种威胁会使中共改弦更张。而且他们还确信，这种威胁政策会动摇英国在华的商业地位。英国人认为，尽管一开始并不顺利，但一个理智的时期是会到来的，在这个时期内，中共需要贸易、航运、银行、制造业等行业的外国专家。英国在华商界及其驻伦敦的代表、英商中华协会等都坚信这一点。英国的政策还受到一个因素的影响，即英国希望保持香港岛及与之毗邻的新界的地位，因为香港和新界之存亡，有赖于其与中国内地的持续不断的贸易。

英美不仅对各自在华商业利益评估不同，而且对贸易管制或经济威胁的政治效力的评估也不同，这显然影响到两国政府对国民党的封锁的态度。和英国相比，美国不大愿意对封锁采取什么行动，因为封锁对美国造成的贸易损失小于英国，而且美国比英国更相信把经济压力作为政治工具的效果。

英美两国政府对台湾和国民党的军事实力的不同态度，也影响着它们对封锁的看法。本书第四章曾指出，美国参谋长联席会议认为，虽然美国军队犯不着为台湾的防御承担义务，但对美国来说，台湾是具有战略意义的。职是之故，美国国家安全委员会的政策是：用政治和经济的手段，努力使台湾及澎湖列岛不落入共产党手中。

8月4日，美国国务院"鉴于目前仅靠政治和经济手段已无法阻止那些岛屿为共产党所控制"，故建议参谋长联席会议重审其2月10日提交的关于台湾对美国具有战略意义的备忘录。[11] 参谋长联席会议依言照办，于 8 月 27 日再次向国防部部长提交了一份有关台湾问题的备忘录，重申台湾"对美国具有战略意义"，但"只要我们的军事力量与我们的全球义务不相匹配"，就不应该由于其战略上的重要性而采取公开的军事行动。[12]

在 9 月 9 日的英美官方会谈中，美国国务院的马礼文①（他不久前为执行特殊使命在台湾待了几个月）解释说："美国目前无力承担保卫这个岛屿的军事义务……在外交上将全力支持在台湾岛的政府，并为对该岛提供经济援助。"巴特沃斯指出，即使给予这样的支持，"也不能排除该岛最终被共产党占领的可能"；但"共产党要占领台湾，须经过一段时间的精心准备"。[13]

英国也认为台湾岛"极有可能"落入共产党手中，但它的态度更带有宿命论的色彩。在英国人看来，既然这种占领不能被有效地阻止，剩下的就只能是祈祷共产党对该岛的占领"不会是灾难性的"。邓宁认为，目前最好的办法是让台湾人向联合国呼吁"举行公民投票，或由联合国托管"，但他和巴特沃斯都感到，只要蒋介石仍控制着在台湾的政府，出现这种呼吁的可能性微乎其微。[14]

美国国务院对台湾的态度和英国外交部对维持英国在华商业利益的态度，简直如出一辙：美国国务院相信台湾岛最终会落入共产党手中，但仍极力阻止其成为事实；英国外交部认为共产党总有一天要把英国商人赶出中国，但又极力推迟这一天

---

① 马礼文（Livingston Merchant），又译莫成德、墨钱特、麦钱特等。——译者注

的到来。由于两国都致力于短期目标,英美两国在封锁问题上的分歧更加严重了,国民党实施的封锁妨碍了英国人的商业目标,却有利于美国人实现其政治目标。

9月13日,艾奇逊和贝文继续在华盛顿就对华政策的方方面面举行了会谈。艾奇逊告诉贝文,他应该选读一份有关中国形势的备忘录,因为它"极为清晰地表达了我们的观点"。随后,艾奇逊自己选读了几段标号为"1994"的电报,[15]这是9月3日美国驻华使馆参赞约翰·卫斯利·琼斯从南京发来的,其中建议说,美国在制定对华政策时,必须考虑下面三个因素:(1)中国共产党的统治会持续"一个时期",抵抗运动不会成功,除非抵抗运动完全是中国人发起的且不依赖任何外援,而可成功地发动一场反对中共的革命领袖还没出现;(2)在这种情况下,美国只能等待"中国走向铁托主义",以实现把中国与苏联分离的目标;(3)在这一等待时期,美国不应"对中国的统治者"采取"公开的敌视"政策,因为这只会引起中国人民的反美而不反俄的民族主义情绪,而且也无助于实现分裂中苏的目标。另外,美国也不应对中国新的统治者表现出"调和的姿态",因为这种姿态不仅会遭到美国公众舆论的反对,而且还会被中共视为对"共产党的理论即美国外强中干"的证明,视为美国"对市场和原料的极度渴求"。琼斯认为,中共只有"走过一段弯路之后"才会醒悟:与苏联结盟,中国"失去的远比获取的多"。因此,美国不应做任何"有助于巩固中共政权"的事情;只要中国是苏联的卫星国,就别指望得到美国的援助。[16]

值得注意的是,在关于承认中共是否有助于实现离间中苏关系这一共同目标的问题上,贝文和艾奇逊的看法是不同的。

贝文认为:"如果我们太冷淡,就会把中国人赶到俄国人一边,而若审慎从事,就能削弱俄国人对中国人的吸引力。"然而,对于承认中共是"使中国不为俄国人控制的有效手段"的说法,艾奇逊持怀疑态度,因为无论如何,中国人都要倒向俄国。艾奇逊赞同贝文的看法,即英美在中国问题上的分歧是"策略上的,而不是战略目标上的"。[17]

美英只是在策略上有分歧的说法不能不令人怀疑,但华盛顿和伦敦在基本目标上又确实是一致的:两国都要使中国与苏联分离,都期望在未来的某个时候与共产党政权建立关系。过去几个月的事态发展表明,英美之间的主要分歧在于如何实现这些目标。艾奇逊与贝文的会谈几乎没有提出消除这些分歧的任何办法。但是,即使如此,英国外交部仍于9月30日发给其驻南京外交机构一份电报,乐观地宣称:"在对华政策上,英美之间发生明显分歧的危险已经解除……那种认为我们必然和美国在承认问题上出现分歧的看法是不成立的。"[18]

英国外交部的乐观情绪,或许是受到美国打算留在中国这一事实的鼓舞而产生的,因为这清楚地暗示着美国最终要承认共产党政权,并愿意就这个问题与英国和其他大西洋盟国进行磋商。英国人则要使美国人确信:他们不打算匆忙承认中共,而且他们非常愿意就承认问题和他们的盟国及英联邦成员进行磋商。然而,美国人却认为,承认可以,但最要紧的是讲清承认的条件,尤其重要的是,共产党必须担负中国的国际义务。在可预见的将来,美国人的这种先决条件,实际上只能是通往承认的一个无法逾越的障碍。在艾奇逊和贝文会谈期间,巴特沃斯曾一语道出了中共与美国在承认问题上的冲突。他说，共产党声称，他们准备单方面废除一系列条约，不管这些条约何时到期，而美国无法容忍这种单方面废除条约的做法。[19]虽然当时贝文说"必须让共产党表示愿意担负起他们的国际义务"，但英国人在后来放弃了这一立场。[20]

美国人和英国人在对华贸易问题上的不同态度，也有可能使他们在承认问题上发生冲突。道格拉斯大使在8月26日曾与贝文就对华政策问题谈过一次话。根据贝文就这一谈话所写的备忘录，道格拉斯曾说，英美两国之间的主要分歧点，是美国"认为应想方设法把中国共产党和西方大国之间的贸易往来降低到最低点，从而使共产党承受压力……这样一来，共产党就会充分认识到，和西方建立适当的贸易关系对他们是何等的重要"。[21]如此看来，承认共产党政权，虽然和英国关于扩大贸易、避免限制（武器控制除外）的政策完全一致，却和美国试图通过施加经济压力迫使共产党改变其态度的政策相抵触。如果套用"胡萝卜加大棒"这种为人熟知的政治术语来说明的话，那么，承认中共虽是英国的"胡萝卜"的一部分，但却削弱了美国"大棒"的威力。

非常明显的是，英美各自对香港和台湾未来地位的关注，也使它们在承认问题上难免出现分歧。英国人希望香港免遭共产党的控制，方法是强调香港在对华贸易中的重要地位，并表示愿意就香港的政治前途问题与共产党进行讨论。他们认为，只要承认共产党政府，就能促进上述两个目标的实现。出于战略考虑，美国人也想尽可能地使台湾免遭共产党的占领，但承认共产党政权不可能有助于实现这一目标。事实上，在当时的情况下，共产党是不会放弃武力进攻台湾的政策的——即使三十年后，中共仍未放弃这一原则。总之，由于英美两国对各自利益的不同考虑和关于影响中共的方法的看法不同，他们在对新生的中华人民共和国的早期承认的问题上，做出了不同反应。

中篇　承认与撤退

第十三章 中华人民共和国宣告成立

1949年10月1日，周恩来向驻北平的各国领事馆发送了毛泽东的公告，并请它们将该公告转交给各自的政府。公告宣布，中华人民共和国中央人民政府宣告成立，毛泽东当选为政府主席，周恩来任政务院总理兼外交部部长，定都北平，并恢复它原来的名称——北京。最使各国驻北京的机构及各国政府感兴趣的是声明的最后一段：（中央人民政府）"向各国政府宣布，本政府为代表中华人民共和国全国人民的唯一合法政府。凡愿遵守平等、互利及互相尊重领土主权等项原则的任何外国政府，本政府均愿与之建立外交关系"。[1]

周恩来在给各国领事的信中进一步阐述了毛泽东的公告中的观点，即"愿意"与各国政府建立外交关系。他说："我认为中华人民共和国与世界各国建立正常的外交关系是需要的。"[2]值得注意的是，周恩来略去了毛泽东的公告中"任何外国政府"一词前面的限定语。这些限定语来自毛泽东的公告发表三天前政治协商会议通过的"共同纲领"的第五十六条，而这个纲领是中华人民共和国的临时宪法。但是，即使毛泽东的公告中所用的术语也仍未完全阐明"共同纲领"中有关与中央人民政府建立外交关系所需的各项条件。根据该纲领的第五十六条，外国政府还必须"与国民党反动派断绝关系，并对中华人民共和国采取友好态度"。[3]这一附加条件是外国与新的中国政府建立外交关系的关键，至于是否持"友好态度"，只能由北京单方面来判定。只要中央人民政府已宣布承认中华人民共和国的非共产党国家做出了这种决定,这些国家就应派代表到北京进行资格审查。

对苏联和其他社会主义国家却没有这样的要求。北京与莫斯科几乎是闪电般地建立了外交关系。10月2日,苏联外交部副部长安德烈·葛罗米柯向周恩来表示:苏联政府确信,中央人民政府代表着绝大多数中国人民的意愿,故"决定与中华人民共和国建立外交关系并互派大使"。[4]如此迅速(而又自信)的反应证明,莫斯科早已通过其他渠道得知了毛泽东的声明和周恩来的信,而外国领事——如美国总领事——直到10月1日晚9时许才获知这些信息。周恩来在给葛罗米柯的回信中表示,苏联是承认中华人民共和国的"第一个友邦",对此,中国人民感到"无限的欢欣","我现在通知阁下:中华人民共和国中央人民政府热忱欢迎即建立中华人民共和国与苏联之间的外交关系,并互派大使"。[5]

中苏建交后不久,就在北京成立了由中央政治局委员、中央人民政府副主席刘少奇任会长的中苏友好协会。类似的协会在中共统治下的其他地区已有不少,尤以东北地区为甚。例如,8月27日,新华社报道"各分会代表会议"的情况时,谈到了"东北中苏友好协会"在沈阳宣告成立。[6]其中某些分会于7月初便已成立。[7]实际上,就连北京的中苏友好协会筹委会也已经存在了约两个半月。7月16日,包括刘少奇、周恩来在内的698名发起者声明,称协会准备引进苏联的科学技术,学习其建设经验,在维护世界和平的斗争中加强两国的友谊。该声明宣称:"苏联的方向是人类进步的唯一方向。"[8]

刘少奇10月在北京中苏友协开幕式上的讲话也反映了和周恩来类似的观点,这当然是不足为怪的。刘少奇强调,中国要实现工业化，只有依靠苏联的援助，依靠苏联优于资本主义国家的先进技术。与英美人不同，苏联援助中国的专家由中国分配他们的工作，工作完成了就回苏联去。[9]

1947年中苏在旅顺口和大连即开展了政治、经济方面的密切合作。1948年东北各城市落入人民解放军之手后，这种合作更加广泛地开展起来了。[10]到1949年秋，东北城市中的许多工厂在中苏双方的管理下已开工生产。[11]7月31日，苏联与东北人民民主政府签订了双边贸易协定，根据这一协定，东北向苏联提供大豆、菜籽油、玉米、大米和其他农产品，苏联则提供工业设备、汽车、石油产品、布匹、纸张和药品。在莫斯科进行谈判的中方代表是高岗，他当时任东北财政经济委员会主席、中共政治局委员。[12]

这样，到中华人民共和国成立时，在中共控制的地区，至少在东北，中共官方和苏联顾问之间已建立了广泛的工作关系，而莫斯科与国民党政府继续保持外交关系的事实并没有妨碍这种关系的发展。当然，华盛顿和伦敦与国民党政府也继续保持外交关系，但是，在中共看来，这种外交关系足以成为其与美英官员达成任何暂时妥协的障碍，因而总是被置之不理。

施谛文大使在获悉周恩来10月1日的信之前曾建议，即使还未直接收到中国新政府发布的消息通知，英国也应与新政府的"外交部建立一条官方联络渠道"，并向英国外交部送交了要求这种渠道的草案文本。英国外交部对文本只做出了一处改动，然后用它答复了周恩来的信。艾德礼首相可能出于他对社会主义的敏感，建议用"有益的"一词替代文本中"有利的"一词。英国给予周恩来的答复的部分内容为：

"世世代代以来,英中两国在商业上和政治上维持着友好、互益的关系,希望今后继续如此。联合王国国王阁下政府建议,在局势尚未明朗之前,英国领事官员与中央人民政府的适当机构应建立非正式的关系,使双方政府更便于接触,并促进两国之间的贸易。"[13] 在发给驻各国首都的英国外交代表的电报中,外交部转发了致周恩来的信的主要内容,并承认,"从严格的法律意义上说,这种联系渠道可以解释为事实上的承认",但又强调说,此举的目的在于"促使中共当局在承认问题仍悬而未决的情况下与英国领事官员建立工作关系"。[14]

美国和法国政府很关心英国致周恩来的信中所暗示的事实上的承认,因为它可能破坏 9 月在华盛顿三方会议上达成的谅解。英国外交部表示,致周恩来的信可以解释为英国承认中央人民政府为中共控制地区的政府。但是,英国外交部又指出,在过去,中共对事实上的承认丝毫不感兴趣。而且,周恩来在其信中说的是建立外交关系,除此以外的任何东西都不能引起中共的兴趣。英国外交部还强调,对中共当局与英国领事馆建立非正式关系一事的期待完全符合英国自年初以来所采取的政策,也与英国领事机构 4 月向北平市市长发送的信件的内容相一致。至于华盛顿三方会议上的谅解,"内阁成员更关心的是法律上的承认,而不是事实上的承认"。[15]

关于中共对事实上的承认的态度,英国外交部所言完全正确。他们对此毫无反应,根本不理睬英国要求建立非正式关系的建议。[16]

美国在 10 月 1 日对中共所采取的基本态度与当年 1 月时的态度完全一致。尽管华盛顿决定减少其驻共产党占领地区的领事官员,并关闭最终会落入共产党之手的地区的所有领事馆，但是，美国的政策依然是在共产党控制地区保持其官方代表的存在。事实上，中华人民共和国成立时，在共产党控制地区的美国官方人员数量是其在国民党控制地区的五倍；1949年年底，美国官方在国民党控制地区的机构只剩下台北一个工作点，相比之下，在共产党地区却有四个工作点。[17]由此可见，美国已表明了其官方机构留驻中国的意图并准备继续与中共当局打交道。

同样，虽然美国对与中共控制地区的贸易比前一年的态度更谨慎，但绝不是反对这种贸易。中共当局特别热心与日本的贸易往来，在4月底5月初，中共当局曾向驻北平的美国总领事馆询问此事，总领事把这个消息报告到国务院，随即由陆军部转告了驻日本盟军总司令道格拉斯·麦克阿瑟将军。[18]5月27日，国务院让驻北平总领事通报中共当局：麦克阿瑟愿意考虑具体事宜。总领事还被授权向麦克阿瑟转达具体贸易建议。[19]与日本贸易的具体建议来自共产党控制地区的私营企业，但贸易往来包括共产党官方机构提供的产品。

例如，8月中旬，驻北平的美国总领事报告，三洋公司可提供帮助，使大豆、花生、粗盐、羊毛和驼绒、菱镁矿、滑石、焦化煤以及生铁等货物从营口或天津向日本出口。三洋公司提出用出口换来的款项购买日本货物。9月8日，美国总领事馆向国务院报告：总司令询问"能否提供焦化煤"，并要求三洋公司给予答复。9月19日，国务院建议总领事，劝三洋公司就此事直接与国务院驻东京的代表举行进一步的谈判。[20]在这种谈判的基础上，中共控制的地区与被占领的日本之间开展了贸易往来，并且，这种贸易往来在当年剩下的几个月里有了进一步的发展。[21]

尽管有国民党的封锁和美国的贸易控制政策，美国仍旧与中共控制地区有贸易往来。[22]美国商界仍坚守在中国，虽然规模不如从前，至于传教士就更不用说了，其大批人员仍未离开中国。总之，在中华人民共和国成立时，美国与英国一样，仍在中国保持着立足点；但与英国人不同的是，美国人不愿为赖在中国而不惜任何代价。

对美国人影响较大的是，中共扣押美国驻沈阳总领事华德及其工作人员且时间长达十个月以上，虽然在6月就要释放他们。[23]美国方面对沈阳事件耿耿于怀，这一点可从对周恩来10月1日的信的反应中看出。[24]柯乐博在向周恩来致回信时，注明收信地址是"北平"，并称周恩来为将军，避而不称他的新官衔，以免有承认中华人民共和国之嫌——正像中共当局几个月来尽力避免使用美国外交和领事人员的正式的官方称谓。柯乐博首先承认收到了周恩来的信，然后说："我利用此机会提醒您注意，美国驻沈阳总领事华德先生及其工作人员自1948年11月起便被无故软禁在领事馆……美国政府对此深为关注，这有悖于国际礼仪原则。尽管中共军方总部已收到我们提出的照会，但是这种局面仍未改变。我们希望有关当局立即采取措施改变这种局面。"[25]对沈阳事件的最后一次照会是9月23日柯乐博向中国人民解放军总司令朱德提出的。在此之前，华德总领事从7月19日至9月3日曾三次向沈阳地方当局提出申请，要求为领事馆人员撤离提供方便条件，可是均无回音。[26]不幸的是，柯乐博向周恩来提出的改变沈阳局面的呼吁不但被置之不理，反而使沈阳的局面迅速恶化起来。

第十四章 "华德事件"的考验

10月24日,美国驻沈阳总领事华德和领事馆四名职员(两名美国人:雷贝格和巽四郎;一名意大利人:西克尼①;一名德国人:克力斯坦)被警察从领事馆带走关入监狱,罪名是殴打领事馆雇员姬玉衡。美国国务院最早是从驻北京总领事柯乐博的电报中知道这件事的,该电报记录了10月25日沈阳广播电台的有关内容。下面这段柯乐博的电报摘要可反映那篇广播报道的风格:

> 10月11日,姬玉衡到瓦尔德②办公室要求付给他应得的工资……当姬玉衡试图据理力争时,瓦尔德以其帝国主义的凶残本性疯狂殴打和侮辱姬玉衡,同时煽动其他四名领事馆雇员……将姬玉衡关押在楼里,几个人对他拳打脚踢……在那里的三十五名中国工作人员和工人已对瓦尔德等人肆意殴打中国工人的粗暴行径提出书面抗议……公安机关将依法迅速调查这一事件。[1]

华德不仅否认对他的指控,而且反过来指控中国雇员殴打他和他的同事。华德称:"10月11日,我手下的中国人殴打我。多亏雷贝格眼疾手快,我才免遭另一位手持大棒的中国人

---

① 西克尼(Frank Cicogna),又译希克尼。——译者注
② 即华德。——译者注

的袭击。西克尼遭到一群中国人的围攻,克力斯坦被打并受到侮辱,身受重伤。"[2]尽管柯乐博和国务院在华德获释出狱前无法听到他关于这件事的说法,但是他们马上对广播的内容产生怀疑:难道只是因为诸如此类的原因才把华德及领事馆职员扣押在领事馆达数月之久,且在领事馆内外派兵加以监视吗?

在候审期间,华德和四名领事馆职员被单独监禁,只给水和面包,其他领事馆人员不能与之接触,也不允许找法律咨询。在受审期间,他们无权提出辩护证人,无权质问证人和原告,无权为自己申辩。五人均被判有罪,判处了徒刑,后来减为驱逐出境。1949年11月21日,他们被释放。[3]

华德及其工作人员入狱后的第四天,国务院在对他们被关押状况一无所知的情况下,指示柯乐博面见周恩来或其他负责外交事务的中共高级官员,就此事提出"口头照会"。按照这个指示,柯乐博应向周恩来说,美国政府"以极其忧虑的心情"关注着中共当局对美国驻沈阳领事官员的"蛮横无理的行为"和拒不提供给他们撤离之方便的行为。[4]但是,柯乐博没能见到周恩来或其他中共高级官员,只得再次递交了一封信。在信中,他不但要求"迅速解决"这个问题,还"特别要求给予英国驻沈阳领事一个机会,以使其能探望华德先生和其他被指控犯殴打罪的人"。[5]几天后,当柯乐博的信见诸报端后,这一要求引起了英国外交部的不满,因为美国国务院事先不和英国商量,视英国的帮助为"理所当然"。[6]

华德等人入狱后,一向沉着耐心的柯乐博认为:"如果可能的话,现在是施加压力的时候了。"他建议国务院"在华德等人被释放并撤离沈阳之前"暂时中止"所有商业谈判以及与中国的贸易"。[7]他的建议得到国务院远东司的认可。副助理国务卿马礼文给国务卿艾奇逊起草了一份备忘录，赞成以日本与中国的贸易手段为影响手段，使中共不仅释放华德等人，而且也释放史密斯和班德尔，这两个人被共产党扣押的时间甚至比在沈阳的那伙人还长。马礼文认为，现在就有一个现成的机会，即中国人想从日本进口六万吨铁轨、一万吨钉子和接合板等物资。驻日本盟军最高司令对这笔交易表示了极大的兴趣，并要求给予政策指导。马礼文认为，应在北京和上海采取行动，向中共方面表明，只要华德和工作人员以及史密斯和班德尔仍被关押，"这些贸易谈判就有可能达不成满意的结果"。[8]

但是，国务院经济事务司反对走得这么远。它指出，马礼文的建议不符合国家安全委员会四十一号文件所制定的政策，认为"利用贸易控制或制裁手段解决美国与中共之间的政治事件或处理非经济领域里的关键问题"是不妥当的。该司官员对没有得到西方或日本支持的经济压力措施能否有效实施表示怀疑。他们想到的是，"在德国，捷克人和苏联人也扣押过美国人"，当时也曾提出过类似的建议，但是遭到拒绝，而最终还是采用了"其他一些措施才使他们获释"。[9]

把日本与中共的贸易谈判作为释放华德等人的讨价还价的筹码的主意在国务院引起了争议，而就在此时，国防部又有人提出以武力解决这一问题的主张。当杜鲁门总统11月14日表示应探讨一下封锁从中国华北港口向上海运输煤炭的航道的可能性之后，参谋长联席会议和国务院开始关注这个问题。[10]两周前，杜鲁门曾对代理国务卿詹姆斯·韦布说，如果美国能用飞机载华德等人撤出沈阳，他准备"在有必要和有把握的情况下，采取最强硬和可能的手段，包括动用武力"。[11]11月17日，国务院派出一批人，由艾奇逊牵头，包括司徒雷登，劝杜鲁门不要采取极端手段——"无论是军事的还是非军事的"。[12] 11月18日,由布莱德雷将军签署的一份备忘录指出,参谋长联席会议认为,直接的军事行动可能会导致战争,且不能保证华德早日安全返回。该备忘录建议通过谈判达到释放华德的目的,并且提出了一个谈判人选——"第七舰队的司令官"。[13]

三天后,在致总统的备忘录中,艾奇逊国务卿指出,上海并没有从华北港口输入多少煤炭,甚至封锁所有中国海港也不会"给中共政权制造出经济危机。相反,会使中共在国内外得到一个很好的宣传机会,以证明他们关于美国抱有帝国主义目的的说法"。艾奇逊和国务院强烈反对封锁政策或可导致攻击"其他外国船只"的任何武力行动[14]——在华贸易中,这当然最有可能的是英国的船只"。[15]

与此同时,英国人意识到,由于华德等人的处境,美国官方和公众的愤怒情绪正与日俱增。11月9日,奥列弗·弗兰克斯爵士向英国外交部拍了一份"绝密"电报,通知外交部说:司徒雷登大使(自8月以来一直待在华盛顿)在与英国使馆人员的谈话中,"有很长一段话谈到国务院对共产党扣押华德的担心,并指出公众越来越感觉到,在营救总领事问题上目前毫无作为";司徒雷登甚至曾考虑过"在沈阳空降一支精干部队的可行性问题";他想向英国人说的是,在与中共就"承认问题"进行的非正式谈判中,他们可以表明,扣押华德的行动使人难以"理解共产党对外国公民,特别是对外国官员的意图"。司徒雷登强调,这纯粹是个人建议,国务院可能不愿谈这个问题,因为英国人可能认为,"在这时插一竿子可能会打乱"他们承认中共的进程。[16]

但是，显而易见的是，奥利弗爵士并没有觉得司徒雷登的建议会打乱上述进程。他告诉外交部："这或许是事先提醒中共的有效方法，好让他们明白：在我们期望建立的关系中，我们认为，有一些行为规范是起码的东西。"此外，这或许是帮助美国国务院渡过难关的一次良机，因为舆论认为国务院的对华政策是"无力的"，它由此而面临着"又一次沉重的打击"。[17]

在向英国外交部转交司徒雷登的建议后一周，弗兰克斯大使再次报告了华德被扣押一事在美国引起的反应，美国的报纸和电台正热切关注此事。有几份报纸表达了不满：正当美国与中国关系紧张时，英国人却企图承认中共。弗兰克斯建议，英国应尽快提供帮助以使华德获释，从而"安抚美国国务院的对华总政策"。他说，尽管他没有见到艾奇逊，但他知道，"我们若采取友好行动将受到最热烈的欢迎"。[18]

外交大臣贝文同意这个建议，他指示英国驻南京使馆"尽可能早一些向能见到的共产党口头表明英国不赞成扣押华德"。贝文认为："从长远的观点来看，如果任由中共如此对待外国官员，我们也会于心不安。"[19]但是，大使并不为之所动："由我们出面不利于华德先生，反而会影响我们在中国的地位。"[20]

与此同时，国务卿艾奇逊于11月18日向在中国驻有代表的各个国家的外长写了一封亲笔信，请他们"迅速向在北平所能接触到的中国最高当局表明，贵国政府对美国驻沈阳领事馆员被无故扣押达一年之久表示真切的关注"。[21]艾奇逊致"亲爱的欧内斯特"①的亲笔信，通过美国大使刘易斯·道格

---

① 即英国外交大臣贝文。——译者注

拉斯转给了英国外交大臣贝文。[22]在致"亲爱的刘易斯"的答复中，贝文指出，英国政府已经同其驻南京大使馆探讨了就华德事件向中国人表达不满的可能性。接到艾奇逊的信以后，英国外交部即指示驻北京的总领事向中共当局表示英国的担忧。但是，由于对华德的审判即将结束，因此总领事推迟了这一行动。[23]

11月26日，道格拉斯收到了贝文的信之后的第二天，也就是华德获释的第五天，沈阳当局突然将美国副领事史笃克带到法庭，指控他从事间谍活动。华德把这一事件向驻北京的柯乐博做了报告，但他不知道史笃克在法庭上是被视为被告还是证人抑或是其他什么角色。[24]由于存在地区时差，国务院于11月25日就收到了这份报告，随即采取了行动。国务院在二十四小时之内即向驻在那些仍有官方代表留驻中国的国家的美国使馆拍了一份电报，指示他们敦促所驻国家的政府，如果针对华德的照会已提出，则请它们再为史笃克一事提出照会。[25]国务院还指示柯乐博设法会见周恩来，讨论有关史笃克的问题，同时向周恩来递交了一份有关此事的信件。[26]但是，国务院还没来得及做完这一切，就获悉史笃克在被带到法庭的当日就回到领事馆了。

在伦敦，美国大使馆收到国务院关于史笃克一事的指示，同时还有附加的另一个指示。这个附加指示说明，美国国务院并不认为华德获释就降低了因扣押事件而向中共当局提出恰当的抗议的意义。这种意见通过了美国使馆一等秘书林华德的一封信很快转到了英国外交部，可是被外交部断然拒绝。在11月30日写给威廉·斯特朗爵士的一份备忘录中，邓宁说，在中国的英国官员"最不愿"做有可能"危及目前已岌岌可危的局势"的任何事情,他同意这种看法。他认为,美国人"关于我们若与中共当局有关系就应采取恰当行动的建议,是对我们的过高要求,因为我们没有这种关系"。[27] 12月1日,他在回复林华德的信中表达了这种观点。这一观点,加上贝文于11月25日给道格拉斯的信中所表述的观点,一起转发给了英国驻南京大使馆以及英国在加拿大、澳大利亚和印度的高级代表。[28]

虽然印度行将承认中华人民共和国,但它更同情美国的要求,而不是英国的立场。12月1日,印度政府指示其驻南京大使以书面形式向中共当局通告:印度政府对华德和史笃克的遭遇表示关切。[29] 至于加拿大,尽管其外交部与英国观点一致,认为照会没有用,但是它驻南京的代表已接到指示:"利用一切适当的机会向中共当局表达一个一般观点:不管领事官员所属的政府对承认持何种态度,领事官员都应该有权行使自己的职责。"[30] 英国人对美国建议的反应甚至还不如印度和加拿大驻南京的代表,这确实使美国国务院大失所望。[31]

美国驻沈阳领事馆受到的粗暴对待,使美国公众对中共的态度急转直下。这里我们有必要推测一下,为什么遭难的偏偏是这个领事馆?人们自然而然地会怀疑苏联在当地强有力的影响,那里的美国人则更肯定地对苏联人持怀疑态度。例如,据美国大使司徒雷登6月报告,新华社的一条消息说,美国驻沈阳总领事操纵着一个间谍网。司徒雷登认为:"整个指控的基调和对细节的关注无不显露出苏联的影响。"他暗示道:"在这么晚的时候才提出指控,可能是由于受苏联控制的中共沈阳当局感到有必要对他们蛮横对待我们的领事人员的行为进行辩解……同时意识到一旦华德获释公布实情,会对他们不利。"[32]柯乐博总领事也一再向国务院表示,他确信苏联在沈阳事件中发挥了巨大作用。比如,他在11月5日的电报中说,"苏联在东北地区的强大势力"是"普遍感觉到的事实存在"。他猜测说:"或许是苏联人在导演华德事件的处理方式。"[33]

在华德一行离开中国后不久,美国驻沪总领事向国务院发了一份长篇电文,报告称苏联的"贪婪"和"扩张"在上海市引起的不满正与日俱增。关于苏联在北京的影响,各领事馆的看法不一样,但一致认为苏联在东北地区极有影响力,他们"'私下里都确信'苏联人应对华德事件负主要责任"。[34]另外,负责向各领事馆转达消息的中国官员也急于将华德事件的责任推给苏联人。这似乎说明,北京已经意识到了这一事件破坏了中美关系,想替自己开脱。[35]

华德和其他在华美国官员往往会把苏联在处理美国驻沈阳领事馆事件中的影响问题,与中共内部的所谓亲莫斯科派联系在一起。据说亲莫斯科派在中共东北局中居主导地位,有时他们与北京的中共核心集团发生政策分歧。因此,华德获释后告诉国务院,他"开始相信,中共的亲苏派利用逮捕总领事这个事件,故意恶化局势,以把楔子打入美国与中共的温和派之间"。[36]

能证明共产党的中央当局和东北地方当局发生摩擦的不可多得的直接证据,是由会讲汉语的美国驻天津副领事菲利普·曼哈德提供的。他同天津公安局一起负责华德一行离开沈阳前往天津的具体事宜。他清楚地记得,在公安局就此事举行的会议上,来自北京的中央人民政府的两名年轻官员向他强调指出，华德的遭遇并不代表中央人民政府的政策。曼哈德认为，这些官员想确保沈阳领事官员在天津受到与沈阳完全不同的对待。在曼哈德协助他们做出具体安排时，他们那种不厌其烦的认真态度给他留下了颇为深刻的印象。[37]

第十五章　英国考虑承认问题

英国人之所以不愿意为华德事件而冒开罪于中国人的风险，部分原因是英国外交部想尽快承认中华人民共和国。10月22日，英国外交部助理次官邓宁向外交大臣贝文提交了一份致内阁的文件草案。该草案阐述了外交部法律顾问的意见，认为承认中共政府为法律上的中国政府之举"不能说违背了国际法准则与实践"。贝文批准了该草案，并指出，在他看来，中国国民党政府的抵抗"目前希望渺茫，而它对中国大陆任何地方的控制都不过是徒有其名"。[1]

10月27日，英国内阁研究了这份草案，决定和英联邦国家及其他国家的政府磋商此事。于是，外交部向其驻各国的外交使节发了一份电报，请他们把英国的承认意见转达给所驻国家的政府。[2] 毫不奇怪，这个想法与外交部在8月16日提交给美国国务院的备忘录在观点上是一致的。现在，既然中华人民共和国已经宣告成立，英国当然要做出自己的决定。外交部拍发给各驻地使节的电报以及随后英国驻美大使馆在11月1日给美国国务院的备忘录，反映出自8月以来形势发展的情况。[3]

简言之，11月1日的备忘录认为，中国国民党政府"除代表其统治集团外再也不能代表什么了"，"共产党的中华人民共和国政府"是"唯一能代替国民党政府"的政府，共产党人"现在已经是中国大多数人的统治者"。"据他们自己的声明，他们是正统的马克思列宁主义者。他们公开宣布他们偏爱苏联和苏联的路线"，虽然这种偏爱能维持多久仍需观察，

"但对此置若罔闻则是错误的"。苏联肯定把它是第一个承认中华人民共和国这个事实"加以充分利用","趁西方在中国尚未立足之机，谋求对中共政府的影响，使局势对其他大国不利"。中共需要同西方进行贸易，但是"如果这种贸易开展不起来，他们最终会说，他们可以勒紧裤带不要西方的经济援助"，而苏联是会鼓励这种观点的。英国不能不考虑自己在中国的贸易利益，这一利益"相当可观而且由来已久"。该备忘录最后指出，"承认共产党政府为中国的合法政府，在现在的条件下"不会被认为是"违反了国际法准则与实践"；出于这些政治和法律的考虑，英国政府最终认为应该承认中华人民共和国。[4]

国务卿助理巴特沃斯在仔细阅读了英国的备忘录后，向英国大使馆参赞休伯特·格雷夫斯提出了三个问题。[5]巴特沃斯指出，"在宣布承认之前，应得到中共政权政府关于尊重国际义务的保证"，而备忘录中没有提到这一点。他问，这是否表示英国政府不期望得到回报。格雷夫斯回答说，英国政府认为："从要求中共保证尊重国际义务方面所能得到的好处，远不能抵消不承认所付出的代价。"

巴特沃斯又问："英国是否已经和中共当局举行初步会谈……从而寻求到共同立场，使英国在处理这一问题的方式上不致显得太'突兀'。"格雷夫斯回答说，英国驻华盛顿使馆不知道是否举行了这种试探性的会谈，但是他猜测也许有过（外交部后来指示他通告美国国务院，英国没有进行过这种试探性会谈[6]）。

巴特沃斯问到的第三点是关于东南亚国家是否会赞成承认的问题。据美国方面得到的报告，东南亚国家不会赞成这样快就给予承认。巴特沃斯说,他猜测,英国代表在即将召开的新加坡会议(也就是通常所说的武吉瑟林会议)上应调查这个问题。格雷夫斯回答说,他确信,会议将讨论这个问题,他将为巴特沃斯搜集这个方面的消息。

但是当消息传来时,情况与巴特沃斯所预料的不尽相同。11月4日,新任英国驻东南亚特派员马尔科姆·麦克唐纳向英国外交部报告说:

> 新加坡会议赞同陛下的驻华大使馆和香港总督的观点,考虑到英国的在华利益,宜尽早对中国的共产党政府予以法律上的承认。
>
> 会议认为,从东南亚和远东总的形势来看,越早承认越好,至迟不应晚于今年年底。[7]

巴特沃斯获悉这样的结论后告诉格雷夫斯,由于考虑到英国在香港的地位和在华投资,他理解英国对承认问题的看法,但他不同意英国对东南亚所持的观点。他和石博思指出,美国国务院认为,尽早承认中共当局会在东南亚造成普遍的不利影响,他们对新加坡会议的估计"实质上与国务院的估计大致相同"。[8]

当获悉武吉瑟林会议赞同尽早承认中华人民共和国时,美国国务院对此感到意外,这是可以理解的。在早些时候,麦克唐纳曾提醒英国外交部,在英联邦的婆罗洲、马来亚和新加坡(那里华人占人口的绝大多数),在政治上颇有影响的华侨是"一个必须考虑的因素,因此宜尽可能地推迟承认中国的共产党政府"。麦克唐纳担心,中共领事代表一旦"置身于当地华人中间会很危险"，因此许多华人可能对中国领事代表施加的压力格外敏感。[9]但是在新加坡会议上，人们不再担心承认之后中国领事在这些华人中会干些什么，而是担心英国政府如果对中国的新政府不予承认，将会导致这些华人的敌对性反应。[10]很奇怪，在东南亚的英国官方人物，对邻国是否应当承认中国的共产党政府的问题未做出相同的结论。12月15日，麦克唐纳向英国外交部报告，在靠近马来亚边境的泰国南部的宋卡建立一个中共的领事馆的可能性令他不安。那里的中共领事馆会支持边境双方的恐怖分子，"会对马来亚的安全构成严重威胁"。因此，麦克唐纳认为："泰国政府应尽量推迟对中共政府的承认，此举尤为重要。"[11]

其实麦克唐纳没有必要担心泰国政府如何处理承认事宜。正如泰国总理在曼谷对英国大使所说，泰国对承认问题的态度是等待与观望。自从泰国和国民党政府建立外交关系时起，驻曼谷的国民党使馆就一直要求为数众多的华人心向中国。泰国人担心中共的使馆也会这样做。[12]的确，泰国人的担心是有道理的。当时，中共正想取代国民党在泰国的位置。据史蒂芬·菲茨杰拉德说，中共的政策"在许多方面与国民党如出一辙"。中共完全可能把海外华侨作为它的"第五纵队"。[13]在这种情况下，泰国等了28年才承认中华人民共和国。

独立的泰国对承认问题的态度预示了马来亚和新加坡的态度。从事后来看，英国官员在武吉瑟林会议的建议并未反映当地领导人的真实态度。例如，在英国承认中华人民共和国一年后，马来亚的中国商会（其中包括新加坡的商会）向英国政府拍了一份电报，称："在我们的政府和人民与中共激战之时，陛下政府承认北京中共政府的举动，对马来亚来说，惶莫大焉……郑重奉劝陛下政府：为今之计，莫若撤回对中共政府的承认。"[14] 颇为意味深长的是，在独立之后，马来亚等待了近二十年才承认中华人民共和国①，而新加坡等待的时间则更长。

显然，武吉瑟林会议认为，承认中共政府与镇压在马来亚的中共"恐怖分子"是可以并行不悖的。[15] 不过，会议也确实担心会出现普遍的误解。于是，会议建议"应掀起一场大规模的宣传运动，讲清承认不等于违背我们在东南亚的反共政策"。[16]

这一宣传运动所针对的目标之一是英国陆军部，因为陆军部担心承认一事会影响东南亚的安全。1月18日陆军部曾提醒外交部，承认会"鼓舞'恐怖分子'的士气"，会对陆军部"搜集'恐怖分子'活动的情报产生不利影响"。陆军部还有一个最大的忧虑是中共在马来亚设立领事馆，它建议"应采取一切手段将此事拖延下去"。陆军部还担心承认会影响法国在印度支那的地位。它警告说，法国已不能阻止对共产主义在印度支那的扩张，"这将对我们在东南亚的地位构成严重威胁"。因此，尽管陆军部认为，鉴于香港的地位，承认是必须且有利的，但它仍敦促说，从军事战略来看，承认的时机应仔细推敲，以最大限度地减少对印度支那的影响。[17]

仅仅在几天前，英国外交部曾听法国人说过他们对印度支那的忧虑。在11月12日的备忘录中，法国外交部担心中共的军队有可能开进邻国越南，一旦如此，就将引起"世界性的

---

① 独立后的马来亚同沙巴、沙捞月联合组成了马来西亚联邦，1974年同中国建交。——译者注

后果"。法国希望应该考虑法国及"法兰西联邦加盟国"（越南、柬埔寨和老挝）的特殊情况，避免承认中华人民共和国，因此"这是不成熟的举动"。[18]

英国就承认一事所进行的试探表明，其他国家的反应虽然不像法国和美国的那样可以预料，但多数国家赞成推迟承认的意见。在英联邦国家中，印度对早日承认持肯定态度，但又不想让英国首先承认，巴基斯坦和锡兰也大致同意英国的决定。但是，英联邦其他国家则同英国的欧洲盟国一样，赞成推迟承认的日期。[19] 英国在12月中旬做出的于翌年1月2日（后来推迟到1月6日）承认中华人民共和国的决定，只代表了北大西洋公约组织甚至英联邦内少数国家的意见。[20]

英国做出的这一决定及其理由，在12月16日以类似绝密电报的形式传给了英联邦各国家的政府首脑。例如，给新西兰首相的电报宣称："对抗俄国的影响的唯一办法就是让共产党中国与西方接触，越早接触越好。"电报向英联邦各成员国首脑保证，这一决定"根本不意味着英国动摇了在东南亚或其他地区抵抗共产主义的决心"；联合王国实际上要运用自己所能动用的一切力量来"加强反共的抵抗力量"，并希望其他国家也能如此。电报说，英国并不期望美国在承认问题上也照此办理，但也有理由相信，美国政府"能理解我们所处的地位，并且也能意识到，与美国相比，我们的地位更加岌岌可危"。最后，电报强调，"在这一主要涉及亚洲人的问题上"，"我们的亚洲朋友"的观点必须予以考虑。[21]

在同一天，贝文向艾奇逊传达了与上述向英联邦各成员国首脑的通报几乎一致的意见，只是又加上了一段话。贝文说，他希望英美两国"能在这一问题上步调一致"，但如果美国觉得不能对中华人民共和国给予承认,他将"十分理解美国的立场"。他还说:"正如您所知道的那样,我们愿意与您保持密切联系,但我们必须慎重,不能失去对亚洲局势的控制,并且必须考虑我们的亚洲朋友的意见。"[22]

很难相信贝文在这种时候真的是希望美国与英国步调一致。两国政府一直在进行官方联系,艾奇逊自从9月中旬在华盛顿举行内阁级会晤以来,至少两次向贝文转达了他的意见。在11月11日的巴黎外长会议上,他重申了美国的立场:"现在谈承认问题为时尚早。"他再次强调,在承认之前,中共必须首先满足某些条件,如释放扣押在沈阳的美国领事官员、同意遵守国际条约、保证美国在华资产的安全,等等。[23]

12月8日,艾奇逊召见英国大使弗兰克斯商讨承认问题。国务卿再次对匆忙承认表示反对。他清楚地表明,美国"将不理会其他大国所采取的行动","不会匆忙行事"。[24]随后他提到了司徒雷登大使7个月前所表达的意见,即把承认作为讨价还价的手段。他对弗兰克斯说:"中共确实需要除了苏联及其卫星国之外的其他大国的承认。据此,各大国如果放弃向他们施加压力从而使之担负起当前的义务的机会,是令人遗憾的。"[25]

艾奇逊和贝文都过高估计了承认一事在影响中华人民共和国的政策方面的重要性。艾奇逊和美国国务院以为,北京急于得到西方的承认,以至于会不惜通过让步来达到这个目的。贝文和英国外交部则认为,承认北京新政权以后,英国就会与中华人民共和国自动建立外交关系,就会获得与苏联对等的影响力。后来的事实证明,这些估计都是不正确的。

但胡阶森①对这一问题的估计是正确的。他是第三代中国问题专家,后来在施谛文大使卸职后任英国驻南京代办。11月12日他向英国外交部发了一份电报,谈到中国报刊普遍出现的亲苏宣传。他指出:"没有证据表明中共乐于通过其他大国的承认或者其他外国人的救助来对抗苏联的影响,这样的设想只是一厢情愿。"[26]尽管如此,胡阶森仍是英国承认政策的坚定支持者。在后面的章节里还会经常提到此人。

无巧不成书,就在英国宣布它承认中华人民共和国的决定的当天,毛泽东抵达莫斯科,戏剧性地上演了中国"一边倒"的政策。当然,这一事态只能使抵消政策的倡导者更急于承认中国。令人奇怪的是,美国驻沪总领事馆所接触的中国人解释说,毛泽东出访莫斯科是克里姆林宫使出的一个反抵消政策的计谋。毛泽东早晚会访问莫斯科,这是人们意料之中的,但是据这些人士说,这次访问的时间与英国和其他西方国家的"承认举动"有关系。[27]然而,有关的说法和其他消息来源都不足以证实这一猜测。这一猜测的逻辑推理似乎是,西方承认中央人民政府的举动实际上对英美分化中华人民共和国与苏联的关系这个共同目标起了相反的作用。这一猜测的要点是,毛泽东此行不是出于中共自身利益的需要,而是迫于莫斯科的压力。但是,这种论调并无新颖之处,许多提供消息的中国人很早就这样解释中共明显的亲苏举动。没有证据证明毛泽东出访莫斯科是被迫的;事实上,这与中共在中华人民共和国成立前后几个月中的言行是完全一致的。

毛泽东出访莫斯科的时间,正好安排在他可以参加约瑟夫·

---

① 胡阶森(John Hutchison),又译胡阶生。——译者注

斯大林70周岁的生日庆典，克里姆林宫给毛泽东以高规格的接待。在庆贺斯大林生日的仪式上，毛泽东紧靠斯大林右侧站着，并被安排第一个发言。[28]他利用这一机会强调："中国人民在反抗压迫者的艰苦斗争中，深切地感到斯大林同志所给予的友谊的重要性。"他高喊："世界工人阶级和国际共产主义的伟大领袖——伟大的斯大林万岁！"[29]苏联报刊披露，革命博物馆里陈列着斯大林收到的礼物，其中有一张很大的毛泽东的照片，照片上用中文写着："致我们的伟大领袖斯大林同志 毛泽东。"[30]苏联报刊展示这个照片，是想让全世界确切地知道，毛泽东已承认斯大林的领导地位。

毛泽东在这时出现在莫斯科，是美英在离间中共与克里姆林宫的关系这一共同目标上付出的努力归于失败的象征。[31]事实上，毛泽东出访莫斯科表明，美英的离间目标远非他们的力所之能及。

第十六章　美国确定对台政策

1949年10月1日中华人民共和国成立后，国民党政府迅速崩溃。蒋介石早在8月1日就把总部正式迁到了台北，临时"首都"于10月中旬从广州移至重庆后，他与李宗仁总统的分歧也日益加剧。美国不愿意出钱还不讨好，索性对国民党政府要求军事援助的呼吁充耳不闻。[1]罗伯特·斯特朗代办是随国民党一起到重庆的，他于11月15日给美国国务院的电报的部分内容反映了这种悲观看法：

> 高级官员早先关于在西南加强政治和军事团结并从事改革的希望已化为泡影。
> ……
> 战场上依旧是退却、叛变，杂乱无章的指挥，漏洞百出的漫长防线，军队的薪水、食品和衣物不足，资金物资匮乏，相互缺少信任。政治上仍然是蒋委员长与李派集团的严重分裂，毫无和好的希望。
> ……
> 美国的军事援助或第三次世界大战的爆发被视为拯救政府残余势力和恢复部分失地的唯一出路。[2]

在这种形势下，国民党政府不久便迫于共产党军队的压力第三次"迁都"。英国总领事M.C.吉勒特在政府"迁都"时是这样描述政府的战略的："国民党已毫无战斗力可言，他们的信条是：'不要打了，打也无关大局了，只要保住一个政府，等到第三次世界大战爆发（也许很快就会爆发），美国就得为我们而战，就像上次大战中他们所做的一样。'"[3]这位被国民党"外交部""授予和国民党政府保持接触之特权"的吉勒特[4]还报告说，解放军于11月28日到达长江南岸，翌日开始在无抵抗的情况下渡江，国民党在重庆的最后两个团已逃往成都。

可是，重新聚集在成都的国民党残余集团，未及喘息又被逐出了他们在大陆的最后一个据点。12月6日，国民党政府迁往台北。这次迁移实际上宣告了李宗仁总统的政府及其主要军方支持者白崇禧的末日。尽管蒋介石3个月后才正式重登"总统"宝座，但当局迁台使蒋介石恢复了他对政府的绝对权威，李宗仁则只有赴美就医。

国民党政府丢掉了中国大陆，于是有个问题再次摆在美国政府面前：继续要与国民党保持外交关系？抑或像英国那样把它降为领事级别？美国国务院曾在7月通知司徒雷登大使，只要国民党继续待在大陆并且是中国唯一的政府，美国就愿与它保持外交关系。[5]现在这两种可能的情形都不复存在了。斯特朗代办在11月15日的电报中提出："尽管在大陆应使大使馆继续存在并保持接触，但另一个政府很可能继续存在下去，国务院需要就与海岛政府的关系问题做出新的决定。"[6]

斯特朗没有随残存的国民党政府去成都。在此之前的几天里，他离开重庆去了香港。[7]国民党政府"外交部长"叶公超已先期抵达。在那里，斯特朗和叶公超决定安排李宗仁去美国进行正式访问。[8]正当李宗仁启程赴美国之时，"行政院"（国民党政府的行政机构）从成都迁往台北。

第十六章 美国确定对台政策 / 115

国民党政府在台湾的"重整旗鼓",使美国方面欲把这个政府和台湾区别对待的政策变得不切实际了。如果国民党政府与诸大国的关系断绝,则台湾在政治、经济和外交方面是难以与共产党相抗衡的。因此,美国在12月中旬决定在"外交"上与国民党当局保持联系。斯特朗接到指示:如果美国政府接到"国民党政府迁往台北的正式通告",并且其"外交部长"叶公超不再以"部长"身份滞留香港,[9]那么,他就去台北。上述两项条件具备后,斯特朗便出发去了台北。12月26日,他在那里首次拜会了叶公超,发现"叶公超情绪很好,信心十足"。[10]

与此同时,美国对台政策再次引起英国的注意。英国外交部对美国把军事装备源源运往台湾表示忧虑。11月上旬,贝文与艾奇逊在巴黎会晤时,就提出了这个问题。随后,英国驻华盛顿使馆12月6日匆忙向美国国务院递交了一份备忘录,其中提到大量坦克和B-25轰炸机正从美国海运到台湾。英国人认为,这些装备无助于阻止中共夺取台湾。他们担心,如果台湾陷落,则中共会把这批装备派上其他用场。[11]

弗兰克斯大使在12月8日与艾奇逊讨论这一问题时,流露出对中型和重型坦克的密切关注。如果这些武器落到中共手里,就会被用于进攻香港。艾奇逊指出:根据《1948年援华法》,美国应向国民党政府提供价值一点二五亿美元的物资援助,现在运往台湾的这批装备总值不足八百万美元,是最后一批援助物资;从台湾的"物质财富"来看,断然取消这批装备的供应没有什么实际意义。但是,弗兰克斯强调,香港没有对付中型和重型坦克的武器,艾奇逊只好同意调查这一问题。他认为,如果出口许可证没有签发的话,或许可以想一些办法。[12]

弗兰克斯还问艾奇逊，自9月中旬贝文与艾奇逊的华盛顿会晤后美国对台湾的态度是否有变化。艾奇逊回答说，杜鲁门总统"已经同意参谋长联席会议的建议，台湾在战略地位上不十分重要，美国不想动用军事力量阻止它落入共产党之手，但我们会利用一切可行的政治和经济手段避免这样的结局"。因此，美国最近告诫蒋介石，"由于岛上万事俱备，所以他应巩固这一有利地位"。[13]

尽管美国国务院给蒋介石打气，但对于蒋介石能否阻止共产党攻台，国务院并不比英国外交部更有信心。12月23日，国务院发表了题为《政策情报纲领——台湾》的密件。鉴于中共可能占领台湾，该文件建议制定一项"情报政策，以最大限度地减少对美国威望的损害和对别国士气的影响"。该文件声称，台湾的陷落"已在普遍意料之中"。"国民党统治下的台湾民心军情在恶化，因此，出现这种结果是合乎情理的。"[14]

就在国务院发布关于台湾情报政策纲领文件的同一天，参谋长联席会议向国防部部长路易斯·约翰逊提交了一份备忘录。该备忘录称："为台湾的反共政府制定一项规模适中、目标明确、监督严格的军事援助计划，将符合美国的安全利益。"基于这一点，参谋长联席会议拟"立即着手调查台湾所需军援的性质和程度，以便保住台湾"。[15]

12月28日，参谋长联席会议与艾奇逊、代理副国务卿腊斯克、巴特沃斯以及马礼文一起商讨了这个备忘录——当时这份文件已转送给国家安全委员会。参谋长联席会议在解释备忘录时说，从军事角度来看，国民党在台湾的地位已比过去稳固，因此，"只需花不多的钱，台湾便可以支撑得比我们预想的还要久，从而对中共巩固自身政权产生重大影响"；只要共产党仍须与台湾竞争或者意欲征服台湾，他们就不会向东南亚扩张。[16]

艾奇逊反驳说，防止共产主义蔓延到东南亚的方法是帮助该地区的国家"创造内部安定局面，帮助他们生产更多的食品，哪怕只是有限地提高其人民的生活水平"，这就是"第四点计划"的基本精神。艾奇逊还说："总之，我们必须站到民族主义运动一边，由于欧洲殖民主义的魔爪已被斩断，这一任务已不难完成。"艾奇逊反问道，假如采纳备忘录当中提出的建议，使台湾晚一年陷落，那么，为了这一苟延残喘，我们将付出什么代价呢？很简单，代价就是美国的威望再一次受创，而且更为重要的是，会激起"中国人一致仇外的情绪"。如果美国因此而获得一个对其防务至关重要的岛屿，这个代价倒也值得。但是，艾奇逊认为："似乎无从证明，失掉台湾会使我们的防务出现漏洞。"[17]

在会议临结束时，布莱德雷强调说："参谋长联席会议指出的纯军事观点反映了一个事实，即国会已拨款支持那些抵抗共产主义的人。"[18]布莱德雷指的是国会七千五百万美元的拨款，提供这笔款项的根据是1949年《共同防御援助法》的第三百零三条，它规定，在"泛指的中国地区"可使用这笔款项。第三百零三条赋予总统很大权限来应付中国及其周边地区迅速变化的形势，而且不必说明资金的使用情况。尽管国务院反对将这笔款项用于对国民党政府的直接军事援助，但它愿意考虑在中国大陆支持反共活动，并且建议用这些钱来加强针对中国的反共宣传活动。[19]

艾奇逊和国务院反对向国民党提供军事援助的主张在国家安全委员会获得了广泛的支持。12月30日，该委员会再次肯定了保证台湾不被占领的多种手段，但军事援助除外。[20]1950年1月5日，杜鲁门总统发表重要讲话。他宣布，美国政府"既不拟对在台湾的国民党军队提供军事援助和咨询意见，也不拟使用武装部队干预那里的局势"。[21]虽然该声明并不意味着美国政策的任何变化，但杜鲁门如此直言不讳地阐明美国的意图，就等于向中华人民共和国发出了一个信号：如果中国大陆进攻台湾，不必担心美国的军事干预。一周后，艾奇逊在美国"全国新闻俱乐部"发表讲话，称台湾和朝鲜不在美国的防线之内，实际上是重申了这一主张。[22]

在1949年12月30日至1950年1月5日期间，即国家安全委员会做出决定之后和杜鲁门的重要讲话发表之前，代理副国务卿迪恩·腊斯克对英国使馆的德里克·霍伊·米勒爵士保证说，美国对台政策并没有改变，而且美国不允许将轰炸机和重型坦克运往台湾，当然，国民党可以用现有的资金购买这些装备。米勒重申了英国的担忧，即台湾的军事装备可能会落到共产党手中，然后它们将被用于进攻香港。[23]

需要指出的是，杜鲁门和艾奇逊关于美国将不向台湾提供军事援助和保护的公开声明不是凭空而来的，而是估计到中共可能于3月进攻台湾，至迟也不会晚于当年夏天。由于预计中共会很快进攻台湾，故在台湾减少了本来就为数不多的美国领事官员。留守人员的家眷也都撤离了。[24]在中共的宣传中，马上"解放台湾"的消息接踵而至。早在9月，《人民日报》就指责美国有并吞台湾的可疑计划。它警告说："胜利进军广东和福建省的中国人民解放军正沿着福建海岸消灭残敌。不久，将渡海打到台湾，解放那里的同胞。"[25] 当时有报告称，台湾对面的大陆沿海地区有部队调动，附近港口集结了大批帆船和小船。1月20日，驻广州的英国领事报告说，中国人民解放军的一位赵姓少将透露，他的部队将在3月参加进攻台湾的行动。为此，有关方面正在准备飞机和船只。伯吉思在评论该报告时说：美国估计，"1950年内"台湾将遭到进攻。同时他还说，最近的新华社广播已经表明，进攻台湾是中国武装力量的首要任务之一。[26]

第十七章　英国承认中华人民共和国

在杜鲁门总统宣布其不干预台湾事务的政策后的第二天，英国政府宣布承认中华人民共和国。按照驻华盛顿的英国大使馆的说法，这一巧合"使宣布承认这件事得以免遭攻击"。英国大使馆发现，美国新闻界对英国的承认宣言"持赞同态度，这颇令人吃惊"，其中的部分原因是"国务院做了极其出色的教育工作"。[1] 在杜鲁门的声明发表之前，弗兰克斯大使曾有点担心美国公众对英国承认中华人民共和国的反应，尽管他不怎么担心杜鲁门政府的反应，在1月3日发给英国外交部的一份绝密电报中，他曾报告说，华盛顿的舆论氛围"还不如一个月前，我们承认共产党中国后恐怕会马上陷入麻烦"。弗兰克斯还评论说，美国"两党对远东的看法从未一致过，国会里的一些共和党领袖大概不会放弃这个不惜牺牲政府来捞取政治资本的机会"。[2] 然而奥利弗爵士认为，杜鲁门和艾奇逊将严守他们现在的立场，他将他们的立场归纳如下：

(a) 尽管他们对我们承认共产党的决定表示遗憾，但他们不会指责我们。

(b) 他们反对对台湾进行军事干涉及派兵……但是，总统出于政治原因或许不得不屈服于国会的压力，采取旨在保护台湾的措施，或者以某种方式使台湾不至于落入共产党之手。[3]

第十七章　英国承认中华人民共和国 / 121

另一些美国重要人物的反应，对英国人来说也是惊喜。11月13日，驻东京太平洋盟军最高司令部的英国代表阿尔瓦里·加斯科因爵士报告了他与道格拉斯·麦克阿瑟的谈话：

> 在谈到我们承认北京政府一事时，麦克阿瑟将军今天向我保证说，他认为在日本不会出现重大反应。他说，他完全理解我们不得不承认红色中国的原因，即出于我们的经济利益……他说：从长期来看，那件事①必然要发生，我们的行为无非加快了这一节奏……显然，美国也得承认北京，但是要使美国人民明白，承认一个政府并不等于赞成它。虽然他希望我们应从承认中捞取实际的好处，但他觉得我们从一片废墟中不会捞到什么。[4]

英国外交部有意给英国驻南京的代办发去了不加密的电报指示，以便给中央人民政府24小时的时间为英国政府对他的正式承认做准备。所以，当总领事高来含于1月6日下午会见中华人民共和国外交部办公厅主任王炳南和西欧与非洲司司长宦乡并正式提交英国承认中华人民共和国的照会时，中国人并不感到突然。[5]在前一天，中国国民党驻伦敦大使被召到英国外交部，他被告知，英国不再承认他所代表的政府为中国政府。

在美国和西方其他国家中，围绕承认问题展开了激烈的辩论，似乎承认就等于建立外交关系。但是，毛泽东在1949年10月1日的声明和周恩来写给外国政府的信只提到建立外交

---

① 指美国承认中华人民共和国。——译者注

关系一事。作为第一个响应毛泽东声明的国家，苏联根本未提也没有经过承认这个步骤，只是在建交前表达了建立外交关系的意愿。东欧的共产党政府也是如此。

所有这一切或许强化了这样一种观念，即承认和建交是一回事，至少外交关系会随承认自然而然地建立。但是，当缅甸政府于1949年12月16日照会中央人民政府愿意与中国建立外交关系时，中央人民政府却要求缅甸政府派代表团到北京"举行关于建交问题的谈判"。显然，建交的程序对非共产党国家和共产党国家是不一样的。[6]

北京对缅甸政府的这种态度对英国意味着什么？这一点，英国外交部在英国发表承认宣言之前就看到了。12月30日，外交部远东司的富兰克林断言，北京对缅甸的态度"使人感到非常不快"，这或许证明，共产党试图使承认带上"附加条件"。富兰克林猜测，如果情况真是这样的话，共产党可能"会在同意建立外交关系之前把所有关键问题都和我们论说清楚"。他认为，这种局面会使英国"非常尴尬"，并估计"这种谈判会旷日持久"。然而，英国驻南京代办胡阶森的看法与富兰克林不同。胡阶森推测，这种谈判的议题可能被限于很小的范围之内，如"建交的级别、特使名称、任命的日期、使馆驻地等"。他说，中国对缅甸承认中国一事的上述反应导致了缅甸的不满和不安。[7]《缅甸人》报纸上的一篇社论就体现了这种情绪。该社论称，对于缅甸所表现出来的诚挚友谊之情，北京的答复是对缅甸的故意"奚落"。[8]

中央人民政府与缅甸和印度（它们均于12月30日承认了中华人民共和国）打交道时所确立的方式，此时又用在同英国的交往中。[9]英国政府于1月6日通过贝文给周恩来的照会正式承认中央人民政府为中国法律上之政府时，还要求中央人民政府接受胡阶森为英国临时代办。1月9日，周恩来答复说，中央人民政府接受"阁下（指贝文）所指定为临时代办胡阶森先生为大不列颠及北爱尔兰联合王国政府派来北京就贵我两国建立外交关系问题进行谈判的代表"。[10]胡阶森说，中国政府并没有明确接受他作为代办，他建议问一下中国人"是否会以这个名义接受他，因为这样做将意味着外交关系已经建立"。[11]

1月13日，英国外交部指示驻北京的高来含总领事向中央人民政府外交部说明，英国认为，刚刚在中国和英国政府之间交换的照会表示了外交关系的建立，并且要求北京接受这一观点。[12]如果不予接受，高来含应声明，胡阶森只能以代办的名义去北京。[13]当高来含来到中央人民政府外交部陈述英国关于外交关系业已建立的观点时，他得到的回答却是不置可否。[14]随后，中央人民政府外交部通知高来含，胡阶森可以代办的身份来北京谈判关于建立外交关系的初步的与程序的事宜。[15]尽管中国对关键问题——外交关系是否已经建立——没有做出任何解释，英国外交部还是决定派胡阶森前往北京。[16]

对于英国给予的承认，中国的反应令人沮丧，而且不仅仅表现在北京执意要就建交问题进行谈判这个方面。英国驻天津总领事斯科特·L.伯德特1月14日在写给英国外交部的一封信中说，承认"并没有带来任何改变"；任何层次的接触仍被拒绝，信件不是被毫无道理地退回就是置之不理。[17]1月30日，英国总领事从广州报告说，尽管承认一事"必将带来从根本上改变我们局面的期望"，但是情况却没任何变化。[18]几周后他们仍"受到严格的限制，毫无松动"，邮局依旧扣押写给领事的信函。[19]

驻沪总领事在 2 月 4 日的电报中说，英国人在上海以外的活动依然受到限制，中国方面认为在战时限制是正常的。然而，一位警察局官员曾对英国一位想通过广州去香港的商人说，一旦"承认生效"，就为其提供便利条件。在关于该电报的外交记录中，富兰克林评论说："活动受到限制是因为没有承认及没有建立外交关系，而不是因为战争。"[20]

中国报纸的报道令英国外交部难以欣慰。中华人民共和国不但不领英国对其承认的情，其报纸反而说英国之所以如此是基于自己的经济利益。上海《大公报》曾（恰当地）指出，英国工商界早就敦促承认中国。现在该报却宣称，英国希望与中国建交是"出于商业利益的考虑"。多少有些嘲讽意味的是，英国外交部认为，承认将改变中央人民政府的亲苏政策，《大公报》则不无得意地说，中华人民共和国在中央人民政府成立仅三个月的时间里就赢得了一场彻底的外交胜利，这是"执行毛主席一边倒政策"的胜利。《大公报》同时宣称，英国的承认加深了英国同美国的分歧，并且将英国人民的友谊与"资本主义国家的外交"区分开来。[21]

2 月 3 日，南京《新民报》刊登了一篇标题为《认清英帝国主义》的文章。文章回顾了英国 19 世纪对中国发动的战争和 20 世纪上海、汉口的反英斗争。文章警告说，英国承认中国是不得已的，中国人民不应对英国政策的改变抱有幻想；帝国主义分子是一贯与世界爱好和平的人民为敌的。[22]

而在英国方面，当胡阶森准备就英国与中华人民共和国建立外交关系一事开始"初步的与程序的"事宜进行谈判时，英国驻台湾领事 E. T. 毕格斯正在谋求使英国与国民党政府保持省级关系。这样，英国人即以其明确的一贯性原则，继续奉行他们以前在中国大陆所奉行的政策，他们要在执政者不为他们所承认的领土上保留一个领事馆。与共产党不同，国民党根据国际惯例接受了英国的立场。

当毕格斯会见台湾省省长吴国桢并且通知他英国已承认共产党政权时，吴国桢期望能与英国继续保持贸易关系和相互交往的渠道，并且保证会尽一切努力保护毕格斯及其下属和英国侨民的安全。[23]但是，虽然有吴国桢的保证，一群士兵仍然冲进英国领事区，扯下了领事馆的旗帜。显然，他们的行为是自发的。[24]1月12日，当毕格斯照会吴国桢省长就此事提出抗议时，吴国桢采取了息事宁人的态度。他保证说，冲入领事馆区的士兵将被撤离，今后绝不会发生类似事件。他同意毕格斯重新升起领事馆馆旗。吴国桢还告诉毕格斯，国民党当局已批准英国领事馆继续行驶其充分的职能，其中包括使用密码、外交文件袋及海关设施等。英国领事馆员自然只能和省级官员打交道，不与国民党"外交部"及"中央各部"发生关系。[25]

既要同已解除承认的在台湾的国民党政府打交道，又不想影响与中央人民政府的关系，这使得英国政府进退维谷。因此，当国民党空军飞机于2月5日轰炸毗邻香港的城镇深圳时，英国外交部决定不向任何人提出抗议，只要求香港总督发表一个公开声明，内容是任何未经许可的飞机飞越香港领空，都有被击落的可能。毕格斯领事在淡水将声明全文送交台湾省省长，并要求他转交有关当局和国民党空军总司令。3月10日，声明在香港如期发表，同一天也送到了台湾省省长手中。[26]

可是，在声明送出的几天前，外交大臣贝文给驻沪的英国总领事发去了一份内容似乎矛盾的电报。当时，这位英国总领事正为国民党轰炸一事忧心忡忡。贝文说，他不认为通过台湾省级政府向国民党政府提出的抗议会产生"实际效果"。贝文推测说："即使没有撤除对国民党政府的承认，抗议也无济于事。如果我们大事张扬，他们必然会拒绝抗议，正像我们所设想的那样，这可能会让胡阶森先生在即将举行的与中央人民政府的谈判中处境不妙，中共会说，这一行动说明了我们与国民党政府保持接触。"[27]

第十八章　收回美国领事馆地产

在1月6日英国政府宣布承认中华人民共和国的当天，北京市军事管制委员会采取了一个行动，这一行动使美国尽早承认中共的希望彻底破灭了。该委员会宣布，在七日之内，那些外国在不平等条约下获得的建有兵营的土地将被收回。[1]当天夜里，在美、英、法、荷领事馆的墙上都贴上了登载这个声明的大字布告，次日晨，英国领事馆墙上的布告被揭下来，但另外三个国家的地产却被正式征收，出于这个原因，美国从中华人民共和国撤走了全部官方人员。[2]

从表面来看，中国方面只是征用了美国政府驻北京领事馆的地产，但这一举动还包含更严重的问题，即是否尊重以前的政府所达成的协议以及是否尊重西方多年来形成的一般国际惯例。征用行动表明，中共对此是不屑一顾的。就后来一点来说，传统的做法是：不论当事国之间是否在国家层面上有外交关系，他们各自在对方国家的领事馆都可以在地方级别上照旧行使其职能。正如我们所看到的那样，中共当局不承认这一传统，他们固执地将外国领事和外交官视为普通外侨，这不仅制造了与西方大国的摩擦，还堵上了与西方驻中国代表的联系渠道，以至于当问题出现时，不可能进行正常谈判。

在奉行不把外国领事视为官方人员的政策的同时，共产党当局还拒绝将领事馆地产视为外国政府的官方资产。甚至早在中华人民共和国成立之前，这一政策的端倪就已显现出来。当时，地方的共产党当局就试图对外国政府在天津和北平的领事馆房产征税，就好像这些房产是私人财产。

美国的立场是，根据国际法，一个主权国家的房产不应被另一个国家课税，无论他们之间是否相互承认。因此，由主权国家的政府所有并为其所用的房产是不需要缴税的。由于美国国务院承认在这个问题上重要的是外交资产而非领事馆房产，所以它表示："按照目前的实际情况"，或许有必要按要求纳税；但是应提出抗议，而且"缴纳这种税还须得到其他西方国家的明确同意"。[3]

9月14日，美国驻天津总领事馆交付了美国政府在当地所有的领事馆房产的税款，此举发生在中共地方当局拒绝美国的免税要求和英法领事已缴付了这类税款之后。在报告这一事件时，总领事提醒国务院，正如"八个月来所表明的那样"，"共产党当局一直坚持这一立场：只要没建交就不会承认领事馆的职权，领事官员和房产也不能享受官方待遇"。[4]

在处理外国政府的房产方面发生的问题，也表现在地方当局颁布的外国房产登记法上。在天津，当地的土地局要求美国、英国、法国和意大利领事馆对它们提交的登记申请表做出某些修改时，出现了荒唐可笑的场景。下面是英国外交部的有关记录：

……

6. 11月14日……四国总领事提交了政府房产登记申请，土地局通知总领事，申请表在获准之前须做如下修正：

（a）在"英国政府"和"英国外交部"前要加上一个"前"字。

（b）在"所有权契约"前加上"伪"字。

(c) 在英国总领事的签字后边加上签字人私人的中国字印章。

(d) 提供一份证明，表明英国总领事授权处理此事。

7. 对美国和意大利总领事也是这样要求的。法国的申请表在经过略微修改后获得批准，表中"伪"字可能是在法国总领事不知道的情况下加上的，据说被中国雇员在三份申请表中的两份上加上这个字，对第三份申请表——"一份帝国地契"没有提出此种要求。

……

9. 到11月29日，英国、美国、意大利的总领事们表示，对第六条中的四点要求，（a）和（d）不必再坚持，他们准备接受（c）。可是土地局拒不接受把原来国民党的土地管理机构视为"前"土地局的做法，它坚持要加上一个"伪"字。

10. 英国驻南京使馆指示总领事不能接受"伪"字，因为这将被解释成此前国民党土地局签署的所有契约全部作废，包括英国人在天津所拥有的房产。[5]

英国驻天津总领事认为土地局执意要加"伪"字是一种专横霸道的典型表现，地方下属机关竟被允许用这种态度来处理一般涉及外国人特别是领事馆事务的问题，为此他大为光火。[6]既然如此，1950年1月6日发布的收回在北京的某些外国领事馆地产的声明，当然就不是出自地方当局之手了。在这个声明发布的第二天，美国总领事收到了北京市军管会聂荣臻将军的一封信，信中提到了征用领事馆地产的声明，同时要求柯乐博派一位有权的代表移交正义路二十二号的"前美国兵营"。

柯乐博收到信后，给国务院去电请求指示。1月9日，根据国务院的指示，柯乐博致函周恩来，告诉他正义路二十二号的地产是美国根据1901年9月7日由中国与十一个国家在北京共同签署的《辛丑条约》而获得的，1943年的中美新约对此再次予以确认，同时美国放弃治外法权。[7]柯乐博还告诉周恩来，所谓的"兵营"早已改造成了美国总领事的办公楼。柯乐博在致周恩来的信的结尾处申明，美国政府希望不要采取"剥夺美国政府所有权的举动"。[8]

第二天，柯乐博又给周恩来写了一封信，1月13日，一封给聂荣臻将军的信也跟着发出。他在给聂荣臻的信中强调，军管会要征用的地产是美国政府用来办理官方事务的，"是美国驻北京领事馆的地产"。他还声明，他既没有得到授权也没得到指示要移交这一地产，如果被征收，"中央人民政府应负全部的责任，美国政府会对此提出正式抗议"。[9]

与此同时，美国政府要求英国政府向周恩来或者他可能接触到的其他最高级别的中国官员转达一个口信——美国政府认为，既然英国已经承认中央人民政府，按说应比美国更容易接近中国官员——口信的内容是，美国政府不反对将美国领事署院以西之斜坡地的地产及其上美国政府所拥有的建筑移交有关当局。但是，如果中共军事当局征用领事馆的任何地产，美国政府将视此举为对美国权利的侵犯，那么美国将别无选择，只好关闭所有驻共产党中国的官方机构并撤回其官方代表。[10]

尽管英国外交部有某些疑虑，贝文仍然于1月12日电告英国驻南京使馆，指示高来含总领事（他已从沈阳调往北京）"尽可能""在1月13日前后尽快"向周恩来将军转达美国的口信。贝文认为，对关系到美国、法国、荷兰政府的麻烦，英国政府不应置身事外，"尤其因为此举是共产党蔑视中国的条约义务的第一个公开企图"（无论是英国还是美国都没意识到迪化市政府已于12月29日收回了美国驻该市的领事馆）。他认为，"根据他们对西方大国的一般态度"，似乎"他们会进而试图征用其余的大使馆地产"。[11]

但是，贝文又不愿过多地和美国的口信以及口信中"强硬的语气"搅在一起。他强调说，高来含总领事"应表明，在此事中，他仅仅是传话而已，并且要以他认为是恰当的方式让对方确信，虽然我们也怀有相同的忧虑，但我们绝对没有参与口信的起草。在传递美国的口信后，高来含应说：我对事态的发展感到不安，我相信，就使馆地产而言，地方当局不会无视各国所享有的条约权利"。[12]贝文给高来含的指示必须经过英国驻南京大使馆转达，可是到高来含接到指示的时候，征用领事馆地产的行动已经开始。高来含在1月14日报告说，征收行动于当日上午10时开始，他在外交部拜会宦乡是在下午3时，不过柯乐博已在1月12日将美国政府的口信转达给了中国外交部。因此，中国当局在征用前就已获悉美国同意移交其他地产的态度，也知道美国以撤回其官方人员的做法相威胁。[13]

尽管柯乐博已先于高来含转达了口信，高来含还是将美国的意见转达给了中方。在转达时宦乡对他说，兵营的存在是不平等条约的屈辱标志，中国人民理应将它收回。高来含与宦乡会见后确信：中方看来"也要收回我们的地产"。[14]

当然，不平等条约早已废除，兵营也早已改造成了办公楼，但对共产党来说，收回这些地产仍有宣传意义。比如，1月19日，新华社发表了一篇文章说："1943年，美国、英国、法国和其他国家宣布废除在中国的特权,但是在国民党反动派的卖国主义统治下,侵犯中国主权的帝国主义兵营仍完好无损。只有中华人民共和国才真正完成了废除帝国主义在中国特权的任务。"[15]

高来含总领事给英国外交部拍了一份电报,评价了中国对美国、法国、荷兰驻北京的领事馆地产采取行动的时间和背景。他说,当时北京流行的说法是,收回的举动"纯属军方行为,对此外交部没有过问,甚至可能不同意;事实上,(解放军总司令)朱德趁毛泽东不在北京的时候,向周恩来施加了压力……并且成功地达到了自己的目的,从而使与美国的友好关系毫无可能"。高来含的电文还说:"与此观点相反的证据是,周恩来随后承认了印度支那的胡志明政权,这一举动恐怕同征用美国地产一样,也使法国很难承认中央人民政府。外交部与军管会的协调行动排除了军方与文官政府有严重分歧的可能性。"[16]高来含认为,对发布征用命令的时间的选择"很难说是偶然的"。近一个月以来,英国承认中华人民共和国的意图愈益明显,在这个时机收回领事馆地产是别有用心的。他最后说,中国当局先是在1月6日晚将征用通告贴在英国领事馆墙上,几小时后又将通告取下,这一举动可能是为了"强调承认的国家与不承认的国家的不同对待"。[17]

高来含还对中国当局是否对征用在北京的美国领事馆地产的后果有所预见的问题做出推测。他认为,不能十分确定他们会这样做,但不管怎么说,在损坏中美关系和在中国清除美国领事馆的地产是不是合适这个问题上,中央人民政府内部的意见是不一致的。他最后说,许多人对事态的发展感到心满意足,但还有另外一些人有不同的看法。"这些人的意见不能左右局势，他们对与美国一刀两断和与西方大国的关系普遍恶化感到忧心忡忡。"[18]

高来含在做出这一评论时大概还不知道，三天前英国驻华盛顿使馆已向英国外交部去电报告："中国人征用驻北京领事馆地产的行为已激起美国民众的不满，此间舆论已普遍认为应当从中国撤回全部美国官方代表。"该大使馆还指出："艾奇逊先生于1月12日在全美新闻俱乐部做了演讲，其后有利于承认的势头发展良好，而现在事件的突变已中止了这种好势头。"[19]

杜鲁门总统根据国务卿艾奇逊的建议宣布，如果共产党当局征用在北京的美国领事馆地产，美国将从中华人民共和国撤出其所有官方人员。1月24日，艾奇逊告诉参议院外交委员会，他曾向总统提供过一个可供选择的行动方案，根据这个方案，美国将对"征用"举动提出抗议，并将领事人员撤退到未被征用的领事区，"以观事态的进一步发展"。但是，他现在反对照这一行动方案行事，因为这很可能是"一连串屈辱的开端"，这样一来，会有越来越多的美国地产被征用，美国官员的行动会受到越来越严格的限制，"渐渐地我们就会受辱，最后在中国被囚禁起来"。[20] 然而艾奇逊的证词澄清了这样一个问题，国务院不仅是拿美国在北京的领事馆地产被征用作为撤出中国的理由，它还希望共产党当局改变主意。艾奇逊对参议院外交委员会说：

我们以前认为，他们可能会停下来观察一下，总统也决定……我们该让他们知道，如果他们拿走这些地产，我们就从中国所有地区撤走。我们已将这些信息通知了他们，他们非但不停止，反而变本加厉。

从1月6日到最终要实施此建议的这段时间里，我们一直对此严格保密，因为我们不愿放弃使中共可能回心转意的机会。我们认为，此事一旦公布于众，所有的可能性都将不复存在。[21]

一旦征用美国地产的行动开始，国务院立即警告说，美国准备召回在共产党中国的所有美国官员。1月14日，在中华人民共和国剩下的四个领事馆接到电报指令："在安排好撤走所有撤离人员的交通并在当地的英国代表承担起美国权益的代管者的义务后尽快撤走。"[22]命令发出后，过了四个月才完成这些撤离前的工作，随即撤走了最后一名美国官方人员。

正如我们所知，英国人早就同意代管美国的在华权益，并且已经开始在美国关闭其领事馆的所有地区代管其权益。1月19日，英国外交部正式接受美国国务院的请求：当美国在北京、南京、上海和天津的领事馆闭馆后，英国政府照旧负责维护美国在这些城市的权益，但是英国要求："美国在以上四个地区的代表在把钥匙交给英国同行之前，可以奉命将电台设备拆卸。"[23]

在中国的英国代表对代管美国权益的兴趣不大。例如，驻南京的英国代办胡阶森由于不能确定北京将如何对待他，所以在1月17日电询英国外交部：在英国与中央人民政府确立外交关系"以及英国领事官员的地位与职权被承认之前"，"除非在别无他途或刻不容缓的万不得已的情况下"，是否有可能不让美国国务院要求我们代表美国提出照会？[24]

第十八章　收回美国领事馆地产

在上海，英国总领事厄克特于 1 月 31 日报告，英国商会已"表示担忧，怕我们保护美国的利益的结果是殃及英国的利益"。厄克特还批评美国从中国撤出的决定。他报告说，"普遍的感觉"是，"美国全部撤出的举动是小题大做"，如果在对西方国家更有利的基础上再向中国"摊牌"，也许会更好一些。厄克特估计，在上海领事区的"五百三十名美国官员、平民和家属"中，有一百到一百二十五人——包括三十九位官员——将离境。[25]

胡阶森在早些时候的电报里对"美国从中国撤出对英国利益的影响"这个问题提出了自己的看法。他首先指出，没有任何迹象表明，"美国对那种以高压和无理方式剥夺其使用前军事建筑的权利的反应给中国人造成了惊吓……中国政府的发言人没有表现出任何沮丧，甚至也没有感到突然"。胡阶森担心，美国的撤出会导致共产党内部极端派力量的增强，同时削弱那些"迄今或许还能起到一些温和作用的力量"。他说："如果我的判断没错，那么国务院的行动使我们期望的中国放弃依赖莫斯科立场的可能性减少了。"[26]

英国外交部更担心的是，征用领事馆地产会影响到美国的对华政策，而不是美国的撤出行动会影响中国对西方的政策。根据一份绝密的"关于中国的国际局势"的分析文件，英国外交部曾电告胡阶森："美国政府对我们的承认举动不是不同情，在正常情况下，美国在局势缓和后或许也会这样做。""但是，在北京的美国兵营地产被征用这一事件却导致一次挫折。根据我们的看法，现在极难使美国政府公开向中央人民政府表示友好的姿态。同样，他们也难以采取行动阻止台湾的国民党采取针对大陆的敌对行动。"该电报还表达了英国外交部关于征用在北京的领事馆地产一事对北京谈判的影响的担忧。对胡阶森已经在北京进行的初步的会谈，该电报"急切想知道那里的情况"，它想从胡阶森处知道，在"征用兵营和承认胡志明等行动当然意味着北京政府与西方建立外交关系难上加难"之时，北京政府"是否还真有与我们在友好的基础上建立外交关系的愿望。法国人本来准备在批准他们与保大皇帝的协议后尽快承认中国政府，现在他们则左右为难"。[27]

第十九章　中苏条约

就在中国的行为严重地影响到英国、法国、美国的利益并使英国外交部对中华人民共和国是否"有诚意"与西方建立外交关系产生疑问时，中国领导人却与苏联就一项防务协定和其他一些协议举行了会谈。2月14日，谈判到达了高潮，周恩来总理与苏联外交部部长安·扬·维辛斯基在克里姆林宫当着毛泽东和斯大林的面签署了有效期为三十年的《中苏友好同盟互助条约》，并与苏联签署了相关协定，内容涉及苏联归还中长铁路、旅顺口和对大连的控制权以及向中国提供3亿美元贷款等。[1]

根据外交大臣贝文的指示，英国外交部政策研究司准备了一份对中苏条约的分析报告，他们将该条约与苏联和东欧卫星国签订的条约相比较，发现有惊人的相似之处。例如，在中苏条约的第一条中，写上了旨在防止日本或与日本同盟的国家发动进攻的内容，如果把"日本"换成"德国"，那么，就与《苏联－罗马尼亚条约》的第一条几乎一模一样。中苏条约的第三款申明，任何一方都不得与他国结盟反对另一国，这在苏捷条约中也能见到。第四条是有关相互协商的内容，该内容同样出现在苏联同罗马尼亚、匈牙利、保加利亚等国签订的条约中。第五条的内容是关于经济与文化关系的，这"几乎与苏捷条约的第四条完全一样"。[2]

英国外交部远东司的盖伊·伯吉斯指出，中苏条约的签订是自1949年10月1日以来中苏关系发展史上最完美的一幕。伯吉斯认为，这一幕表明了"中苏双方精心的成功的周密策划以及近来的协调行动"。这些有计划的协调一致的举动包括：中华人民共和国成立日期的选择和莫斯科及其卫星国所给予的迅速承认；苏联和中国都宣扬在苏联与西方力量的对比上发生了重要转折；格奥尔基·马林科夫1949年11月6日在庆祝十月革命纪念日上谈到"东南亚的曙光"，以及11月16日刘少奇在北京举行的世界工会联合会大会①上的讲话——刘少奇"充分发挥了马林科夫的说辞，号召亚洲人民迅速拿起武器，投入到武装斗争的运动中去"。伯吉斯认为，中苏条约的"目的看来有两个：一是加强反对西方的苏中同盟，二是巩固中共在国内的地位以及加强其作为支援远东'解放运动'者的地位"。[3]

在驻莫斯科的英国大使馆看来，苏联政府似乎让毛泽东从中苏条约和协定中"捞到所有能捞到的好处"，而苏联只满足于"获得显示他们无私的善意和慷慨大度等宣传方面的利益"。[4]英国政府希望抵消苏联所获得的宣传利益，但是英国政府在北京与中央人民政府谈判建交，还不想得罪中国人。于是，英国政府一方面向其派驻英联邦各国的高级专员提供对抗中苏条约和中苏协定的材料，另一方面又告诫他们"在这种特殊关头不要批评中国政府"。这些高级专员在接到不得轻举妄动的告诫后又接到指示：如果"英联邦国家的政府、朋友和记者要与他们讨论这一问题"，他们可以指出，虽然中国表面上没有对苏联的让步给予补偿，但条约表明，"苏联的政策就像冰山，只能看到一角"。另外，他们还可以表明，在考虑经济协定时，

---

① 此误，当为亚洲澳洲工会会议（又称亚洲澳洲工会代表会议），1949年11月16日至12月1日在北京召开。召开这样一次会议的建议是在1945年10月世界工联大会上提出和通过的。1949年6月世界工联第二届代表大会上中国工会代表团建议这个会议在北平召开。世界工联接受了中国代表团的建议。会议由世界工联执行局直接领导。刘少奇担任亚澳工会代表会主席团主席并致开幕词。——译者注

应以苏联1945年对东北地区的劫掠以及自1949年7月贸易协定以来苏联对东北地区的经济渗透为根据。而且，苏联将在五年内提供的三亿美元贷款与英国自第二次世界大战以来在南亚和东南亚所投入的二十一亿美元相比，实在是少得可怜。[5]

由于美国没有与中华人民共和国进行谈判的顾虑，所以它对中苏谈判的诋毁就不像英国那样迂回巧妙。早在谈判结束之前，艾奇逊就公开谴责苏联企图把东北从中国夺走。艾奇逊在1月12日全美新闻俱乐部的演讲提出了令人怀疑的证据，后来美国国务院又向新闻界公布了"源于政府所得到的大量报告和数据的背景材料"，[6]力图证明艾奇逊的说法是有根据的。

美国国务院还在暗中对中苏谈判发起了攻击。1月25日，在一份绝密电报中，它通知美国驻巴黎大使戴维·布鲁斯："国务院已从各方面收到有关斯大林与毛泽东谈判的中期报告，我们虽然对此有所保留，但是，如果能将它们巧妙地公布于众，又不至于使人怀疑有政府参与的背景，它们就会成为有用的宣传手段。"[7]提供给布鲁斯用来公布于众的材料包括一份报告，该报告称苏联迫使中华人民共和国提供一百万名劳工，其中的三十万人已抵达苏联。这些谣言可以起到某种警告作用：中苏条约"可能在高唱友谊合作的背后附有令人难以接受的中国方面的让步，这些都隐藏在秘密条约和协定中"。美国这样做显然是想预先抵消中苏条约的影响。[8]

在中苏条约签订后，美国国务院很快又接连掀起两次宣传攻势。3月15日，艾奇逊在加利福尼亚州联邦俱乐部就美国对亚洲的政策发表演说时，对条约进行了攻击，而国务院在第二天又向香港和台湾送去了新的材料。艾奇逊对听众说："苏俄曾保证要归还某些东北财产，但是拒不交还红军于1945年掠夺的工业设备。"不仅如此，"当中国四万万人民面临着从现在起到下个收获的季节要忍饥挨饿时……粮食却从中国运往苏联"。他还把苏联将在五年内提供的三亿美元贷款与1948年一年美国国会批准给中国的四亿美元贷款相比较，极力贬低苏联贷款的重要性。[9] 发往香港和台北的材料是为了向"重要的中国官员、新闻机构和情报首脑秘密散发的"，要他们在演讲、社论和漫画里使用这些材料。此外，材料指出了"中苏条约与苏联政府签订的其他条约的相似性"，并提出了苏联破坏条约和实行帝国主义政策的例证。[10]

针对这些反对中苏条约和协定的宣传战，2月14日，在莫斯科的条约签字仪式上，周恩来表明了中华人民共和国所持的立场。他发表声明说："这些条约和协定的缔结，也特别表现了苏联在斯大林大元帅的政策指导之下，热情地援助中国人民的革命事业……以美帝国主义为首的帝国主义集团曾经千方百计，企图挑拨离间我们两国的友谊，现在这种可耻的企图已经彻头彻尾地失败了……我相信，仇恨这些条约和协定的不过是那些帝国主义者，那些战争贩子。"[11]

从表面来看，毛泽东本人对他在苏联所受到的接待和谈判是很满意的。据美国驻莫斯科使馆两位工作人员的报告，毛泽东一行在签约的前一天晚上，在莫斯科大剧院观看了一流芭蕾舞演员的演出，到场的观众向他们"起立，长时间地欢呼……毛泽东一行面对雷鸣般的掌声显得兴高采烈"。[12] 在签约后的第二天晚上，中国驻莫斯科使馆举行了"盛大的鸡尾酒会"，参加酒会的有五百多人，包括斯大林、尼古拉·什维尔尼克、马林科夫、贝利亚和伏罗希洛夫，当然也包括毛泽东和周恩来。[13]

毛泽东在莫斯科车站发表的临别演说更有助于说明他当时

的心情。他宣布:"中苏两大国人民"的团结将是永久的,不可破坏的,没有人能够分离的,必然要影响到人类的将来,影响到全世界争取和平斗争的胜利。毛泽东说,这是中国共产党人历来的信念,现在,这一信念在苏联得到了证实。毛泽东丝毫没有表露出他对经济协定有什么不满。毛泽东说:"苏联经济文化及其他各项重要的建设经验,将成为新中国建设的榜样。"毛泽东在讲话结束时对苏联领袖给予高声称颂:"世界革命的导师与中国人民的挚友——斯大林同志万岁!"[14]毛泽东在苏联访问了六个城市,快到中国边境时,他似乎还不满足于在莫斯科献上的赞美之词,又向斯大林拍了一份告别电报,结尾处写道:"衷心祝愿苏联在您的领导下无比强盛和繁荣。"[15]

中国的新闻机构密切注视着美国攻击中苏条约及有关协定的做法,并予以了回击。例如,3月1日的《人民中国》发表了一篇社论说:

> 自从中国人民将蒋介石集团从中国大陆驱逐以后,美帝国主义迫不得已,只有把希望寄托在分裂中国与苏联的关系上。至少到目前为止,这依然是他们对中国的一个主要战略。
>
> 在莫斯科达成的中苏条约及其各项协定……已证明,美国国务院近来企图在两个邻国之间制造的阴谋是无济于事的。[16]

4月16日,该杂志的另一篇社论说:"新近签订的中苏经济协定将加速被战争破坏的中国经济的复兴,中国劳动人民生活水平会发生根本改善……在这种形势下,美帝国主义的代言人如此丧心病狂地攻击这些协定就不足为怪了。"[17]

第二十章　英国遇挫

英国派往北京进行建交谈判的代表是于 1950 年 2 月 14 日首次前往中国外交部的。这一天，正是中苏友好条约及其他协定在毛泽东和斯大林在场的情况下签字的日子，这是一个很奇怪的巧合。胡阶森在与中央人民政府外交部官员的会晤中重申，贝文和周恩来相互交换的意见"已构成外交关系的建立"。他还说，显然，中国政府认为必须首先谈判"初步的与程序的事宜"，他想了解这些问题是什么。但是，中央人民政府外交部无意透露有关情况。[1]大约两个星期后，中央人民政府外交部副部长章汉夫（据胡阶森说，此人从来不闲谈）在接受对他的礼节性拜访时也没解释清楚这个问题。[2]

与此同时，印度派往北京就"初步的与程序的事宜"进行协商的代表雁谒森也在中国外交部进行了首轮会谈。据报道，要求通过谈判建立外交关系的举动"深深刺痛了"尼赫鲁。尽管如此，印度仍对中国的要求做出了让步，派代表"谈判关于建立外交关系的初步的与程序的事宜"。[3]在同中国外交部的谈判中，雁谒森被问及，印度在 2 月 7 日的联大会议上为什么对中国代表资格的议案投弃权票以及印度将如何处置国民党在印度的资产。胡阶森向英国外交部报告称，他的印度同行对此"感到沮丧"。[4]

3 月 2 日，轮到胡阶森在中央人民政府外交部接受盘问。外交部副部长章汉夫宣读了一份文件。该文件通知胡阶森，中国政府认为，既然英国政府已宣布愿与中国建立外交关系，

"就不应当与国民党维持任何外交联系"。随后章汉夫又指出，英国在安理会对苏联要求取消中国国民党代表席位的提案投弃权票的行为以及在联合国其他机构所采取的类似举动，应视为英国拒绝接受中国合法政府的代表和继续承认国民党反动集团代表的证明。他还要求澄清英国政府对国民党反动集团驻香港的机构以及对那里的中国国家资产的态度。[5]

章汉夫提到的联合国安理会议案是苏联大使雅可夫·马立克于1月10日提出的。这个议案要求安理会宣布，中国国民党政府的代表是非法的，要求不再承认国民党代表的"国书"，并将他逐出安理会。中国国民党的代表蒋廷黻当时正主持安理会会议。1月8日，周恩来向安理会提交了一项照会，"要求联合国及安理会驱逐中国国民党反动残余集团的非法代表"。1月10日，周恩来再次照会联合国说，中华人民共和国中央人民政府已"任命张闻天为中华人民共和国出席联合国会议和参加联合国工作，包括安理会的会议及其工作的代表团的首席代表"。[6]

1月12日，各国代表就苏联的提案发表声明。其中美国大使葛罗斯发表声明称，美国反对苏联的提案，但是美国认为这是一个程序性问题，因此美国的反对票不应被视为否决票，如果安理会以七票多数做出决议，美国将接受安理会的决议。[7]第二天，安理会投票否决了苏联的提案，马立克退出安理会。[8]

英国对中华人民共和国的承认与美国的不承认，使他们在安理会就中国代表权一事做出了不同反应，但这绝不是不可调和的。英国的弃权表明，它在这个问题上不想反对大多数，美国也同样愿意尊重多数决议，即便这意味着国民党的代表被驱逐。

在这样的背景下,英国外交部指示胡阶森向中央人民政府外交部副部长章汉夫解释英国在安理会的投票,同时驳斥"英国仍与国民党保持外交接触"的说法。胡阶森应当申明:

> 正如已向中央人民政府声明的那样,英国政府自从那天起即不再承认前国民党政府……英国政府在安理会就驱逐前国民党代表一事弃权,此举并不意味着支持前国民党代表或反对中央人民政府的代表。之所以决定弃权是因为在那个时候,尚没有达成多数决定的可能性,因此,提这个问题是不成熟的。英国在联合国其他机构的反应也是出于这一考虑。总之,只要联合国各机构的多数成员国同意接纳中国政府,英国政府当然欢迎中央人民政府的代表出现在联合国的各机构。[9]

英国外交部随后给胡阶森本人发了一份电报,详述了英国的立场。安理会中只有五个成员国赞成接纳中华人民共和国,它们是苏联、印度、南斯拉夫、挪威和英国。在大多数成员国(七个以上)赞成接纳中国以前,英国仍将对接纳中国代表团的议案投弃权票。英国外交部还坚持认为:"在这一重大问题上,必须首先由安理会做出决议。""在联合国其他附属机构提这一问题是完全错误的。"如果中国人对英国关于它在安理会投弃权票的解释"抱有怀疑",胡阶森有权以下述理由加以解释:苏联人的行为(在驱逐国民党的动议被否决后退出安理会)使局面对中华人民共和国"变得极其严峻"。他还可以指出:"中央人民政府未能与那些承认它为合法政府的政府建立正常的外交关系，自然会使这些政府踌躇不决，而这些政府本来是可以投赞成票的。"[10]（加拿大就是一例。加拿大外务部事实上已向英国外交部建议，要它在北京对中国人这样说，而英国外交部自己也想到要这样辩解[11]）胡阶森还应为英国对台湾的立场进行如下辩白："英国在淡水领事馆的存在并不意味着外交关系的存在。根据英国政府的惯例，那里的领事馆是保护英国利益的，它只与地方也仅仅是地方当局有事实上的关系。我们的做法有许多先例可循，在中国，无论是关内还是东北，都有尽人皆知的此类先例。"[12] 3 月 17 日，胡阶森将英国的答复转交给中央人民政府外交部，但他要等到 5 月才能得知中国人的反应。

与此同时，尽管印度政府对中国提出的问题没有做出令后者满意的答复，但是，中央人民政府仍批准了印度要求建立外交关系的申请。当中国人要求印度代表解释印度为什么在联合国经济与社会委员会对中国的代表权资格的审查中投弃权票时，新德里指示其在北京的代表说，印度无意向别国政府解释它在联合国的投票行为。[13] 至于国民党在印度的组织机构问题，印度政府说它一无所知，但印度的政策是承认公民个人有到印度避难的权利。[14] 3 月 15 日，外交部副部长章汉夫通知印度在北京的代表，中央人民政府对印度的答复表示满意，可以举行建立外交关系的谈判。中央人民政府承认印度代表为临时代办，并希望很快互派大使。[15] 在不到一周后，中央人民政府就批准了印度前大使潘尼迦为驻中华人民共和国大使。[16]

在英国外交部，尽管富兰克林对印度的成功表示满意，但对"中央人民政府实际上会同样满意我们的答复的看法表示怀疑"。[17] 在北京的胡阶森则持乐观态度。他相信（事实证明他的估计是错误的），根据"印度同行的最后一次会晤"，中国政府或许对英国的答复也会表示满意。[18]

虽然英国人不像中央人民政府所期望的那样起劲支持联合国接纳中华人民共和国，但事实上英国外交部一直在幕后活动，力图形成有利于此举的安理会多数。邓宁在3月28日给英国驻巴黎大使的信中指出："如果法国改变态度，安理会内的犹豫不决者或许会倾向于投票支持中央人民政府的代表。"他建议，根据印度和英国在北京的谈判经验，如果法国投票赞成安理会接纳中央人民政府的代表，"到法国开始谈判时事情恐怕会容易得多"。[19]

英国政府本来期望对共产党中国的承认会使两国直接建立外交关系并改善英国在中国的贸易前景，但是这两个愿望都破灭了。例如，英商中华协会在3月20日的公告中抱怨说，英国自承认新的中国政府以来的两个半月里，英国在华公司和个人的处境丝毫没有改善；相反，他们的处境"可能日趋恶化"。据公报说，贸易和工业几乎陷于停顿，可是中央人民政府的法令却不允许根据工商活动的缩减而相应裁员，膨胀的工资数额耗尽了大量的流动资金储备，这一局面持续了九个月。[20]

在上海的英国商会指出，并不是法律和规定本身导致了工商界的困境，而是不依法行事带来了一系列问题。[21] 在3月29日的报告中，英国在天津的商会主席抱怨说："甚至在解放已经一年的今天，可以说我们仍处于火坑的边缘，每天惴惴不安，不知道明天将会怎样……很遗憾，我们不能不说，英国在天津的贸易价值无论怎样也无法证明年初时的乐观与希望……未来会怎样，谁也说不准……除了反西方集团的外国人以外，这片我们所选择的广袤大地是不欢迎其他外国人的。"[22]在上海的英国商会于4月1日给该组织的中华协会转发了一份报告。该报告宣称，英国在上海的商会"对关系到每一位在华工商界人士利益的发展趋势感到极为不安"，它呼吁采取措施"防止局势进一步恶化"。[23]在这之前，该商会曾强调国民党封锁上海会造成灾难性后果，现在他们转而认识到，在上海的外国企业的困境"主要是新政权上台后经济状况的动荡不安所造成的"，"即使解除封锁也无助于我们摆脱困境"。"不言而喻的事实"是，多数企业既无法顺利经营，又不能"依靠自身摆脱困境"。该商会还说："他们想宣布破产，但是却遇到劳工近乎敲诈的勒索……外国经理个人被指定负责企业在诸如缴付工资税务方面的义务，如拒不缴纳，无论有何种理由，最后都要被投进监狱。"[24]

尽管英国已经承认中共，但是英国与中华人民共和国的关系却没有发生什么变化，中共对前英国兵营一事的处理说明了这一点。当收回地产的大字布告从英国驻北京领事馆的墙上被取下时，英国在华官员推测，中国方面对英国前兵营的处理将暂告一段落。胡阶森告诉英国外交部，如果兵营问题成为中共"建议在建交前举行谈判"的"唯一内容"，他是不会奇怪的。[25]2月15日，中苏关于订立中苏友好同盟互助条约及其他协定的联合公报发表后，英国人更加确信，英国拥有兵营的日子已屈指可数了。公报说，周恩来和苏联外长维辛斯基已相互交换照会，"苏联政府决定向中华人民共和国政府无偿移交所有在北京的前兵营"。在公报发表后，英国便成为1901年十一个签约大国中唯一在北京仍拥有兵营的国家。[26]

在中苏条约及有关协定的签字仪式上，周恩来在讲话中特别对苏联的举动给予了热烈赞扬。他说："苏联政府无偿移交在北京的过去所谓兵营的房产，无疑地将使中国人民对于苏联政府和斯大林大元帅的伟大友谊感到极大的兴奋。"[27]事实上，据美国驻香港总领事的报告，苏联在北京的兵营早在1920年就已交还中国，许多年来一直作为百利洋行的仓库，后来中共当局命令该公司撤出。[28]

虽然英国认为"有理由拥有它的兵营"，但是为了保持和中国的友好关系，还是准备放弃它。外交部在向英国驻华盛顿大使解释这个决定时说，如果与中央人民政府谈判以期达成一项协议，即便这意味着放弃这一兵营，也比法国与荷兰提出抗议而又不得不屈服的做法可取。如果拒绝谈判，会使中国人指责我们是帝国主义，"不像苏联那样顺应中国形势之变化"。英国外交部认为，这一宣传路线在中国应该是有效的，此外，英国不能不顾及中国对英国有关香港问题的立场的可能反应。更重要的是，英国"与中央人民政府建立关系的主要意图"就是要利用中苏关系中可能产生的任何摩擦。因此，在两国关系的开始阶段就兵营问题发生争执是不明智的。[29]

然而，中国人根本不给英国人讨论这个问题的机会。英国总领事高来含很快就接到北京市军事管制委员会发布的一项命令，其措辞与同年1月美国、法国和荷兰接到的命令一样，要求英国交出兵营。胡阶森此时给章汉夫写了一封信，要求给予讨论这个问题的机会。他说，他估计"以体面的方式达成一项对两国政府都满意的协议是不难的"。胡阶森的信还指出了单方面征收这一地产的含义。正如他向英国外交部报告的那样："我要说，我完全相信，以这种方式征用地产将遭到英国的批评，我觉得在我们关于建立友好关系的谈判正获得进展的时候，在我们期望排除任何不利、不必要、不友好和不受欢迎的行为的时候，这特别不可取。我急切地希望副部长能帮助阻止这个命令的仓促执行。"[30]然而，中国当局根本没有要避免不友好或不受欢迎的举动的意思。对胡阶森信函的反应是：中央人民政府外交部召见了他，要他依照军事管制委员会的命令行事；外交部副部长拒绝讨论这个问题。[31]

胡阶森告诉英国外交部他已无能为力，只能"猜测为什么中国政府在这一时机以这种方式采取这一行动"。正如他通常所认为的那样，他的猜测是，"这一不友好、不礼貌的行为"表明，中国"政府内部极端亲苏和反西方的派别取得了胜利"。[32]

4月11日，在兵营被中国人征用之前，胡阶森告诉中央人民政府外交部，英国政府认为，英国"使馆所属的以前的兵营是为官方所用，其使用权是1943年中英新约第三条所规定的。虽然我们曾准备并且现在还准备以协议的方式无条件放弃这一权利，但我们认为，中国方面无权以单方面的行政手段征用这一地产"。[33]尽管中央人民政府外交部已从胡阶森那里获悉，英国愿意以协议方式无条件放弃兵营，但中国当局仍采取了征用行动，这一事实足以表明，这是出于国内宣传需要而有意采取的单方面行动。它可以使中国宣传机器说，"是军事管制委员会向英国领事发布了一项命令"。[34]虽然英国对中华人民共和国的承认使征用行动推迟了三个月，但最终，承认既没能防止兵营被征用，也没能改变采取这一行动的单方面形式。

第二十一章　离境的风险

当英国政府谋求通过与中央人民政府的谈判来保住它在中国的外交和商业据点时，美国政府正在为所有美国官员以及美国和英国希望离境的侨民做出安排。问题集中在上海，那里的外国人因为持续的国共冲突而滞留。

当美国在1月中旬宣布从共产党中国撤走所有官方人员时，上海的局势已是非常严重。国民党的封锁使几乎所有船只不能驶抵该港口，[1]只有少数船只例外——其中包括美国所拥有的伊斯布兰德森轮船公司的船只。乘这些船航行极其危险，但中共当局不允许上海的外国侨民转移到相对安全的城市去。在这种情况下，上海领事团一致表示，希望那些已承认中央人民政府的国家出于人道主义考虑，向中央人民政府呼吁，允许外国人尤其是需要回国采取医疗和其他紧急措施的人到天津和广州去。但是，领事团反对美国总领事要让"美国之音"以人道主义名义对这件事大加渲染的建议。[2]

仍在南京等候去北京就建交事宜进行谈判的英国代办胡阶森认为，以人道主义理由向中国当局呼吁几乎毫无成功的机会，因此他"极不情愿尝试这一举动，尤其是不愿从外部来采取行动"。他认为，他或许最后能够着手解决个别侨民的困难，但所有侨民的困难"必须等英国政府同中央人民政府正式建立外交关系后"才能得到处理。同时，胡阶森认为，用"美国之音"对此事大加渲染是"最糟糕最愚蠢的主意"，应该予以制止。[3]胡阶森甚至认为，"在这个时候"要求中国当局解释为何不让已获出境许可的人到天津或广州去也是不可取的。[4]

美国即将从中华人民共和国撤走其所有官方人员的决定，使那些希望离境的外国人更急于撤出。美国国务院曾研究动用飞机、火车甚至海岸小汽艇作为撤出上海的交通工具。但是，地方当局仍拒不批准使用飞机和火车把外国人从上海转移到中国其他城市。而且，海岸汽艇的所有者也不愿到长江口狭窄的北水道冒险，虽然这是国民党没有布雷的唯一通道。最后，国务院得到通知：上海当局原则同意使用吃水浅的船只将乘客驳运到停泊在江口的大船上。美国总统轮船公司包租了两艘坦克登陆舰，它们将与该公司的戈登将军号客轮于3月20日进行首次航行。[5]

3月6日，英国驻华盛顿使馆建议英国驻北京的代表设法就戈登将军号客轮往返运送侨民（其中既有英国人又有美国人）的问题，代表英美与中央人民政府达成协议。[6]但是，胡阶森持反对态度。他认为，与美国人携手向中国当局提出照会是"不合适的，从我们在那里的利益的角度看也是不可取的"，因为英国已承认中国政府并且希望保持在中国的领事地位，而美国拒不承认该政府并且关闭了自己的领事馆，所以胡阶森认为"没有共同行动的基础"。此外，英国想让更多的臣民来华，而美国则想把在华的美国人撤走。胡阶森最后说，联合行动只会使英国更难以使其臣民在中国得到良好的对待。[7]

英国驻沪总领事厄克特反驳了胡阶森的观点。他说："就我们目前的利益而言，我们与美国人有着广泛的共同利害关系。"他认为，"我们有切实的理由"来和美国人一起把尽可能多的英国侨民撤走。[8]实际上，美国国务卿已表示，在美国的用于撤离的交通工具里，对于外国侨民，会优先安排英国侨民。英国驻华盛顿使馆3月13日报告说，美国"国务院一直指示驻沪美国总领事，在安排渡船时，应'尽可能'照顾英国撤离人员，让他们紧随美国人之后"。[9]英国外交部中国事务组的富兰克林评论说，美国"国务院在安排戈登将军号渡船一事上表现出了非常合作的态度，它帮助了中国境内的英国侨民"。[10]他提醒说："我们必须避免使美国人产生这样的印象，即我们由于担心影响与中国人的关系而放弃我们的团结。"[11]他认为，在这个问题上与美国人采取共同行动虽不会改善但也不会损害英国侨民的待遇。英国外交部指示胡阶森，无论如何"要及早面见中央人民政府官员"，请求批准坦克登陆舰进入上海。[12]

3月20日，胡阶森向英国外交部报告说，他已就坦克登陆舰一事向中央人民政府外交部提出口头照会，并劝告美国总统轮船公司将困难告诉上海外事处，并且中央人民政府外交部也承诺要考虑这一问题。胡阶森在报告中还建议总统轮船公司进一步接触上海外事处。[13]

在胡阶森发出报告的同一天，上海当局拒绝了总统轮船公司几个星期前提出的使用坦克登陆舰的要求，美国国务院为此发布了一篇新闻稿，谴责这个决定，并把它归咎于"地方当局毫无理由地害怕这些船只不是商船"。[14]国务院还要求在上海的美国官员重新考虑这一要求。

英国总领事厄克特反对美国国务院的这一立场。他于3月23日告诉英国外交部："美国发布了一个广播稿，大意是，戈登将军号正在等待，看中国政府是否会'重新考虑'或'改变主意'，这只会使事情更糟。"他建议，接受中国人不允许坦克登陆舰进入上海的决定，另觅其他办法。[15]厄克特刚刚见过黄华，黄华告诉总领事，坦克登陆舰的禁令不能收回。厄克特还说："美国人自己焦头烂额，完全是咎由自取。"厄克特向外交部建议：如果非要发表声明，也只能简要地说明中国当局仍不允许使用海军坦克登陆舰，但是我们正争取他们批准使用商船。[16]

  共产党当局现在不想承担不让外国人离开上海的责任，这一点已越来越明显。黄华在3月23日与厄克特举行会谈时说，上海市政府正与天津商量，以便让一部分乘客从天津港离境。[17]三天后，上海的报纸宣布："任何有紧急理由要离开这个国家的人都应向外事处提出申请，更换出境许可证明，以便从天津离境。"[18]3月29日，厄克特报告了地方当局态度的变化，说他们现在似乎急于动用中国船只来运送愿意撤离的侨民。厄克特认为，胡阶森在北京的照会"可能对局势的转变起到了有利的作用"。[19]他后来告诉英国外交部："中国人现在觉得，他们使自己（对美国的撤出决定）的怨恨发泄得太过分了。这可以说明他们现在相对合作的态度。"[20]

  无论对他们态度的变化有何种解释，撤离行动的新安排正在加紧实施。4月7日，北京外交部原则上同意英国船只安庆轮、荷兰船只布瓦塞万号可以在上海接运旅客，但具体事宜必须由在上海的轮船代理人和外事处安排。[21]根据这一点，又安排了一艘中国的内河轮船来驳运乘客，乘安庆轮的旅客共有三百名美国人和四百五十名英国人。[22]

  可是，这时又出现了一个新问题。国民党决定在长江口北水道布雷，而此处正是驳运的水域。国民党宣称，为防止共产党进攻位于上海东南、由国民党控制的舟山群岛，布雷是必要的。当时，共产党的空军部队已部署在长江周围，在上海上空经常可以看到共产党的战斗机，这就使得国民党更加害怕共产党对舟山群岛的进攻。3月25日厄克特报告说："只要是晴天，都会有巡航的战斗飞机"，有时多至八架飞机。[23] 4月8日，上海搞了一次空袭演习。据厄克特说："这是一次很及时的展示，人们对喷气机的威力印象深刻。"厄克特告诉英国外交部，从3月16日起，共产党的军事机构已做好准备，打算对国民党海军实施空中打击。[24]

英国驻新加坡远东基地的总司令官置国民党对长江口北水道的布雷威胁于不顾，仍坚持撤离上海的既定计划。4月10日，他电告停泊在长江口的英国海军舰只，说会接到设法拖延国民党对北水道的布雷行动命令，直到英国人和其他外国侨民撤离上海为止。[25] 虽然总司令告诫他的舰只以规劝的方式拖延国民党布雷舰的行动，但他还是希望通过英美外交渠道拖延布雷。然而，美国人根本不合作。美国公使罗伯特·斯特朗只准备要求把北水道的布雷推迟24个小时。他担心，不仅共产党会从进一步的拖延中得到好处，以便随后占领舟山群岛，而且会使美国国内政治反对派趁机攻击国务院，说它庇护共产党。

在淡水的英国海军联络官对他亲自拜会国民党海军上将桂永清"能产生什么样的结果表示怀疑，因为中国海军认为，封锁北水道是舟山防御的关键"。[26] 不出所料，他与桂永清的会见没产生任何效果；英国的长江巡逻艇也没有得到劝国民党布雷舰放弃行动的命令。

结果，撤离计划流产了，紧接而来的就是该由谁来承担责任的问题，对此各方争论不休。美国国务院4月12日发表一份公告说，由于中共在外侨撤离上海的行动计划中拒不批准撤离船只的使用,加上国民党不能再拖延在长江口北水道设置水雷的既定行动,故使"从海陆撤离上海的所有计划统统搁浅"。[27] 在上海,厄克特总领事和英国海军副武官指责美国的公告并不诚实,声称在美国发表新闻公告之前,安庆轮的使用和驳运方案已经得到共产党的批准。厄克特甚至说:"相比之下,共产党看上去倒是诚实的。"[28]

上海市政府也想为自己恢复名誉,并且正如富兰克林所形容的那样,他们的确以某种方式——"共产党处理此类事件的惯用手段"——这样做了。他们在上海召见了英国轮船公司的代理人。一个官员要求这些代理人签署一份声明,以他们及全体旅客的名义对当局的协助表示感谢,并解释说撤离计划之所以未能实施,是因为国民党拒绝提供安全的航道,同时要求他们将当局的批准日期和允许船只进出港的日期记录在案;最后是对代理人的帮助表示感谢和对计划的未能实施表示遗憾。[29]

美国国务院在发表上述新闻公告前,很可能尚未获悉上海市政府最后批准安庆轮进出港的消息。不管怎样,希望离开中国的美国人当时已获得上海市政府的批准,可以从天津离境。英国外交部的富兰克林一针见血地总结了撤离行动的全过程:"在整个撤离过程中,共产党采取恩威并重的手段,同时又使自己免于有意妨碍在上海的外国人离境的指责。"[30]

当然,共产党和国民党一样,都负有阻碍外国人离开上海的责任,他们采取阻碍行动的动机是不难猜测的。共产党把外国人不能撤离的原因归咎于国民党,以便把外国人的愤怒引向国民党,并以此来对国民党施加压力,以减少轰炸,解除封锁。外国人对国民党的愤怒在上海表现得极其强烈,尤其是在

2月6日国民党轰炸该市的公共设施之后。一家为上海供排水系统提供全部动力的美国企业——上海电力公司直接受损,二十七人死亡。据该公司负责人说,轰炸使百分之二十五的电厂设备遭到破坏,公司因此而彻底破产。[31]

2月6日的轰炸致使人们强烈要求美国干预国民党的行动。例如,2月10日,英商中华协会要求英国外交大臣贝文向美国政府紧急照会,敦促美国运用对国民党的影响力制止其对上海的轰炸,因为这种轰炸使局势极度紧张。[32]在上海的美国商会已向美国国务院和驻华盛顿美国商会发电呼吁,要求对国民党采取干预措施以令其停止轰炸。此外,"所有外国民事机构、宗教机构、国家机构都向联合国发出呼吁,要求对台湾施加压力,停止对上海的狂轰滥炸"。[33]

2月6日的轰炸的确使美国官方就国民党空军"有意空袭美国在上海的财产并且造成严重损失和威胁美国人安全"的行动向国民党政府提出了抗议。[34]这一抗议书是由石博思起草的,他于2月7日将抗议书送交马礼文批准,并附有一份措辞强硬的备忘录:

> 最近国民党空军对上海袭击的频繁次数和袭击方式,尤其是2月6日对上海的空袭,使美国所属的上海电力公司深受其害,并使美孚行的财产也受到相当大的损失,同时还造成中国平民的大量伤亡,这对美国利益已构成明显损害……中国城市人民中的反美情绪陡然增强,因为这些城市遭到美国制造的飞机的轰炸,其平民被使用美国汽油的飞机所携带的美国炸弹致伤致死。中共要煽动这一情绪几乎不必费力宣传。[35]

石博思指出，国民党的轰炸无助于改变国共冲突的态势，国民党现在对公共设施搞空袭，可是当初在共产党军队的进攻面前一溃千里，仓皇中丢下大量军事装备，甚至不能将在沈阳的中国最大的军火库破坏，对此他极为愤怒。他还指出："中国政府在国民党撤走后没有破坏任何城市的公共设施，而国民党却从空中袭击这些城市。无论如何，他们对在上海的美国资产的袭击是不能原谅的，是毫无道理的。"[36]

在台北，罗伯特·斯特朗代办及时将美国的抗议书递交给了国民党政府，但是，国务院发现国民党的答复令人咋舌。艾奇逊说："它让我们关于上海轰炸的抗议见鬼去。"[37]在给马礼文的另一份备忘录中，愤怒的石博思觉得事情令人"难以置信……我们竟任由中国政府如此公然损害我们在中国的地位"。[38]

正当艾奇逊与国务院私下和公开声讨国民党的空袭时，中共官员却谴责美国对空袭负有直接的责任，甚至说它是由美国一手操纵的。中华人民共和国最高军事指挥官朱德总司令2月28日在北京的一次讲话中指出："国民党匪帮使用美国提供的军舰封锁中国海岸；驾驶美国制造的飞机轰炸中国的城市；美国占领军派遣美国和日本军事人员直接参与轰炸行为和其他军事行动。"[39]

外国人以及中国人都受到那种认为轰炸代表美国政策的论断的影响。例如，胡阶森发电报向英国外交部建议，"无论有用没用"，外交部都应询问美国政府："他们与中国人民保持友好关系的主张"与"支持轰炸几乎毫不设防的城市设施"的态度是否相矛盾。[40]

尽管美国已就轰炸上海一事向国民党提出过抗议，但它还是不愿意干预以使国民党解除封锁。正如我们所看到的那样，自从去年夏天以来，美国与英国对封锁的态度发生了分歧。现在美国仍不准备改变其撒手不管的政策。3月27日，副国务卿巴特沃斯致艾奇逊一份备忘录，预测英国将要求美国为解除封锁进行合作。该备忘录说明了美国的立场。该备忘录回顾说，杜鲁门总统在1949年10月1日曾通知代理国务卿詹姆斯·韦布，他希望"封锁有效"。[41]巴特沃斯建议："应让英国大使了解美国总统的决定……和国务院的意见，即在现在的条件下，不应做出改变和修改这一决定的努力。"[42]

虽然把希望离开中国的外国人滞留在上海使共产党达到了目的，但是外国人的怨恨也使他们付出了代价。厄克特向英国外交部表示，他们在3月底可能已经改变了政策，因为代价变得越来越大了。然而，中共之所以改变政策还另有原因：他们在上海的空军力量得到了加强。共产党在那个地区已增派了足够的海空军力量，以期能够改变他们在国民党的封锁和轰炸面前无能为力的军事态势。总之，以外国人的压力来对付轰炸和封锁的军事上的动机已经基本不存在了。[43]

无论改变政策出于何种原因，共产党允许外国人从上海转移到天津离境的决定使得美国可以完全实施与中华人民共和国断绝官方接触的政策。4月20日清晨，一趟特别列车从上海驶往天津，这趟列车上的乘客准备登上从大沽口离境的戈登将军号轮船。各个国家的侨民陆续乘火车来到天津，登船的乘客共计约有一千人，其中包括"所有美国官方人员"。[44]

美国官方与中国大陆已脱离接触，这批官方人员大概不会再回到中国，除非中国政府改弦更张。这是艾奇逊3月15日在加利福尼亚州俱乐部的演讲中明确表达的意思。艾奇逊对中国人民说，美国代表与中国人民的分别"不是我们的意愿"，而是因为"中共当局在对待我们代表的方式上不遵守国际公认的正当的行为准则。实际上,美国代表是被赶出他们在北京的办公室的。在这种情况下,我们的代表无法履行正常的公务。我们的人民对别去表示遗憾,但是我们的中国朋友明白责任在哪一方"。[45]

但是,美国官方与中华人民共和国脱离关系并不意味着双方一刀两断。在中国,仍有许多美国人,而且这也符合美国政府的政策。美国国务院仍然准备有选择地给"那些愿意去中国大陆的美国公民"签发护照。根据1950年5月9日由石博思签署、护照局局长鲁恩·希普利批准的一封信,每一份护照申请都将接受严格的审查,是否批准要依"每一项申请的理由和申请人想去的地方的局势"而定,尽管国务院认为"家属和没有要事的美国公民不宜去中国",但国务院"不打算阻止与中国有关的美国宗教慈善机构和商业组织派出替换要员到那里去"。[46]

第二十二章　美国的一个试探性举动

3月22日,美国国务院指示总领事柯乐博尽量安排一次"与周恩来的非正式会谈",或与能接触到的其他高级官员会谈,目的是让中央人民政府了解美国从中国撤出其官员的原委,试探北京对美国的态度。但是,必须确保使中国人不会把这一请求视为承认的先头步骤,或使他们感到美国在压力面前开始示弱。柯乐博应向中共指出:美国公众不能理解共产党所采取的一些措施,例如不允许美国官员和商人从上海离境,长期扣押史密斯和班德尔,在沈阳扣押和虐待美国领事馆工作人员,征用在北京的美国领事馆地产,等等。他还要强调指出,这些行为在决定美国的公众和政府对中央人民政府的态度方面起了很大作用。柯乐博的任务是弄清共产党当局的观点和他们对西方特别是对美国的态度。[1]

大约两个月以前,在美国驻北京领事馆的建筑被征用后不久,柯乐博就曾建议国务院批准他在毛泽东从莫斯科访问回来后的某个时间和中国外交部举行会谈。柯乐博希望能允许他对中国人说,美国政府认为并且期望被征用的美国领事馆地产会早日退还。"如果这样,美国政府将考虑承认一事。"在那个时候,柯乐博认为有几个因素可能会使共产党考虑退还上述地产,包括:美国对征收举动的强烈反应——在柯乐博看来,这一点大大超出了中国人之所料;莫斯科谈判很有可能破裂或不尽如人意;中国经济日益恶化,等等。柯乐博之所以要求这样做是因为他确信:"无论从政治上还是经济上考虑,共产党都需要得到美国的承认。"[2]国务院通知柯乐博,国务院正在研究他提出的就退还美国领事馆地产一事与共产党当局举行会晤的建议,但是国务院提醒他,不要做出退还地产之事"会影响承认问题"的表示。[3]

柯乐博曾认为,毛泽东和周恩来可能会大失所望地从莫斯科返回,2月14日中苏条约的签订使他仍坚信这样的看法。2月20日,柯乐博报告说:"到目前为止,中国人的种种反应表明,谈判是不顺利的。他们认为,结盟使形势对他们不利。且不说贷款远远不够,一个基本的现实是,贫穷的中国还必须连本带利偿还贷款。"[4]柯乐博曾估计中共领导人会对在莫斯科的谈判大失所望,现在,他正努力证实这个猜测。因此,他于2月23日报告美国国务院,认为中共两位领导人从莫斯科回国是中方发出的一个试探,其目的是改善中美关系。柯乐博做出这样的估计是不足为奇的。[5]但问题是,中方根本没有做出这种试探,也没有具体证据可以说明毛泽东和周恩来对在莫斯科旷日持久的谈判的结果表示失望,或者他们有改善中美关系的愿望。事实上,如前所述,他们的公开声明及中华人民共和国宣传机器所表明的立场正好与此相反。

柯乐博与司徒雷登大使一样,在估计中共领导人期望得到美国承认一事上,总是高估经济因素的作用。[6]例如,北京的中国民主同盟领导人、中共领导下的人民政治协商会议的张东荪委员当初曾对柯乐博说过一番耐人寻味的话,但却未引起柯乐博的注意。张东荪警告说:"中美关系的松动只有美苏和好或美国在战争中胜利才可能实现。对共产党来说,经济因素是不能够超出政治之上的。"另一位人士王树奇(音译)说:"尽管清除外国影响乃至驱除外国人的愿望与中国经济的需要相冲突，但它却是支配政治现实"的一个因素。[7]

柯乐博接到美国国务院的指示后，在 4 月 12 日与"中国外交部的一位据称是负责美国和澳大利亚事务的林姓官员"进行了会晤。柯乐博交给林姓官员一份"政治议题概要"，然后提出了一些"引起两国麻烦的重要问题"，如史密斯－班德尔事件。[8] 林姓官员将柯乐博的照会斥为"无稽之谈"，并宣称，只要美国继续支持蒋介石，要改善两国关系的任何谈判都是荒唐的。

柯乐博认为，这一令人沮丧的会晤，根本原因在于北京和华盛顿对谈判（解决其争端）的前提的认识有着重大分歧。他告诉国务院："中共的政策……似乎已明显地为最近一些事态所证明，如果'支持蒋介石'的一般问题能通过承认北京政权得到解决，其他具体问题都可迎刃而解，否则将一事无成。我个人认为，具体问题的解决会推动整个关系的改善。"[9] 但是，共产党却一直认为——甚至在共产党的中央政府还未成立时就是这种观点——美国的问题在没有建立外交关系的情况下是不能谈判甚至也不能讨论的。另外，只要共产党拒绝讨论这类问题——更不用说改善关系，美国也难以承认共产党政府。大约在一年前，傅泾波在与黄华会谈时已讲明了这一点。当时黄华说，正式的外交关系一经建立，像华德事件这样的问题便很容易解决。傅泾波则指出，这类事件只能使友好关系难以建立。[10]

美国断绝与国民党当局的关系当然符合共产党的利益，这或许毫不奇怪，中共会把美国断绝与国民党的关系作为中共平息美国不满的交换条件。但奇怪的是，如果共产党真的是意在促使外国断绝与国民党的关系，那他们为什么与美国官方和公众舆论如此针锋相对呢？这样就使人们产生了疑问：美国的政策转变对自身有何益处？会减少北京的敌意吗？

尽管美国没有中止与蒋介石和国民党的关系，但是美国最高决策层已经发出明确的信息：美国已抛弃国民党，不再支持他们抵御中国人民解放军对台湾的进攻的努力——美国和中华人民共和国都认为这种进攻当年就会成功。但是，北京毫不理会这一信息，征用了美国领事馆的地产，他们完全知道，征用地产的举动将迫使美国官员离开中国。他们还与苏联签订了间接的但明显的针对美国的防御条约。更有甚者，自英国承认中华人民共和国以来，中国人对英国人的态度很难说会使美国那些赞成按共产党的条件先承认后谈判的人受到鼓舞。英国的承认既没有促成建交，也没能改善英国工商界的处境，更没有对中苏关系产生任何影响——中苏关系反而比过去更加亲密了。

北京对英国的态度只会使其他国家望而却步。艾奇逊3月24日告诉两位在中国拥有利益的商人说，他们没有采取任何承认中国的政策，部分原因是"迄今为止，承认中国的国家比那些没有承认它的国家，在地位上似乎毫无改善"。[11] 在3月初，美国驻加拿大大使劳伦斯·斯坦哈特报告说："加拿大之所以推迟承认中华人民共和国，不完全是由美国的态度所致，而且还是由英国和英联邦内新成立的亚洲国家在努力与中国政府互换使节后所处的窘境所致。加拿大官方看来对加拿大没有处于这种境况而暗自庆幸。"[12]

尽管英国与美国的对华政策在诸多方面存在分歧，但是英国外交部远东司那些负责中国问题的官员认为，美国与中华人民共和国关系僵化的主要责任在北京。1950年夏，英国总领事厄克特返回伦敦后与这些官员进行了长时间的讨论，富兰克林在总结这次讨论的记录中强调：

> 中共没有并且从来不曾有过与美国建立正常关系的真诚愿望。过去的一年已使这一点变得非常明确。为阻碍关系正常化，他们在沈阳扣押了美国总领事，随后征用了在北京的使馆的兵营建筑。当美国国务院试图在美国驻北京总领事离境前与中国建立非正式关系时，中国人又拒绝了这一个要求。个中缘由，只有他们自己知道。我认为，事情已再清楚不过了，在过去的一年半中，如果他们确实想要与美国人建立某种关系的话，是完全可以做到的，中共对此非常清楚。[13]

第二十三章　中英相互不满

5月9日，恰好在艾奇逊-贝文上午"部长级会谈"于伦敦开始之前，英国政府收到了中国对英国政策声明的答复，这一声明是3月17日由胡阶森转达给章汉夫的。中国方面的答复是令人不快的。在与艾奇逊的会谈中，贝文对中英关系的前景并不看好，这很可能是受到了这一答复的影响。据一份美国方面的报告称，贝文"对目前英国的基本政治立场、商业立场和它对东南亚的影响作用"表示"非常怀疑"。但是，他强调英国的政策是"不会做出重大转变的"，未来的事态发展会证明英国的政策是明智的。[1]

对英国在联合国表决"中国代表权问题"时的弃权行为，中国人在答复中表示了不满。章汉夫告诉胡阶森，英国政府"应以实际行动表明英国已和国民党反动派残余集团断绝了外交关系"。[2]

中央人民政府对英国还有一个不满，这就是它对中国在香港的国家资产的态度。这一问题主要是指停留在香港的70架左右的商用飞机，其所有权归两家航空公司——中国航空公司和中央航空公司。1949年11月9日，这两家公司的总经理和工作人员从香港飞往北京，并声明断绝与国民党当局的关系，为共产党政府服务。新华社把这一事件报道为两家公司"四千名员工的起义"。[3]三天后，周恩来总理声明称，这两家航空公司"为我中华人民共和国中央人民政府所有"。[4]在这两家航空公司的职员投诚后不久，受美国支持的国民党政府就要求香港当局将飞机和设备扣押在香港,不要使他们转移到共产党手中。12月10日,台北宣布中国航空公司和中央航空公司的财产已被卖给中国民用航空公司,① 而中国民用航空公司的负责人是第二次世界大战时著名的"飞虎将军"陈纳德,美国中央情报局也为中国民用航空公司注入了大量资金。[5]有鉴于此,中国航空公司和中央航空公司在香港的资产的所有权问题便不得不诉诸法律。[6]

根据陈纳德的遗孀陈香梅的回忆,在陈纳德看来,这一"购买式缴获的成功之举"拯救了台湾,因为它使由七十一架C-46、C-47、C-54和其他型号的运输机组成的整个集群免遭共产党缴获,使共产党不能用这些飞机进攻台湾岛。但是,陈纳德的夫人对这一判断举出的唯一证据是:"将军相信,如果他是共产党,并得到这些飞机,他一定会这样做。"[7]

不管中央人民政府是否会用这些飞机进攻台湾,有一点是可以肯定的,这就是:中央人民政府对英国政府在已经宣布承认共产党政府的情况下仍扣押这些飞机感到愤怒。英国之所以拒绝为这些飞机放行,是因为其所有权问题已诉诸法律。章汉夫对此指出,阻止这些飞机"飞回中国",且"没有妥善保护好这些飞机(已有七架飞机在香港机场受到损坏)",只能表明英国政府不想为这些中国的资产负责,不想承认中央人民政府对这些资产的管理权。[8]

章汉夫所陈述的中央人民政府的观点,使英国外交部的邓宁想起了"战前我们从日本人那里收到的数不清的意见信",

---

① 中国民用航空公司(CAT)是由美国空军将领陈纳德于1946年组建的。该公司后改称行政院善后救济部署空运大队。——译者注

并由此感到,中国人肯定要采取强硬措施。在给威廉·斯特朗爵士的一份备忘录中,邓宁建议英国政府不要急于答复中国的意见,在必须答复时,也要拒绝"其一切要求"。为避免看上去像在"受美国指使",邓宁提出"当美国人还在伦敦时"①不要答复中国人,另外,还要避免给人以"我们太急于或已准备向他们让步"的感觉。欧内斯特·贝文审阅并同意了邓宁给斯特朗的备忘录。[9]

鉴于美国人在部长级会谈不久后确实已经离开了伦敦,英国外交部便准备答复中国政府的非难。给胡阶森的指示反映了邓宁的强硬路线,胡阶森向中国政府表示:

> 英国政府已明确声明,一旦联合国大多数成员国倾向于接纳中央人民政府的代表,英国政府就立即表示欢迎其代表进入联合国的各个机构……英国政府感到非常惊诧的是,中央人民政府在评论这一问题时,没有提到英国政府正在进行的努力——劝说安理会各成员国同意接纳中央人民政府,以尽早就此问题做出决议。
>
> 如前所述……按照英国法律,英国既已承认中华人民共和国,就等于承认了中国的国家资产理应归中央人民政府所有。但是,英国政府必须重申的是,凡是在英国领土上有争议的资产,其所有权的确定,只能诉诸法律。这个原则已明确地规定了中国航空公司和中央航空公司所属飞机一案的解决办法,因为这些飞机的所有权是有争议的……英国政府绝不能接受中央人民政府关于香港当局未能对这些

---

① 指参加英、美部长级会谈的美国官员。——译者注

飞机以充分保护的指责。[10]

胡阶森还要重申,英国政府愿意与中央人民政府建立外交关系,所以,资产问题是可以得到妥善解决的。显然,这时的英国外交部已不再坚持胡阶森初到北京时所采取的避免讨论资产问题的立场。[11]当时,富兰克林担心讨论资产问题会耽误建交。在5月22日的一份备忘录中,他评论道:"中国人很可能会利用现有的非官方渠道来散布他们的不满,与此同时继续拒绝或推迟建立外交关系。总的来说,我有一种非常明显的感觉,即关于资产问题的任何讨论,都会有利于中国人而不是英国人;在建交之前,用这些非正式的交流手段是不可能从中国人那里得到比较令人满意的结果的。"[12]

英国宣布承认中华人民共和国,本来以为承认后会自然而然地建交,但是四个月过去了,中国人却一直拒绝建交。现在看来,要建立外交关系,其代价就是以让中国人满意的结果解决两国的争端。胡阶森向英国外交部汇报了他的看法:"只要我们一天不在联合国投票赞成他们的代表权,只要他们不能有把握地占有他们的飞机,他们就不会在正式建交问题上有进展。"[13]

在这两个争端上,胡阶森认为中英的立场"必定相去甚远",英国应努力"消除分歧",避免"任何加大双方分歧的行动和语言"。他还认为,这样一个方针会使和中央人民政府外交部之间"目前实行的心照不宣式的未加明确规定的工作安排"得以继续。[14]有鉴于此,他询问英国外交部在给他的指示中是否充分考虑了中国方面的观点,其中"特别重要的是,(中国人)既想要拥有在香港的中国飞机的所有权,又想要早日进入联合国"。[15]在随后的一份电报中,胡阶森认为,中国人是想当然地解读英国的政策。他说，中国政府"所想象的英国政策是，积极地亲美（因而从逻辑上来讲也会积极地亲近国民党）和基本上对人民政府唱反调，他们一般都是根据这种想象来解释我们的行动"。[16]

尽管胡阶森相信，鉴于中国人的感觉，英国必须努力消除分歧，避免采取任何可能加深中国人反感的行动，但是外交部的富兰克林还是怀疑这一观点。他认为："中国人十分清楚他们站在哪一边，那就是苏联一边；也完全知道我们站在哪一边，这就是苏联的对立面。"在这种情况下谈什么友好态度是荒谬的，应考虑的倒是置观点和利益的冲突于不顾，看能不能建立外交关系。[17]

与富兰克林一样，外交大臣贝文也没有被胡阶森的论点说服。6月6日，他电告胡阶森说："毫无疑问，拒不同意建立正常关系的是中国政府而不是英国。这样一来，联合国的其他成员国就不会承认中国政府，也不会采取行动推动中华人民共和国进入联合国。我相信，如果中国政府表明更愿意和那些事实上已经承认它的国家建立关系，那么现在给予中国政府以法律上的承认的国家就会更多……我希望你在答复时把这个看法转达给他们。"[18]贝文还指示胡阶森，要向中央人民政府讲明："只有联合王国在为使中央人民政府争取安理会席位的必需的多数票数进行努力。"[19]

在其他场合，贝文还为他如上所说的英国的行动做了辩解。例如，5月28日，新华社发出一条报道，抨击贝文5月24日在英国下院辩论中就中英建交谈判问题所做的发言。这篇报道谴责贝文对中国在联合国的代表权和中国在香港的国家资产这样一些"重要的问题采取了极为含糊其辞的态度"。报道还称，贝文的讲话"对中国是极不友好的"，因为他"甚至说和中国建交是一个'令人不快的决定'"。[20]贝文得知这一报道后，马上指示胡阶森，如果章汉夫再次提到这个问题，就得向他说明中国发表的关于贝文讲话的报道是不准确的。胡阶森应指出："在议会辩论的前一天，中国政府单方面决定公布我们两国政府一直在进行的意见交换的译文，使这位国务大臣处于更加为难的境地……特别是一些要害问题。例如，单方面征用我们在北京的兵营，在我们承认他们几个月后仍不和我们建立正式关系，等等，这都引起了我们国内舆论的非难，议会辩论的质疑就反映了这种情绪。"[21]至于贝文在下院发言时说到同中国建交是一个"令人尴尬的决定"（不是中国人所报道的"令人不快的决定"）一事，胡阶森要申明，其明显的原因是英国在做出"不同于英联邦其他成员国和其他友好政府的决定后，没有得到中国人的信任"。[22]贝文的指示要点由胡阶森做了恰当的转达。事实上，北京非但不信任英国，而且还谴责英国人，说他们听从华尔街的命令。[23]

北京谴责英国政府追随美国人，这是不公平的，因为事实上英美两国的政策在许多方面都相去甚远，北京没有设身处地地根据英国人的处境来考虑问题，一点也没有因此而做出努力，促使英国人更接近中国人的观点。对来自中国人的谴责，一个有趣的例子可以说明英国人是如何反应的。5月19日，英国前国务大臣赫克托·麦克尼尔与苏联驻伦敦大使乔治·N.扎罗宾进行了一次谈话。扎罗宾提到了当时正在进行的英中谈判，说英国人的态度起初尚有逻辑性，可现在英国人简直成了美国人的传声筒。麦克尼尔回答说，英国和美国的关系正由于两国对华政策的分歧变得紧张起来。英国这一"有胆识而在道义上又符合一般性准则的步骤",① 非但没有得到中国人的感谢,反而还遭到冷落,甚至遭到在这两大国关系史上从未有过的攻击。因此,在中国"采取和我们交换外交代表的合乎逻辑的步骤之前",英国只能"按兵不动"。麦克尼尔还抱怨说,"英国采取了有助于中国的步骤",中国却"没有采取有助于我们的措施"。[24]

英国对联合国中国代表的政策本来是有利于中国的,但是在现在的情况下,即使英国外交部决定改变这一政策,也不想让人感觉是屈从中国的观点和宣传。例如,英国外交部曾指示胡阶森寻找机会会见章汉夫,就中国在联合国的代表权问题上提出的论点予以答复,但是不要透露在6月19日联合国国际儿童紧急救济基金会②会议上英国将对中华人民共和国的席位投赞成票的打算。原话是:"不要向中国人道歉,也不要过早透露6月19日将对中国投赞成票的意图。"[25]

胡阶森反对隐瞒英国改变政策的信息。他认为,不提早使中国人注意,就会"错失表示友好和积极姿态的机会,而表示这种姿态不会付出任何代价"。对于胡阶森的观点,人们完全是可以理解的:当旧政策即将被改变的时候,胡阶森不想老调重弹。[26]

但是,胡阶森的建议遭到了否决,他不得不按指示要求,于6月18日当面把英国原先的观点向章汉夫重述一遍。可以想象得到的是,章汉夫听后无动于衷。虽然他说要把英国的观点报告给他的政府,但是显然他并未感到有什么新鲜之处。当胡阶森表示希望谈判能有所进展的态度时,章汉夫回答说,解

---

① 指英国承认中华人民共和国。——译者注
② 后称联合国儿童基金会。——译者注

决这个问题的方法很简单,那就是用实际行动表明英国政府已和国民党残余集团完全断绝了关系;中英外交关系未能建立的责任在英国,而不在中国。据胡阶森事后报告,章汉夫仍未对英国的友善努力给予信任,他对胡阶森提到的英国在联合国的疏通工作和努力"一直保持沉默"。[27]

从柯乐博在4月最后一次到中国外交部会见章汉夫到胡阶森与章汉夫在最近举行会晤的这段时间里,章汉夫清楚地表明了中央人民政府的态度:在未予承认的情况下,拒绝谈判和议定任何问题,在承认以后,若不能令人满意地解决争端,也不可能建立外交关系。事实表明,除了有机会讨论争端外,英国并未从承认中得到什么好处。英国外交部的一些人把这种无外交关系的谈判仅视为中国人"既吃又拿"的一个机会。不过,与承认之前相比,对中央人民政府的承认确实可以给英国在华的外交和领事官员以更多的有效接触中共官员的机会,使他们在维护英国在华商业地位及其他利益方面发挥更大的作用。

第二十四章　外国企业受到排挤

根据内阁的决定，英国外交部于 5 月 18 日向胡阶森发出指示，要求他在下院即将就外交事务进行辩论之前，同中国外交部讨论一下英国在华企业的困境问题。[1]英国外交部不仅要使中国人注意到英国在华侨民的困境，而且还要指出，如果英国公司能在中国坚持下去，中英两国都会从中受益。因此，外交部要求胡阶森告诫中国人：英国在华的许多公司已到了财殚力竭的地步，"除了关闭再无别的选择"。胡阶森还须要求中央人民政府设法"缓解目前形势对英国在华企业的不良影响"，并向中国政府提出一些建议，例如，中央人民政府应该向那些流动资产枯竭的公司按照合理的利率提供贷款；应该健全劳动法，允许公司裁减冗员；在形势有利于开业之前，应准许一些公司倒闭；等等。

胡阶森还要努力使"英国侨民的处境"得到一些改善，使他们在中国境内有活动的自由，并且可以随时离开中国，同时应当要求中方允许那些愿意到中国来救济英国公司的人员入境从事救济工作，中国方面要为英国在华公司的人员和财产提供充分的保护。[2]

当时发生了一些带有不满情绪的工人殴打和关押英方经理的严重事件，地方当局对此很少或者根本不加干预。早在 5 月 2 日，胡阶森就写信给中国外交部副部长章汉夫，提醒他注意此类事件。当时胡阶森指出，这些事件"损害了英国雇主与中国雇员的正常关系"。[3]在英国外交部的奈杰尔·特伦奇看来，胡阶森的信简直说不上是抗议。特伦奇还注意到，胡阶森没有按照英国外交部的要求向中国政府指出，他们先前曾允诺要保证在华外国人的生命和财产安全。在特伦奇看来，对于共产党政府，按照正常的惯例，英国应要求中国政府惩罚那些制造暴力事件的打手。[4]

不管胡阶森的信是否构成了抗议，这封信看来还是引起了中国方面的注意。例如，劳工暴力事件的受害者之一、上海机器冰厂有限公司的经理兰福德先生在其办公室里被强制监禁了一夜后，[5]中央人民政府外交部于5月8日接到了胡阶森敦请注意有关暴力行为的信，随即责成中央人民政府商业部的一位代表南下上海调查此事。最终，兰福德被从警察手中私下保释出来。厄克特事后评论说，这一结果应归功于胡阶森"在北京的干预"，因为"我们都感觉到，黄华主管的上海外侨事务处不仅袖手旁观，而且看起来还抱有很深的敌意"。[6]两天后，厄克特又报告说，兰福德将尽快把他的办公室迁往天津，名义上是在那里监督公司的经营，实则是迈出离开中国的第一步。[7]

在处理另一起劳工暴力事件的过程中，中国政府也表现出积极的态度。根据这起事件中的一名英国受害者事后报告说，劳动局的官员走访了他，就他在被工人拘留时的遭遇表示道歉，并且向他保证以后不会再发生此类事件。后来，他又从他的职员那里了解到，经过仔细调查后，那些肇事者已受到惩罚。这位受害者对中国方面的处理办法很满意，但是，他的公司的经营状况并未因此而得以改善，公司正在消耗大量资本，却没有什么收回的希望。[8]

当时，虽然英国一些在华公司正准备清账撤离，但他们又不得不谨慎行事。5月27日，厄克特就此发电报给英国外交部说，必须"始终如一地反对那些可能会刺激我们的侨民从中国撤离的任何企图"。他还指出："尽管美国侨民对前景感到悲观，急于要获准离境，并且由于这样或那样的原因，一些人在离境要求得不到满足的情况下认为是遭到了扣留，但是英国侨民基本上还是做到了自我克制，没有试图过早地强行离境。"[9]厄克特还引用英国商会的估计，认为："如果经理们认为可能的话，二十多家公司就会立即关闭。"[10]

在撤离中国的问题上，虽然英国公司可能比美国公司更慎重一些，但是人们不难看出（正如厄克特所言），前者之所以还留在中国，和后者之急于离去，都是因为不得已，而不是出于自愿。例如，英国在华最大的一家烟草公司英美烟公司不愿意继续蒙受损失，准备让公司的欧洲职员离开中国，并把公司在华的经营事务移交给中国方面，但是上海税务局官员却不允许这样做，并告诉公司的代表："继续经营是公司的应尽职责。"英国外交部的特伦奇对此评论说，当中国当局说私营经济在国民经济中可以起到一定的作用的时候，就等于在说私营经济是有义务起到这种作用的，不管你愿意不愿意。[11]

尽管英国商人在中国遇到了许多麻烦，但上海的英国商会会长凯瑟克却看到了一些好的征兆。6月7日，他在一次讲话中指出，由于上海的许多机构在2月向联合国递交了对封锁的抗议书，现在这座城市已不再受到台湾飞机的轰炸了。对美国人就其在上海的电力公司遭轰炸一事向台北提出抗议这件事，他开玩笑地说："电力公司身为美国的一家公司也许是好事"，否则他们今天还要遭到轰炸；最近（实际上在同一周之内）已有一些"最初的迹象表明——无论这种迹象多么微弱——作为反通货收缩的结果，周期性的银根松动又开始了"。凯瑟克希望,"这个微弱的变化兆头"能继续发展下去,而不是被新民主主义经济所淹没。在谈到众多的美国朋友撤离上海并大大减少他们在上海的经营活动时,凯瑟克乐观地希望他们能"返回"。[12]

与英国商人相比,即便有更多的美国商人离开了中国(情况可能的确如此),那也并不是因为美国商人受到了共产党当局的更糟糕的对待。实际上,中国人给予美国商人的待遇似乎和给予其英国同行的没什么两样,只是美国商人不像英国商人那样对在中国做生意持比较乐观的估计而已。[13]而且美国官员全部撤出中国一事也使他们更加焦虑不安。当美国政府于1月宣布撤出其全部在华官员的时候,一些美国在华公司就决定关门离去了。1月25日,美国总领事马康卫从上海向美国国务院报告称,大部分美国公司的代理人和许多当地雇员,"由于担心遭到威胁、恐吓、关押,以及害怕令人乏味而毫无结果的谈判和不愿徒劳地向警方发出要求保护的呼吁,等等,不仅在感情上厌恶至极,而且纷纷准备关闭公司,强行离华。总领事馆的突然关闭使各公司除了撤离就再无别的选择了,因为总领事馆存在时,公司代理人们多少能得到一点安慰,起码有烦恼时可以向它倾诉,并能通过可靠的通信渠道向总公司报告一些实际情况,现在则连这样一点安慰也没有了"。[14]

同英国商人一样,美国商人发现,清理他们的业务和离开中华人民共和国不是一件容易的事情。例如,当上海福来轮船公司经理想关闭公司时,虽有十八名当地雇员表示同意,却因四名雇员表示反对而未能如愿。这四个人是工会的领导,他们要求公司继续营业,并要求发给每个人全部工资,而这时出于封锁的原因,公司实际上已经无事可做了。工会的领导人显然担心上海福来轮船公司一旦关闭，就会成为其他轮船公司纷纷效仿的先例。[15]

另外，虽然上海公共事务局宣称私人从事公共事业不符合共产主义的原则，并且表示美国人所拥有的上海电话公司由政府接收只是时间问题，但是，他们却不急于接管这家公司，也不让这家公司的美国职员马上离开中国。2月5日，一份从美国驻沪总领事馆发出的电报回答了出现这种情况的三个原因："第一，假如公司名义上的所有权保留在美国人手中，就能最大限度地榨取美国用于支持电话公司的资金；第二，中国方面仍需要外国的技术使公司维持并发展下去；第三，公司为美国人所有，不失为一项对付国民党飞机轰炸的保护性措施。"[16] 不管怎样，公司是不得已才支撑下去的，这种强迫式的经营清楚地说明了它在纽约的董事们为什么要把它从中国撤出。上海市政府向公司征收了百分之五十的营业税，却一直不允许公司为维持起码的开销而提高电话使用费。同时，他们还剥夺了公司管理者的所有管理权，强迫公司把它所有的银行账户移转到人民银行，并规定公司所有款项的支付都要经过中国官员的批准。[17]

几个星期后，上海电力公司的一名代表和美国奇异电器公司的总经理向艾奇逊发出呼吁，要求美国讨论上海的形势问题。美国国务院的一位官员希望他们能指出，在以上列举的关于共产党变相扣留美国一些主要公司的经营者的三条原因中，哪一条是最合乎逻辑的。他们回答说，三条原因的重要性可能是相等的，但是在不同的情况下，重要性又不尽相同。在上海电力公司的经营者看来，中国人扣留他们的动机可能是为了对付国民党飞机的轰炸；而在奇异电器公司看来，中国人这样做则可能是出于使美国方面向公司提供资金的需要,以作为解决社会劳动力就业问题的手段。[18]

遇到撤离麻烦的还有美国在上海的美孚行,中国方面不允许该公司的董事们离境。5月5日,公司董事长给艾奇逊写信说,当他们得知所有在华的美国使领馆人员都要撤走时,就已经指示它留在中国的五名董事申请离境许可证。但是,直到最后一名美国官员启程回国时,他们五人中才有一人被允许于4月30日搭乘戈登将军号轮船离境。这封信还指出:"美孚行及其他美国公司里的中方工会已经采取行动,将董事非法关押在公司的办公室等处。显然,在华的美国人或其他外国人的人身安全能否得到保障,取决于我们能否满足中方向公司提出的过分和非法的要求。"[19]

到1950年5月,人们可以看到,中国人之所以阻止那些想关闭他们在中国的公司(及银行)的美英商人离境,可能主要是出于财政上的考虑。中央人民政府想从这些公司身上最大限度地捞取资金。美国总领事马康卫回国后向国务院报告说,在上海的美国商人得出的"最后结论"是:要求"美国政府禁止从美国向中国汇款","使中国人不再可能为索取赎金而把他们当成人质扣押"。[20]

1946年7月，美国驻华大使司徒雷登向国民政府主席蒋介石递交国书后，与蒋介石、乔治·马歇尔将军（左一）合影。后排左二为大使馆公使衔参赞W.沃尔顿·巴特沃斯。（傅泾波供图）

华德夫妇在美国驻沈阳领事馆门前。人民解放军占领沈阳后，1948年12月1日，华德夫妇及领事馆职员被分别软禁。（史笃克供图）

司徒雷登大使在大使馆官邸门口。1949年4月24日,在中国人民解放军占领南京后,司徒雷登自愿留在大使馆一周时间。(傅泾波供图)

1949年,英国外交大臣欧内斯特·贝文。(美国国会图书馆供图)

1949年,美国驻北平总领事柯乐博夫妇在领事馆举办独立日招待会。左三为助理武官巴大维上校。(柯乐博供图)

1949年8月2日,约翰·卡伯特离华后,马康卫任美国驻沪总领事,1950~1952年任驻香港总领事。(马康卫供图)

1949年10月，美国临时"代办"罗伯特·C.斯特朗随国民党政府从广州迁往重庆，11月又随之迁到台北。（罗伯特·C.斯特朗供图）

温文尔雅、多才多艺的叶公超在"中华民国外交部长"任上达9年之久，后任"驻美大使"。

1950年，美国国务卿迪安·艾奇逊（中）与负责远东事务的助理国务卿沃尔顿·巴特沃斯、国务院无任所大使菲利普·杰塞普。（美国国会档案馆供图）

1950年3~6月，中华人民共和国外交部副部长章汉夫与英国代办胡阶森就中英建交问题举行谈判，结果是没有结果。

美国国务院负责远东事务的助理国务卿迪安·腊斯克在1950~1951年的美国国务院与英国外交部的磋商中发挥了重要作用。（美国国家档案馆供图）

1953年2月，蓝钦"代办"在台北的办公室，蓝钦旋即被任命为美国驻国民党政府"公使"，以接替卸任的司徒雷登。（美国国家档案馆供图）

牧师胡本德夫妇被软禁在通县的家中。

出席朝鲜停战政治谈判预备性会议的中华人民共和国代表黄华（左）和朝鲜代表奇石福。

1953年10月26日至12月10日,出席关于朝鲜停战政治谈判预备性会议的联合国方面的代表。自右至左依次为:斯坦顿·巴布科布上校、特任大使阿瑟·H. 迪安、肯尼斯·杨(迪安的副手)、埃德温·W. 马丁。

下篇　朝鲜战争的影响

第二十五章　美国对台政策的转变

1950年4月27日,在与共产党交战了大约十天之后,国民党军队放弃了中国南部海域中的大岛——海南岛。5月16日,他们又撤离了用于对上海周围海岸进行封锁的重要基地——舟山群岛。[1]这些事件使国民党军队的士气更加低落,而且似乎还预示着台湾的末日来临。5月17日,美国临时代办罗伯特·斯特朗从台北报告说:"我和使馆人员都认为,台湾的命运已定,共产党可能在6月15日至7月底发动进攻……我们感到减少美国在台工作人员比当初力守舟山群岛还要紧迫。我们不能断定共产党的炮火什么时候出现在台湾上空,但是从现在起随时都有可能。"[2]

斯特朗接着提出了许多建议,包括减少官方人员,"郑重警告全体美国人迅速离开台湾",转移精密仪器等。他告诉美国国务院,他将"在6月15日之前,把所有必须转交给英国领事馆的文件准备好",并"确定好内部和外部的撤离单位"。[3]5月26日,国务院回电斯特朗,同意他关于"尽早和逐步"采取有关措施以便为撤离计划的实施做好准备的建议,并授权他秘密地与英国方面"做所有必要的安排",以防万一。[4]

几天后,斯特朗向英国领事毕格斯提出了这个问题,大意是:只有当台湾肯定或即将要被共产党占领的时候,美国官员才会撤离,届时很可能是乘军舰撤离;如果有迹象表明台湾马上就会遭到进攻,美国将向其在台侨民发出撤离警告,并逐步撤出其在台官员。毕格斯事后将斯特朗的话向英国外交部做了汇报。[5]

斯特朗确信台湾的厄运即将降临,于是首先立即削减了本来就人数不多的美国驻台机构的人员,并准备随之撤离全部机构。斯特朗的接任者蓝钦这样描述了他上任时的情景:

> 我在1950年8月10日赴台湾时,发现我们在这里的外交机构已残缺不全。这本就不是大使馆,充其量只是一个领事机关,主要官员是临时代办。工作人员已经减少到比通常所说的"骨头架子"还不如的程度。为了避免在共产党进攻时遭到毁坏,最好的办公设备和家用设备都被运走,建筑物和剩下的设备已破败不堪,全部需要大修。文件、档案多被销毁。工作仅限于不断地修改撤离计划,并在人员极少和设备简陋的情况下与国务院交流一些时事信息。[6]

正当撤离台湾的上述准备工作正在加紧进行之时,美国国务院的少数高级官员却已经开始考虑对美国的台湾政策来一个一百八十度的转弯。5月18日,出任国务卿顾问才几个星期的约翰·福斯特·杜勒斯向负责远东事务的助理国务卿迪安·腊斯克和国务院政策计划咨询委员会主任保罗·尼采递交了一份备忘录,提出改变政策的问题。随后,他又把备忘录的副本递交给了副国务卿韦布。

杜勒斯认为,由于共产党控制了中国,世界上力量均衡的局面已被打破,局势有利于苏联而"不利于美国"。在这种情况下,如果美国的行为仍表现出一种允许那些"未确定地区"(指美洲和北大西洋条约组织成员国以外的地区)落入苏联控制之下的倾向，那么，在类似于日本、菲律宾及"拥有丰富自然资源"的印度尼西亚等地，美国就将遇到"一系列重大的灾难"，甚至中东产油区也将处于"危机之中"。为了防止这种灾难发生，美国应该"迅速采取一种能够显示我们的信心和决心的全新与强硬的立场"。杜勒斯认为，在台湾采取这一立场是最有利的。他说："如果美国宣布要使台湾保持中立，既不容许共产党占领，也不容许把它当成对抗中国大陆的军事基地，那么，我们就一定能够使这一决策坚持下去，除非苏联发动公开的战争。"[7]朝鲜战争爆发后，杜鲁门总统所采取的对台政策，就是根据杜勒斯的这一观点制定的。

在收到杜勒斯的备忘录后，腊斯克显然是以他自己的名义把它转交给艾奇逊的，因为我们在美国国务院档案中发现，腊斯克于5月30日给艾奇逊的备忘录与杜勒斯5月18日的备忘录在内容上是相同的。[8]虽然国务院的文件无法说明艾奇逊是否看过甚至是否收到过这份备忘录，[9]但是英国方面的资料却可以证明，艾奇逊当时正在参加美国国务院召集的一次关于修改对台湾政策的高度机密的讨论会。英国大使弗兰克斯在给邓宁的信中说，6月5日，艾奇逊在一次"饭后闲谈"中曾经提到：他和他的顾问们正在思考台湾未来地位的问题，国务院"正高度紧张地注视着时局，看是否有助于维持台湾目前的地位"。弗兰克斯还说："虽然艾奇逊没有把他的意思说出来……但有一点很清楚，那就是在美国政府当中，关于台湾地位问题，出现了另一种看法，且给政府施加了压力。而且，他们也不再那么坚定地奉行他们在今年1月时的对台立场了。"[10]当时弗兰克斯并不认为艾奇逊会赞成对台湾的军事干涉，但他却明显地感到，美国政府将努力使国民党"这个象征性的反共集团不至于马上被消灭"。有鉴于此,在联合国中国代表席位问题上,英国不能指望美国的强硬态度会有所改变。

6月22日,英国驻美使馆参赞格雷夫斯写信给英国外交部的约翰·S. H. 沙托克,就弗兰克斯的信补充说:"说来奇怪,美国国务院中比迪安·腊斯克地位低一些的官员,竟没有一人听说过要重新考虑台湾政策的事,也不知道艾奇逊已经向英国大使谈了有关台湾的问题。"[11]事实上,我们从美国国务院的文件中可以发现,至少有两名职位在腊斯克之下的官员——石博思和马礼文——也参加了台湾问题的讨论。[12]这些美国官员显然是故意对英国大使馆保密的。无论如何,他们都声称自己对美国将要修改对台政策一事一无所知。[13]

据格雷夫斯信中的说法,对于麦克阿瑟将军说服国家安全委员会修改美国对台政策的企图,石博思和马礼文并不像美国大使馆那样感到担心。英国大使馆所担忧的,是有关美国打算修改政策的一些传闻——白宫正在考虑发表一个类似于"门罗主义"的声明;美国陆军部正为把台湾划归麦克阿瑟管辖寻找根据。[14]

6月14日,为促使美国政府修改其对台政策,麦克阿瑟将军曾向美军参谋长联席会议递交过一份备忘录——格雷夫斯写信时可能已经获悉此事。麦克阿瑟在备忘录中称:"如果与我们敌对的势力占领台湾,美国就会遭受极大的灾难……时间会证明这一点的。"他要求美国政府"授权并命令他立即就防止共产党占领台湾所必需的军事、经济和政治条件进行调查,并把调查的结果作为美国制定对台政策的基础,然后据此采取行动。"当麦克阿瑟在东京和杜勒斯讨论他的备忘录时,他很明确地表示希望由他自己进行这项调查,否则"便无法就如何实现我们所期待的目标的问题提出具体的建议"。[15]

6月25日，朝鲜向韩国发动进攻。两天后，杜鲁门总统发表声明说，在韩国遭到进攻的情况下，"共产党部队占领台湾将威胁太平洋地区的安全，及在该地区执行合法而必要任务的美国部队"。有鉴于此，总统称"我已命令第七舰队阻止对台湾的任何进攻。作为这一行动的应有结果，我已要求台湾的中国政府停止对大陆的一切海空攻击。第七舰队将监督此事的实施。"[16]

杜鲁门的上述决定，显然改变了美国原先关于它对共产党进攻台湾的行动不加干涉的政策，这一决定是根据艾奇逊的建议做出的。而艾奇逊的建议是在6月25日布莱尔大厦高级晚餐会上提出的，它所参照的，显然是5月18日杜勒斯备忘录中关于使台湾中立化的观点。据无任所大使菲利浦·杰塞普准备的一份备忘录记载，艾奇逊曾建议："总统应命令第七舰队驶向台湾，阻止大陆对台湾的进攻，同时也阻止台湾对大陆的敌对行动。他说，在没有决定下一步如何行动之前，麦克阿瑟不应去台湾。美国不应与蒋介石保持密切关系，台湾未来的地位可由联合国决定。"[17]

美国国务院在发给其外交官和领事官员的一份秘密传阅的电报中解释说，总统的决定只是"为保持太平洋地区和平而采取的一项紧急防卫措施，（我们）对有关中国政府的政治问题不存在什么偏见"。[18]这个说法与艾奇逊提出的美国不要与蒋介石关系过密的建议是一致的。然而，不管怎样，杜鲁门对台湾的防御所承担的义务，不可避免地要对国民党政府的命运产生影响。由于无论是杜鲁门还是杜勒斯都不相信台湾军队的战斗力，国民党人无形中成了美国行动的受益者。在起草完给腊斯克和尼采的备忘录几天之后，杜勒斯曾经同国民党咨询委员会委员、台湾的"中国广播公司"负责人董显光进行过一次交谈。其间，杜勒斯坦率地表达了他对国民党军队战斗力的怀疑态度。杜勒斯事后说："我当时不得不直言不讳地告诉他……美国官方和公众舆论对台湾军队的战斗力普遍失去了信心。普遍的看法是，如果愿意的话，他们还是有足够的物资优势来保卫台湾，但非常令人怀疑的是，他们是否愿意这样做。外界传闻说，包括蒋介石在内的许多领导人，为安全起见，都在打算离开台湾，而过去发生的一切，使这种说法显得更加可信。"[19]

共产党在中国取得胜利后，杜鲁门虽然认为国民党应该对此负责，但美国国内的政敌却指责他说，是他的政府把中国拱手交给了共产党。对此杜鲁门非常恼火。他曾在许多场合表达过对国民党的不满情绪，意在说明责任在国民党而不在他的政府。例如，他在一封写给《纽约时报》驻华盛顿记者阿瑟·克罗克的没有寄出的信中说："蒋介石的垮台是自作自受，他是用他自己拥有的武器和弹药将自己推翻的，因为他的将领们把我们给他的装备都交给了共产主义信徒（原文如此）。除非我们派出两百万美国军队支援他，否则挽救不了他失败的命运，可是那样的话，就意味着第三次世界大战要爆发了。"[20]

尽管杜鲁门对国民党军队的战斗力评价很低，但他似乎还想同意国民党派出擅长在平原和丘陵地带作战的"一支三点三万人的部队"入朝作战。[21]但是，艾奇逊表示，他反对国民党军队入朝作战，这不仅是因为让国民党军队守住台湾比让他们派兵入朝作战更有价值，而且如果在朝鲜战场动用台湾军队，就可能导致中共"在朝鲜或台湾抑或两地同时"进行军事干涉。美军参谋长联席会议支持艾奇逊的意见,并指出,现有的运输工具最好用来运送美国军队和军用物资。[22]根据默尔·米勒所撰《杜鲁门自述》中的有关记载,杜鲁门在几年后曾加以否认:对于国民党的出兵请求,他不以为然,他认为"国民党军队不中用,从来如此"。[23]

麦克阿瑟也反对在朝鲜战场使用台湾军队,因为他担心这会给英国在香港的处境带来麻烦。[24]最终,美国方面婉言谢绝了国民党的出兵请求,理由是:"在对是否有必要削弱台湾的防卫力量而派兵前往朝鲜的问题做出明智的决定之前,最好由麦克阿瑟将军司令部的代表与台湾军事当局讨论一下保护台湾岛不受侵犯的计划。"[25]

第二十六章　对台湾中立化
　　　　　政策的反应

　　杜鲁门总统关于派第七舰队到台湾的声明，在北京引起了十分强烈的反应。在一份正式声明中，周恩来把这种做法称为"美国政府的暴力掠夺的行为"，并且说这一行为"并未出乎中国人民的意料"。[1]的确，中国人民是不会感到吃惊的，因为在此前的好几个月中，中央人民政府一直通过它所控制的新闻渠道告诉他们，美国正在策划占领台湾的行动。例如，当1月5日杜鲁门总统发表声明，表示美国不会干涉对台湾的进攻时，中国的宣传机构说这是企图掩人耳目的"烟幕弹"，还推理说，这实际上更加"坐实了美帝国主义霸占台湾的企图"。[2]然而，不管周恩来总理怎样与中国新闻界宣称美国的行动不会使中国人民感到吃惊，我们还是有理由认为，美国的这一行动，着实使中共的领导人吃惊不小，因为在此之前，美国从未使其军事力量介入中国的内战。也许正是出于这个缘故，毛泽东才在早些时候告诉斯大林说（如果赫鲁晓夫的话可信），如果朝鲜进攻韩国，美国是不会干预的，因为那是朝鲜的内部事务。[3]

　　有些人不愿意相信赫鲁晓夫的说法，但有证据表明，当杜鲁门1月5日发表关于台湾问题的声明时，北京并不像它所宣传的那样不相信这个声明。例如，据《人民中国》报道，陈毅元帅统领的、负责"解放台湾"的第三野战军副总司令粟裕虽然在2月公开承认了"解放台湾"的困难，却丝毫没有暗示他的军队将要与美国武装力量作战。[4]杜鲁门6月27日的声明发表后,《世界文化》杂志的一篇文章承认:"在6月27日前,解放台湾是中国人民解放军与有美帝国主义作为后盾的蒋介石残余集团之间的对抗;而在6月27日后,解放台湾就成了中国人民解放军同美帝国主义之间的较量,国民党残匪则退到了背后。"[5]

或许最能证明中华人民共和国在6月27日前未料到进攻台湾会与美国发生军事冲突的例子是,杜鲁门6月27日的声明发表以后不久,原本极为强烈的即刻进攻台湾的暗示和迹象很快就减弱了。[6]有鉴于此,乔治·凯南于8月8日向艾奇逊国务卿提交了一份备忘录,指出:"如果我们没有做出像6月27日声明那样的反应的话,共产党的军队很可能已经占领了台湾岛。"他认为:"在未来的六周内,他们企图进攻的可能性已不是很大了。""如果这种进攻企图在此期间不能实现的话,从目前情况的发展来看,要再予实施就根本不可能了。"[7]几乎与此同时,埃夫里尔·哈里曼也向国内报告了麦克阿瑟将军的看法。他说:"麦克阿瑟将军确信,中共目前不会入侵台湾。他得到的情报和照片都说明中共军事力量没有高度集结,尽管他们正在建造一些小型飞机场。他还确信,第七舰队加上供他指挥的菲律宾群岛和冲绳群岛上的喷气式飞机、B-29轰炸机和其他飞机,足可以粉碎针对台湾的任何进攻。"[8]大约两个月后,美国中央情报局在一份题为《中共进犯台湾的威胁》的备忘录中推断,中共在1950年内不会入侵台湾,否则就要冒与美国发生战争的危险,而在这一战争中,中共"不可能获胜"。[9]

当然,与美国作战的风险并未影响中国派遣成千上万的部队到朝鲜去，但需要指出的是，朝鲜的作战环境与台湾大不相同。在朝鲜，毛泽东可以用他最大的军事优势——充足的兵员——去对抗人数较少的美国陆军；但若进攻台湾（在6月27日后），就是强大的美国海空力量对付处于相当劣势的中共海空力量了。在中国大陆的内战中，毛泽东若不是以其之长攻敌之短，他将无从取得那一连串的军事胜利。

杜鲁门总统向第七舰队发出命令后，英国的反应至少在一开始时是消极的。贝文在给艾奇逊的信中说："美国以其大无畏的首创精神来处理在朝鲜发生的侵略问题，赢得了世界舆论的全力支持。但是，对于美国宣布的对台政策，我不相信世界舆论会给予同样的支持。"贝文问道："如果苏联同意帮助朝鲜恢复原状，但要以美国重新考虑其对台湾政策为前提，美国将如何反应呢？"[10]艾奇逊和杜鲁门总统看过这封信后，心里很不是滋味。[11]

艾奇逊答复贝文的信，被经验丰富的外交家、美国驻印度大使洛伊·亨德森誉为"在其任职期间所见到的最伟大、最鼓舞人心的文献之一"。[12]艾奇逊在答复贝文的信中说，美国不会与苏联进行这种交易，美国的立场仍然是："台湾的最终命运要通过对日和约或联合国解决，总之要以和平方式解决。"但是，艾奇逊警告说："我们不愿意看到在亚洲目前局势下，台湾不情愿地落入北京之手。"信件发出后，艾奇逊又单独给美国驻英国大使刘易斯·道格拉斯发了一封电报，要求他"向贝文强调指出，这一答复在我们这里是得到最高领导人批准的，它既代表了我个人的强烈看法，也得到了官方完全一致的认同"。[13]

在贝文与艾奇逊交换意见后，过了几天，英国外交部常务次官斯特朗再次向道格拉斯大使强调指出，英国最关心的是，"不要采取任何可能导致亚洲国家对西方国家群起而攻之的局面的行动"。[14]英国这一立场并不新奇，因为英国一直关注亚洲特别是印度的对华政策。贝文就向艾奇逊做过这样的说明：英国承认中华人民共和国的主要原因，是要保持与亚洲舆论的合拍。朝鲜战争爆发后，在联合国出兵干涉朝鲜及美国力图使台湾"中立"时，英国仍坚持与亚洲保持一致的观点，这或许部分是由于受到北京加紧使亚洲舆论反对美国的行动的影响。

很能说明北京在加紧使亚洲舆论转而反对美国的例子，是周恩来6月28日的声明。周恩来说，美国指使韩国进攻朝鲜，显然是要为"侵略台湾、朝鲜、越南和菲律宾制造借口"。周恩来还把美国视为"东方各被压迫民族和人民"的共同敌人，并宣布，全东方被压迫民族和人民"必能把穷凶极恶的美国帝国主义的战争制造者，最后埋葬在伟大的民族独立斗争的怒火中"。[15]周恩来对美国的谴责，得到了中国新闻机构的附和。例如，1950年7月16日出版的一期《人民中国》，在头版头条发表社论，指责美国"在亚洲的行为是赤裸裸的、野蛮的和完全无理的侵略行径"。同时，该社论指出："美国一直试图阻止亚洲民族解放运动的浪潮，阴谋把亚洲的土地和人民变成其反对以苏联为首的进步人类的后备力量。为此，它在亚洲进行了一次又一次半遮半掩的侵略行动，在未得逞的情况下，便发动了这次朝鲜战争，这就是美国的逻辑，这不足为奇。"[16]

在使亚洲国家转向反对联合国干涉朝鲜事务的立场的努力中，中共尤其看重印度。胡阶森在他7月25日给英国外交部的报告中说,对印度大使来到北京和中印友好外交关系的持续发展,中华人民共和国给予了高度评价。在最近的一次正式宴会上,印度大使潘尼迦是唯一和毛泽东干杯握手的人。[17]英国外交部的富兰克林指出,毛泽东的这个举动具有"非常重要的意义":中国人把攻击美国在亚洲的存在与全力赢得印度的同情和支持看成同样重要的两件事。[18]当然,这更加使英国人急于保持他们对新德里的影响。

当时,尽管北京全力支持朝鲜对联合国的挑战,印度仍然是支持中华人民共和国在联合国取得直接席位的主要亚洲国家。尼赫鲁总理相信,如果说服苏联重返安理会,朝鲜战争就可望结束。他表示,苏联之所以退出安理会会场,是因为中华人民共和国在联合国没有代表席位,故此,使苏联重返安理会的唯一办法,就是确立中华人民共和国在联合国的席位(同时驱逐国民党的代表)。尼赫鲁的逻辑似乎没有什么问题,但要使人接受其结论——让苏联代表返回安理会就可有助于结束朝鲜战争,还得看美国是否愿意接受这种逻辑。事实上,在任何情况下美国都不会情愿付出这个代价。在7月18日给尼赫鲁的照会中,艾奇逊坚持认为,中国代表权问题的解决,有其自身的法律依据,而不取决于"非法侵略"或对联合国的"强制和胁迫"所造成的影响。[19]在美国的支持下,虽然中华人民共和国的代表席位问题仍未得到解决,但不久后苏联代表还是重返安理会了。不过,其返回并没有促使朝鲜战争结束。

印度对英国的态度所产生的影响,使远东之行中的埃夫里尔·哈里曼非常恐慌,以至于他8月刚从远东返回华盛顿时,便向伦敦《泰晤士报》记者抱怨说,英国将不得不"在美国和印度之间做选择"。但是，英国驻美大使弗兰克斯对哈里曼的抱怨置之不理，认为总的来看，这种抱怨不能代表美国国务院和政府的意见，而只是他本人的感情发泄而已。[20]

对于美国的最新对台政策，英国最急于考虑的是把在远东发生的任何新的冲突都限制在当地，"不允许发展成与苏联和共产党中国之间的全面战争"。7月20日和24日，英美就"当前世界局势"问题在华盛顿召开了研讨会。英国代表"特别强调指出，把中英和中美之间的任何冲突都限制在当地的好处"是不仅能避免全面战争，而且还将"使中共政权逐渐脱离莫斯科的可能性得以增加"。[21] 英国强烈希望"中共对台湾的进攻能够限制在局部范围"，对此，美国代表指出："这也是美国的希望和意图。"但是，他们确信，鉴于"总统6月27日声明的性质"，"大陆不会进攻台湾"。[22]

从英国人的方面来看，他们对解决台湾问题的前景并不持乐观态度。英美在华盛顿讨论后不久，弗兰克斯大使便于7月26日写信给国务大臣肯尼斯·杨格说："在恢复太平洋安全、和平解决台湾和日本问题及联合国对此采取措施期间，对台湾实行全面封锁，或许不是一个非常合适的方案。从表面来看，这似乎为在适当时期找到一个解决办法开了方便之门，但实际上，它带来的前景是令人怀疑的，因为美国已经卷入台湾事务，很难从中自拔。"[23] 奥利弗爵士①对美台关系的感觉是敏锐的，早在杜鲁门发表1月5日声明时，他就怀疑杜鲁门政府能否把对台不干涉的政策坚持下去；现在，他又怀疑杜鲁门6月27日的声明，他预言，如果美国人想要撤除他们"防卫台

---

① 即弗兰克斯。——译者注

湾"的承诺，就不是他们想象的那么容易了。果然不出所料，由于1954年美台共同防御条约的约束，美国的"防卫台湾"的承诺维持了近三十年。

8月10日，在与腊斯克和杰塞普就台湾问题进行深入讨论时，弗兰克斯透露，英国内阁完全接受杜鲁门6月27日的声明，但起初也担心声明中关于台湾部分的内容会导致"许多麻烦"。虽然英国内阁开始意识到用军事手段使台湾中立化的重要性，"英国主要官员对此也表示赞同"，但麦克阿瑟将军的访台和中国国民党轰炸中国大陆的报道再一次引起了内阁的焦虑。[24]事实上，对于麦克阿瑟访台，华盛顿即使没有感到焦虑，起码也感到不愉快。[25]对于英国人的焦虑，腊斯克向弗兰克斯保证说，美国的政策会坚定地建立在6月27日和7月19日两个声明的基础之上。[26]这一政策并不是用来作为跳板以达到美国进入中国大陆或让蒋介石反攻大陆之目的。弗兰克斯认为，"在对中国问题的长远打算中，通过某些共同的理解，寻求到适当的联合国方案"是有可能的，由此可以减少英美两国在台湾政策上的分歧。但是，当他表达出这个意思时，腊斯克和杰塞普却回答说，他们"不希望简单地通过决定谁代表中国的方式来决定台湾的地位"。[27]这一回答所反映的是国务院的观点，即美国人最关心的是台湾的命运，而不是国民党当局的命运。在向英国外交部汇报这次谈话时，弗兰克斯总结说，杰塞普和腊斯克已经向他保证："美国的政策是牢牢掌握台湾的行动，而且这一政策将毫无保留地坚持下去。"[28]

在从华盛顿得到这一保证之后不久，英国外交部又从其驻淡水的领事8月14日的报告中得到证实：虽然美国人"出于军事上的权宜之计"与国民党共同防守台湾，给他们提供军事援助，但没有任何迹象表明，国民党会争取到美国人和他们"共同反攻大陆"。[29]

事实上，美国国务院在前几周就努力向国民党说明了杜鲁门 6 月 27 日声明的完整含义。例如，在 7 月 21 日发给驻台北的斯特朗的电报中，国务院告知它已获悉国民党政府按其 6 月 28 日的保证暂停了对大陆的海空军事行动，但又指示斯特朗说，要使国民党政府的"外交部长"叶公超"清楚地知道"，第七舰队奉有明确的命令执行杜鲁门 6 月 27 日的指令，违反这一指令将被视为国民党政府对自己所做的保证的破坏"。[30] 在 7 月 22 日给斯特朗的另一封电报中，艾奇逊指示他通知"外交部长"叶公超：杜鲁门总统 6 月 27 日的声明不适用于金门、马祖等近海岛屿；一旦共产党发动进攻，除台湾和澎湖列岛外，美国不参与保护国民党控制下的其他岛屿的行动，但也不妨碍国民党保护这些岛屿的努力。[31]

虽然国民党仍控制着金门和马祖岛，但有意思的是，叶公超曾告诉斯特朗：虽然金门岛"对中美有重要意义"，但国民党政府正考虑从那里撤出。[32] 斯特朗的感觉是，"要从金门撤出的意思已经很明确"，而美国人将成为"十足的替罪羊"。[33] 关于这个问题，8 月 8 日英国外交部从其驻华盛顿大使馆接到一份报告，其中指出：有一个美国国务院官员"几天前"还向我们提到有关"国民党要从金门撤出的传闻……可现在却推测说，由于麦克阿瑟的访台，他们很可能决定不撤了"。[34] 毫无疑问，麦克阿瑟的访台，极大地鼓舞了蒋介石，但要说国民党认真考虑过尽早撤出金门的问题，则似乎是不可能的，因为不到一年前，他们曾在金门击退过共产党军队，这是他们少有的军事胜利之一。

尽管如此，国务院为向国民党进一步解释杜鲁门6月27日声明，于7月24日仍指示斯特朗：告诉"外交部长"叶公超，"如果中国政府只是进行海、空侦察而不是在此侦查过程中同时发动对大陆的攻击，美国政府就不会阻碍这种侦察"。[35]华盛顿不仅允许国民党的侦察活动，而且还准备协助其侦察。例如，美军参谋长联席会议于7月30日授权麦克阿瑟将军说："在你认为必要的时候，可在北纬三十二度以南的中国沿岸上空进行周期性的飞行侦察，以确定是否存在对台湾发动进攻的危险。"[36]美国还准备允许国民党海军行使"临检搜索权"，可有权中止该地区中国船只的航行，但对外国船只所进行的类似活动则不得阻止。[37]

鉴于对台湾承担的保护责任，这时美国对国民党保卫该海岛的能力比6月27日前更为关注，并改变了它以前限制对国民党出售军事装备的政策。新政策是在7月19日国防部部长路易斯·约翰逊给艾奇逊的信中提出的，内称："为了增强国民党军队的战斗力、鼓舞士气，国民党政府应有权用自己的资金购买美国控制下的任何物资，包括坦克和喷气式飞机……这些货物的装运应在美国的帮助下顺利进行。"[38]艾奇逊对此表示赞同。[39]

这会使人想起，早在几个月前，美国已停止向国民党出售坦克和喷气式飞机，现在，美国人做法的改变至少对英国人是一点安慰，因为他们一直担心台湾被攻陷（他们估计肯定会这样）后，共产党会缴获这批武器并用于进攻香港。8月23日，美国国务院在一份绝密备忘录中，就改变对台政策问题向英国大使馆做了简要说明，首先讲了国民党从美国那里得到军需物资的各种方法（包括《1948年援华法》规定的一点五亿美元的拨款），然后解释说："鉴于远东局势的发展对美国在那里的防务提出的新要求，同时也使台湾的防御变得重要起来，故决定，如果美国向台湾出售的喷气式飞机和中型及重型坦克符合美国和台湾加强远东防务的追加需要的话，从逻辑上讲，美国政府就不应继续禁止向国民党政府出口这些装备"。[40]

第二十七章　禁运对贸易的影响

朝鲜战争爆发时，美国对华贸易政策所依据的，仍是国家安全委员会1949年2月制定的41号文件和同年12月29日制定的48/2号文件。后一个文件的标题是《美国对亚洲的立场》，它重申了41号文件的精神，并对"41号文件在执行过程中所暴露出的含糊之处"加以具体说明。[1]例如，48/2号文件禁止向中国和苏联出口IA类可直接用于军事目的的材料物资，但允许向中国出口IB类可能具有军事或战略价值的多用途资本货物，不过，这种出口要有"数量限制，并在国家控制下进行"。关于与中国进行的"非战略商品贸易"，规定不许设置障碍。[2]

朝鲜战争初期，美国虽然采取了进一步的限制措施，但这一对华贸易政策基本上仍在实行，与中华人民共和国的贸易仍未中断。所谓进一步的限制措施，主要是把石油产品的出口量限制到其所估计的最低民用限度。根据这一估计，对华石油产品出口量只及原来的四分之一。国务院把这一规定通知了美国在华的两大石油公司——美孚行和德士古公司，要它们遵守这一规定。[3]但是，联合国军队出兵朝鲜不久，国务院即令这两家公司"暂时中止对共产党中国的石油产品输出，并停止所有合同的订立或追加货物的装运"。同时，美国国务院还向英国大使馆建议：在华第三大外国石油公司壳牌石油公司也应采取类似的措施。[4]

起初，英国的反应有点含糊其辞。英国外交部不愿意劝说壳牌石油公司中断对共产党中国的石油产品出口,但表示可让壳牌石油公司不再扩大出口,同时解释说,对中国的需求而言,壳牌石油公司的出口数量无论如何都只是杯水车薪,"起不了什么重要作用"。[5]7月13日,艾奇逊在再次向弗兰克斯大使提出这一问题时说,美国公司都已自愿地中断了对中国的石油运输,英国应该意识到,在目前的形势下,"对中国尤其是对华北实行完全的石油禁运是至关重要的"。弗兰克斯回答说,英国军界有可能支持美国石油禁运的立场,但政界的态度可能是消极的。[6]但是,仅隔三天,弗兰克斯又通知艾奇逊说:"英国政府已经决定征用全部石油物资,以作为对华禁运最有效、最简捷的手段。"[7]

此后,在英国大使馆与美国国务院的会晤中,英方又阐明了把征用香港的石油产品作为阻止"英国石油流入中国"的最佳手段的缘由。英国政府不希望被看成在歧视中共,由此认为这些措施宜由英国政府而非香港当局来颁布,以此来保护壳牌石油公司及其在华职员。于是英国海军部开始征用在香港的所有石油产品,其中也包括美国公司掌控的产品。[8]

英国政府为了不给人留下"英国在对华问题上单方面与美国合作的印象",遂要求美国寻求其他西方国家的合作,一道来采取对"所有苏联集团国家"的石油禁运措施。7月28日,参加"东西方贸易统筹委员会"①的各国政府一致同意,将六种石油产品列入"国际禁运货单Ⅰ"之内,并规定,所有参加"东西方贸易统筹委员会"的国家,都不要把这些产品运往苏联、东欧、朝鲜和中国。[9]

---

① 即"巴黎统筹委员会"。——译者注

为了进一步避免给人以歧视中华人民共和国的印象，英国政府也将石油产品禁运措施应用于台湾，继香港当局不允许德士古公司向台湾出售航空汽油之后，9月13日，英国大使馆又通知美国国务院说："英国和香港必须对中国内地和作为中国一部分的台湾实行同等禁运……要使香港对中国内地禁运石油是出于英国军事需要这种说法不至于'穿帮'，英国的这种立场是非常必要的。"[10]

大约在朝鲜战争爆发三周之后，"东西方贸易统筹委员会"在巴黎召开了一次会议，特别强调要"把最近通过的对东欧国家的管制政策应用于朝鲜和红色中国"。[11]这正是国务院一个时期以来一直期待的目标。早在6月8日，艾奇逊就通知美国商业部部长查尔斯·索耶说，国务院认为："对苏联及其东欧卫星国实行的IA和IB类物资的出口限制，应同时应用于中国。"按照这一政策，向中国出口的IA类物资应"一律禁止"，不许有任何以"国家利益"的名义的例外。至于IB类物资的出口限制的实施，也应该基本上一视同仁，但是，在两种情况下可以例外：一是"如果不允许美国出口商对华贸易会导致该笔生意跑到英国或其他西欧国家的供货商那里时"，二是"禁运某项IB类物资可能严重危及美国在华人员及财产的安全时"。[12]

在"东西方贸易统筹委员会"中，美国与其他会员国一致的地方是：对苏联和东欧实行的贸易控制原则和条款也要应用于中国。但是，在如何区分具体的禁运货品——一种货品是属于IA类还是属于IB类或者是否具有战略价值——的问题上，美国和其他成员国的看法则分歧甚大。不仅如此，在此类问题上，美国政府内部也存在不同意见。例如，几个月前，当联邦德国提出向中华人民共和国出口十五吨铁轨时，五角大楼认为这属于 IA 类物资，对中国有重要的军事意义；国务院则认为输出这些铁轨不会有什么危害，属于 IB 类的民用物资。[13]

在美国政府内部以及"东西方贸易统筹委员会"成员之间存在的此类分歧，无疑会使对华贸易受到抑制。即便如此，对华贸易仍在继续，甚至在某些领域还有所扩大。对于一些同中国做交易的英国公司来说，由于朝鲜战争，其生意越来越好，因为中国当局对于进口工业设备越来越感兴趣。

然而，由于中国在朝鲜战争前长期执行的政策，另外一些主要业务在中国的英国工商企业则继续衰落。伦敦商会秘书在致英国商务部大臣的一封信中，认为中国所执行的政策的"最重要的一点"是"中国的人民政府越来越倾向于建立国家贸易机构，并压制或吞并私人企业"。他建议，在中英建交条件里，应加进允许中英两国商人在对方国家中开展自由贸易这一条。伦敦商会同时也承认，无论如何，"实际上中国的人民政府都不会允许中国的民间商人到我们这里来"。[14]

尽管人们能够理解由于条件变化而出现的对华贸易中的挫折，但是，伦敦商会的建议仍令人遗憾地表明，他们对中国正在发生的革命是一无所知的。商务部一位官员礼貌而不失官腔地答复了该商会的建议，大意是：英国政府不能因自由贸易的条件而损害同中华人民共和国建立外交关系的努力，但可以向商会保证，在目前的情况下，政府将尽一切可能关照私人企业的利益。[15]

几个星期之后（8月23日），由主席恺自威率领的英商中华协会代表团拜会英国外交部，询问英国政府是否准备保护英国在华实业不受损失。事后，恺自威回忆说：在与英商中华协会的会见中，外交大臣贝文表示，希望英国在华企业能"坚持下去"。恺自威称，外交部应该知道，这些企业已经无法继续生存下去了：除商人、银行、保险公司"或许还能再坚持一个时期"外，实业家们都在准备收拾行李回家。同时，英商中华协会还希望外交部知道，他们所忧虑的是，美国对台湾地区的立场可能会使中国人对英国产生敌意，所担心的是国民党布设的水雷和他们对英国海上运输的攻击。[16]

外交部在与商务部磋商后，通知英商中华协会说，英国政府认为，英国企业应该"在中国可能的一些地方坚持下去"，但是否坚持应由这些企业自己决定：政府不能保证英国在华企业的利益不受损失。[17]商务部向外交部说明了拒绝为英国在华企业提供保护的两条原因：一是在其他一些国家的英国企业同样处境艰难，政府不能只帮助在华企业；二是保证这些企业不受损失的努力只会使中国人更加折磨这些企业。这里所说的"折磨"，大概是指中国会向那些已经亏损的外国企业提出过分的要求，并使它们不得不从本国取得资助，进而使中国获取其所需要的外汇和税收。[18]

不过，总的来看，朝鲜战争的爆发似乎并没有影响中国对外国在华企业的态度。实际上，英国驻沪总领事在9月7日报告英外交部说，情况倒"有些好转"。这主要是由于"税收减少了"。[19]同时，朝鲜战争爆发前的那些不利因素仍然存在，如外国企业"无权减员"，"中国政府越来越趋向于官方垄断"，等等，致使各公司"主要靠消耗库存"勉强度日，而且还要满足其他一些公司的"资金要求"，尽管要求的额度不像以前那么高。

第二十八章　英国在华艰难立足

朝鲜战争爆发后,中英关于建立外交关系的初步的与程序的事宜的谈判便一直未能重新启动。中国人好像一直对此兴趣不大,尽管英国尽了最大努力来满足中国方面的要求。英国外交部助理次官斯科特曾写信给胡阶森,询问中国方面是否真心希望与英国建交。9月11日,胡阶森回信说:"中国人并不认为我们会非常迫切地、不惜任何代价地与之建交……另外,有迹象表明,他们也不急于和我们建交,因为我们已经向他们做出了足够的表示和解的暗示和说明,如果他们愿意同英国建交的话,早就应该感到条件十分满足了。"[1]胡阶森认为,中英谈判之所以未能"取得成功",主要是因为英国人认为中国是苏联的卫星国,而中国人又认为英国是美国的卫星国;鉴于中美和苏美关系的现状,中英两国要建立一种"真诚的关系"是很困难的。他还注意到,尽管中国人对他和他的全体人员持"礼貌和友好的态度",但不能由此而得出其他结论。[2]

在中国方面,周恩来一再表达对英国政策的强烈不满。9月9日,潘尼迦和周恩来进行了会谈。事后潘尼迦报告说:周恩来表示他并不担心英美关系,因为他不幻想英国会为了与中国友好而反对美国,他感到不安的倒是英国在承认中华人民共和国的同时继续"支持国民党"。[3]潘尼迦还把这一谈话内容通报了胡阶森,并失望地说,他以前认为中国政府真诚地希望同英国建立外交关系,并且想通过他来促成建交谈判,可现在他不这样想了。英国外交部的富兰克林评价说,印度大使

"总是愿意持乐观态度,并为中国政府开脱"。[4] 后来,胡阶森在一封电报中承认:"潘尼迦在与我的交谈中,并没有清楚地说明他自己的观点与周恩来先生提出的观点有什么不同。"[5]

时隔不久,为纪念中华人民共和国成立一周年,中国人民政治协商会议第一届全国委员会举行会议,周恩来在向会议所做的报告中,公开解释了中英谈判失败的原因:"(我们)与英国进行了长时间而还没有结果的谈判","谈判还没有结果的原因就是英国政府一方面表示承认了中华人民共和国,另一方面又同意中国国民党反动派残余集团的所谓代表继续非法地强占联合国中的中国席位……英国在香港和其他地方对待中国居民的极端不合理的非友好态度,也不能不引起中央人民政府的严重关切"。[6]

周恩来所指责的英国"极端不合理的非友好"的态度,也是章汉夫先前所抱怨过的。6月17日,当章汉夫最后一次会见胡阶森时批评了香港的移民限制政策,称是英国对中国不友好的明显一例。[7] 实际情况是这样的:4月底,英国重新修订了移民法,其目的在于阻止大量涌入香港的中国移民,因为这些移民使香港的人口膨胀达到了惊人的地步。根据新的移民法,讲南方方言以及与香港方面有业务往来或其他关系的中国人可以进入香港,讲上海话和北方方言者、被认为是难民的、已经离开香港的人则不允许进入香港,除非有极充分的理由。[8] 结果,中华人民共和国对于"英国当局对中国人进入香港的限制政策"提出了正式抗议,认为这是"对中华人民共和国和中国人民极端不合理的非友好的"政策。同时指出,在过去的一百年里,"中国人民从来不是以外国移民的身份出入香港的"。[9]

中国方面一再谴责英国对中国居民的不公正态度,并且不理会英国在联合国就中国代表席位问题所进行的调解努力,特别是拒绝恢复与胡阶森进行初步程序的事宜的谈判,等等,都明显表明中央人民政府已对中英建交失去了兴趣。

当然,英国并未与中央人民政府完全断绝关系。根据英国外交部的一份备忘录,英国代办(英国人是这样称呼的,而中国人则不承认)仍在向中央人民政府陈述如下问题:英国在商业方面对中国的兴趣、允许英国臣民在中国出入、英国的海运受到的攻击、在香港避难的国民党军人等等。尽管胡阶森通常得不到答复,却偶尔也能得到一些结果。[10]胡阶森虽因中英无外交关系而难以见到毛泽东或周恩来,却想方设法与中央人民政府外交部西欧和非洲司司长会见了几次,并责成自己的工作人员每周到中央人民政府外交部走访两次左右。另外,他的办事处也与中央人民政府外交部保持着正式的和非正式的通信联系。[11]这样,中国人就在事实上逼英国接受了一种代办级的外交关系。尽管这种关系对英国人来说带有某种程度的屈辱,但是伦敦若想在中国得以继续立足,有这种关系毕竟比根本没有要好一些。

从美国方面来看,虽然当时它与中华人民共和国的关系已经根本断绝,但是因为仍有几百名美国公民居住在中国,故美国方面与驻留在中国的英国官员形成了一定的共同利害关系。朝鲜战争爆发时,尽管居住在中国的大多数美国人是自愿留下不走的,但仍有一部分人不愿意继续待在那里了。他们之所以走不掉,不是因为中国人不批准他们离境,就是因为他们已被监禁起来。为了这些留滞在中国的美国人,英国在华官员曾一再向中国政府提出陈请。

朝鲜战争爆发之际，仍有四名美方飞行员被关在中国的监狱里。与当年5月8日被最终释放的史密斯和班德尔不同，他们都是民航飞行员，美国方面不仅要靠英国向中国政府提出陈请，要求保护这些美国人的利益，而且往往只有通过英国领事馆官员，华盛顿才有可能获得关于这四名被关押者的可靠消息。例如，美国国务院所得知的美国飞行员卡登和麦高恩被拘留的消息，就是由英国驻昆明总领事席普通提供的。卡登和麦高恩说来也不是很走运，当他们于1949年12月23日驾驶亚洲航空运输公司的飞机在昆明着陆时，正值卢汉将军发动反对云南省主席、拥护中央人民政府的起义。尽管飞机是菲律宾注册登记的，卢汉将军还是没收了飞机，并将两名飞行员扣留。[12]席普通开始很担心这一扣留行动会导致"严重后果"，可是共产党军队在接收昆明后，竟允许卡登和麦高恩享有六个月左右的"地区性的完全自由"，这似乎使席普通感到一些安慰，可六个月过去后，中国人对外称为了"保护他们的自身安全"，还是将他们看管起来。[13]

在北京，胡阶森写信给中国外交部，要求尽快释放卡登和麦高恩。但是，和以往一样，胡阶森没有得到任何答复。有鉴于此，8月14日，他再次给中央人民政府外交部写信，请求释放这两名飞行员，并要求允许他们与家人通信。[14]这次与以往不同，昆明的中国当局以释放行动给出了答复。这是不是胡阶森的请求奏了效，就不得而知了。

1950年8月23日，英国驻昆明副领事目睹卡登和麦高恩被武装护送到西城门。他在报告中说："他们看上去并不愉快。"[15]三天后，副领事被召唤至警察总部，在那里得到卡登写的一封信。信中说，当副领事读到这封信时，两名飞行员可能已经踏上了归乡之路。10月2日，副领事收到卡登从离中国边境不远的城镇腊戍拍来的电报，说他们已平安抵达腊戍。[16]到达菲律宾后，卡登告诉美国在马尼拉的外交官员说，英国驻昆明领事馆官员在援助美国侨民离开中国一事中，采取了最合作的态度。[17]

英国的努力得到了美国国务院和那些靠英国帮助提出请求的美国人的特别赞赏。例如，史密斯和班德尔于5月获释后，美国代理国务卿詹姆斯·韦布写信给驻华盛顿的英国大使弗兰克斯，感谢他们在以上两个人获释的过程中给予的合作，并特别对英国驻北京代办和驻青岛领事的工作表示感谢。韦布说，他们的努力"可能为这次事件的圆满解决立下了汗马功劳"。[18]

尽管英国所做出的努力得到了华盛顿的赞赏，而且是当之无愧的，但是英美在向中央人民政府提出陈请或抗议时，并不总是观点一致的。例如，6月20日，驻伦敦的美国大使向英国外交部提交了一份备忘录，其中提到七名在华的美国商人为得到离境许可证而不得不在上海长期滞留一事，认为中国的做法"违反了国际公认的惯例"。美国大使要求英国政府指示其驻北京的代办，就此事提醒中共最高层人士注意，除非中央人民政府对这一事情做出反应，否则，美国政府将"不得不把此事交给联合国处理"。[19]但是，胡阶森代办告诉英国外交部说，他认为美国的言论是"判断失当和不明智的"，"可能会使中国政府感到极其愤怒，并使许可证的签发时间被拖延得更长"。在胡阶森看来，经验已经"充分地证明，只有用礼貌和理性的接近方法，才能取得最大的成功机会"。他要求美国国务院允许他自己决定在什么时间和用什么语言向中国方面交涉。[20]对此，美国国务院的回答是："在开始的时候"，胡阶森可以自作主张，但如果在"适当的时间"内没有得到令人满意的答复，他就应该按国务院原来的要求进行交涉。[21]

事实上，无论英国代表怎样努力，他们为被留难和拘押的美国人所进行的交涉却不是经常能够奏效的。当时，还发生了与卡登和麦高恩事件相类似的另一起事件，这就是在卢汉将军发动起义的当天晚上，（陈纳德经营的）中国民用航空公司的两名飞行员曾驾机着陆于云南省的蒙自。地方当局没收了他们驾驶的飞机，且不准他们离开蒙自。1月21日，驻伦敦的美国大使将这一消息告知了英国外交部，并希望英国在华官员立即敦促中国政府释放这两名美国飞行员。英国外交部马上将美国的请求转告了英国驻昆明的总领事席普通，并询问他采取什么行动才能搭救这两名飞行员。[22]

席普通在答复中指出，这一事件很复杂，因为他曾听说（陈纳德经营的）中国民用航空公司一直打算将中国国民党第二十六军从蒙自空运到海南；如果弄清该公司在蒙自的真实业务情况，将有助于他的工作，当然，他表示同时要就此事与中国方面交涉。至于结果怎样，他说，不要指望这次交涉能比为卡登和麦高恩所做的交涉更有成效。[23]3月3日，席普通又报告说，那两名飞行员——布奥尔和若贝尔——同（国民党的）中国民用航空公司的八名中国籍人员和十名政治犯一起，[24]被带到昆明监禁起来。两周后，驻伦敦的美国大使通知英国外交部："据陈纳德将军说，中国民用航空公司是从事从蒙自空运锡精矿石到海南的业务的。"陈纳德承认，有一些中国国民党官员肯定已经搭机飞到了国外。[25]

英国外交部远东司认为："即使飞机运送的主要货物是锡

精矿石，而不是国民党官员，我们还是应该了解一下，那些货物是否属于军用物资，布奥尔机长是不是在国民党军队的命令下行动的。"在早些时候，英国外交部法律司曾认为："似乎有确凿的证据证明，布奥尔在帮助国民党军队。"鉴于这些新的情报，英国外交部如果再按照美国国务院的要求责成其驻北京的代办接手这个案子的交涉工作，就不合情理了。[26]英国政府不愿向中国人施加压力的另一个原因是，英国正在请求中国释放另一名美国飞行员詹姆斯·麦戈文机长，如果在这一事件未了时再介入布奥尔事件，可能会影响英国为释放詹姆斯·麦戈文机长所做出的努力。麦戈文是于1949年12月4日在中国南部强行着陆时被俘的，据说他正被关在南宁的一所监狱中，且疾病缠身。[27]鉴于向中国政府施加压力要求释放布奥尔是没有道理的，英国外交部乃指示胡阶森要求中国政府给予布奥尔地区性的活动自由，并请求允许驻昆明的英国总领事席普通去看望他。[28]

在从美国驻伦敦大使馆得到了有关布奥尔被居留前的活动情况的进一步消息后，英国外交部又于10月5日指示胡阶森，如果没有什么障碍的话，就请求中国政府释放布奥尔。英国外交部指出，布奥尔已经被拘留了九个月，"显然未经过审讯，而在我们看来拘留他也没有什么理由"。[29]10月14日，胡阶森按照指示的要求向中国方面提出了释放布奥尔的问题，但是直到年底也未见释放布奥尔，英国外交部也没有再费心去回复胡阶森的报告。[30]

第二十九章　焦点在联合国

朝鲜战争爆发前不久，在如何对待中国在联合国的代表席位的问题上，美英两国就已经分道扬镳了。1950年6月中旬，英国决定投票赞成联合国儿童基金会接纳中华人民共和国的代表，这个决定遭到了美国国务卿艾奇逊的尖锐批评。英国大使报告说，在中国问题上，美国政府一直试图使国会两党的观点取得一致，现在，正当有迹象表明其努力快要收到成效的时候，英国政府却做出了这一决定，这使艾奇逊尤为不安。[1]

在评论英国大使的报告时，英国外交部美国司的麦肯齐警告说，即便美国国会两党就对华政策达成了一致意见，也不应该认为这就意味着美国会承认共产党政权，或者是美国消除了它与英国立场的分歧。他认为，虽然应该积极地对待和考虑美国政府的态度——因为它引起了舆论的重视，但是，如果英国外交部对现行的承认政策的效果表示满意，那么英国就应该继续执行，并投票赞成北京的代表进入联合国；至少在美国11月选举之后，英美两国才有望达成一致意见。[2]

朝鲜战争爆发后，美国支持英国立场的前景变得更加黯淡了。艾奇逊在一份给贝文的电报中概括了美国的态度：

> 对于中国在联合国的席位问题，美国并没有什么不公开的想法，但是我们的确强烈地认为，这个问题应该由联合国按其是非曲直加以解决……在中共对朝鲜有"侵略"威胁或者在苏联缺席的情况下，我们认为联合国还不能公

正地处理此事，也不会以给予北京代表席位作为报答。如果它们停止了这种高压性的行动，联合国就可以用一种正常的方式解决中国的代表席位问题。两个政权同时就一个席位提出要求，这在以前还从未出现过。也许，在联合国进行充分的讨论之前，中国代表的席位可以先空出来。[3]

到 8 月 1 日，苏联代表终于回到了联合国安理会的会场。9 月 14 日，在英、法、美三国外长会议上，艾奇逊再次明确地说，联大会议一开幕，美国就将竭尽全力去击败想要接受北京代表团进入联合国的任何企图。[4] 9 月 19 日，美国的努力成功了。

尽管如此，英国外交大臣贝文仍然乐观地指望美国改变其政策。贝文参加了联大的开幕式，他从纽约给英国外交部打电话说："虽然要到大选之后才能有产生实际结果的希望，但是从新闻报道和可靠的消息来看，美国对中国态度的变化有一种值得注意的倾向。我由衷地认为，假如中国政府能保持克制，显得温和一些的话，它的代表在几个月之前就会被联合国接纳了……但是，中国荒谬地认为，美国怀有侵略中国和朝鲜的企图。"[5]

与此同时，周恩来于 8 月 24 日向苏联代表马立克（联合国安理会 8 月的轮值主席）和联合国秘书长吕格弗·赖伊递交了一封信，谴责美国武装侵略中国领土。这使英国对美国的对台政策可能产生的后果又增添了几丝担忧。周恩来在他的信中称："联合国有义不容辞的责任，来制裁美国政府武装侵略中国领土的罪行，并应立即采取措施，使美国政府自台湾及其他属于中国的领土上完全撤出它的武装侵略部队。"[6]

8月25日，贝文在给弗兰克斯的指示中对此发表了自己的看法。他说，美国政府必须修改其对台政策，理由是，美国的现行政策不可能在联合国获得多数国家的广泛支持。由于北京政府已经对安理会在中国代表席位问题上采取延期审议的行为提出了谴责，贝文主张立即"争取尽可能多的大国达成协议，执行同一方针"，而这个方针首先必须征得美国方面的赞同。[7]

按照贝文的指示，弗兰克斯大使与美国国务院高级官员进行了三次会谈（艾奇逊参加了其中8月31日举行的最后一次会谈）。双方就两国在台湾问题上应该执行什么样的政策交换了意见。[8]通过这几次会谈，英美两国在这个问题上的一致和分歧之处都具体化了，一份在9月1日为英、美、法三国外长会议准备的备忘录清楚地说明了这一点。虽然双方一致同意"在确定台湾的最终地位时，必须考虑到《开罗宣言》的有关规定"，但是，至于这一宣言的重要性，双方却持不同看法。英国认为，在如何确定台湾的最终地位问题上，关键应注意《开罗宣言》的有关规定，而美国则不以为然，认为《开罗宣言》大可不必看重。[9]双方一致认为，台湾暂时的军事中立化与其最终地位的确定是两个不同的问题，但是，对于台湾在将来采取一种什么样的令人满意的选择——与大陆统一、"独立"（可能通过全民投票表决的方式进行），还是由联合国托管——的问题上，双方的意见毫无共同之处。英国怀疑进行全民投票表决的可能性，认为台湾独立"是与《开罗宣言》背道而驰的，并且，这对于中国国共两党来说也都是无法接受的"。另外，在英国看来，中国国民党政府的某些行动与杜鲁门6月27日的声明并不十分合拍，台湾的军事中立化只不过是美国政府的一厢情愿。[10]

英国和美国一致认为，应该由联合国成立一个专门的调查委员会来负责处理台湾问题，但在到底应赋予这个委员会以什么具体职责的问题上，两国又产生了分歧。英国政府的意见是，要由它规定出把台湾交给中华人民共和国的时间，并且确定实现这一移交的各项条件；[11]而美国政府则提出，应该由这样一个委员会向联合国提交"一项以和平手段解决台湾问题的恰当的方案"。[12]换句话来说就是，英国主张先确定解决台湾问题的先提条件，而美国则认为，考虑到台湾当地居民的意愿及其他因素，不应遽下结论。

使美国政府稍稍感到安慰的是，美国国务院保证说，对于台湾未来的地位，国务院持一种未定论的主张。但是，美国这种模棱两可的意图却使中国国民党政府深感不安。8月31日，美国总统杜鲁门在记者招待会上说："假如朝鲜问题获得解决，美国就没有必要在台湾海峡保留第七舰队。"[13]另外，对美印两国关于中国问题的谈判，以及印方强烈呼吁从联合国驱逐国民党而由中华人民共和国的代表取而代之等问题，报界也都做了报道，所有这一切都更增加了国民党的担忧。

9月4日，国民党政府"外交部长"叶公超向新到任的美国驻台北"代办"蓝钦表达了国民党的不安。同一天，蓝钦用电报向国务院做了汇报，下面是对这个汇报的摘录：

> 叶公超对最近关于中国国民党政府、军队和台湾局势的一系列报道感到悲哀。他知道美国准备让联合国调查美国对台湾的所谓"侵略"问题，但他担心的是，目前进行这种调查为时尚早……（因为）大批台湾人将会把联合国的调查看成直接针对国民党政府而非针对美国的侵略

行动。

叶公超希望美国认识到这样一个事实,即台湾现在已经成为亚洲最和平和安全的地区之一……(国民党)在改善管理效能、经济和军事状况方面已经取得了巨大的成就……最近的一些事件以及由于美国公开宣布台湾未来地位必须等对日和约签订后才能决定而引起的谣言,都给台湾造成了不安。叶公超认为,如果美国能公开承认台湾现在已经十分稳定的事实,并且愿意为台湾进一步消除不安定因素,那将是十分有益的。对于台湾问题来说,无论是限期"由联合国讨论"解决,还是采取一种"国际行动"来解决,都可能意味着这样一个结果,即酣睡中的台湾人民都会在醒来时发现,他们处在一种国际权力的控制之下了,这将引起混乱,而中共将会在混乱中占领台湾。[14]

值得注意的是,叶公超并不反对把台湾未来地位的确定同对日和约的签订联系起来,也许他认为,俄国人和中共将不会参与这样一种解决方式。然而,蓝钦在回忆录中提到他与叶公超的这次谈话时说,叶公超反对把台湾问题同日本问题联系起来。[15]这颇令人费解。

收到蓝钦的报告后,美国国务院做出了反应。国务院发表声明说,外面有一种谣言,认为印美谈判是"拿中国在联合国的席位问题做交易,谋求托管台湾,这种说法是毫无根据的"。国务院重申,有关台湾的任何问题都应该通过和平而非军事的办法加以解决。美国的这一表示也许可以安定国民党的人心,但是美国的声明又说,台湾问题无论是通过对日和约还是由联合国讨论解决,关于这个问题的"谈判都将是多边的和按照常规渠道进行的"。[16]国民党对此仍忧心忡忡。

美国国务院还同时向蓝钦发出了指示，要求他在和国民党官员打交道的时候提醒他们，"世界上的其他国家"并不普遍认为国民党政府是中国的唯一"合法政府"，它不应该拒绝通过国际渠道解决台湾问题。[17]虽然这种说法明显体现了美国国务院现实的政治需要，但在技术上却是错误的。当时，世界上绝大多数国家仍承认国民党政府为中国唯一合法政府。

艾奇逊在回忆录中说，印美谈判的目的在于"寻找中国干涉朝鲜的证据"，[18]但是，对于美国对台湾的意图，印度也借机转达给了北京方面。9月3日，美国大使洛伊·亨德森向印度外交部秘书长吉尔贾·巴杰帕依爵士递交了一份非正式备忘录，提出了美国在台湾问题上的看法。[19]巴杰帕依询问亨德森是否同意把备忘录的主要内容通知潘尼迦大使，以便潘尼迦可以在同中国的谈判中使用。亨德森说，印度可根据情况加以运用，但是他指出，该备忘录并非正式文件，不能把它看成美国政府向北京政权发出的什么信息。

9月4日，巴杰帕依把他收到美国非正式备忘录的情况告诉了英国驻新德里的代理高级专员，并且说："现在尼赫鲁总统已指示他，把美国方面最近的这个令人鼓舞的姿态通知印度驻北京的大使……同时也通知北京政府，并要求劝告北京方面，在政策和宣传领域采取合作而非挑衅的立场是十分重要的。尼赫鲁总统认为，北京最近的言论在世界上造成了很不好的影响，从现在到联大召开的时间不多了，北京应立即着手消除其在人们心目中不好的形象。"[20]

英国的看法和印度相似。在还未了解印度政府的想法之前，贝文就致电尼赫鲁说，北京就台湾问题给联合国的信是

"非常不幸的",可能引起舆论对中国的反感。他说,"许多问题"将取决于北京政府代表团到达纽约后的言行。如果他们按照苏联的指示行事而言行过激,那将会令人为难。问题是,尼赫鲁是否认为向中国人提出一些审慎的告诫是明智的?[21]

当然,尼赫鲁已经这样做了。但是,当英国代理高级专员把贝文的电文交给巴杰帕依时,尼赫鲁又了解到了巴杰帕依对台湾问题的一些"个人看法"。巴杰帕依认为,最终解决台湾问题的时机尚未成熟。"考虑到美国公众舆论,此时的联大辩论可能会对台湾问题的最终解决方案不利。"[22] 有意思的是,新德里和伦敦起初都特别关注美国的使台湾中立化的政策的后果,但现在他们似乎都关注的是北京的言行,担心这有可能对北京取得联合国席位起到相反的作用。

与此同时,美国也非常担心它在联合国解决台湾问题的努力会受到国民党人对"反攻大陆"的宣传的影响。9月4日,陈诚将军公开谈到要发动一次"大反攻"。在这种情况下,国务院要求蓝钦提醒国民党官员,美国政府仅仅是保护台湾不受侵犯而已,并不支持他们"反攻大陆"的任何计划。国务院在电报中对蓝钦说:"正如你所看到的,在安理会和联大争取以和平方式解决台湾问题,是颇为微妙的举动,特别是对美国和中国都有影响力的友好国家——尤其是英国和印度——的态度,使这个问题更加复杂。国民党政府的行动很不利于在联合国达成和平解决问题的议案……(它的行动)除了损害自己以外几乎不会产生什么别的效果。"[23]

台湾一方面大谈"反攻大陆",另一方面又企图从美国寻求长期保护这个海岛基地的保证。但是,华盛顿并不打算做出这种承诺。美国国务院告诉蓝钦,可以向国民党方面"保证,美国认为联合国是和平公正地解决台湾问题的最佳渠道"。国务院甚至预计:"联合国也将发现,在问题最终获得解决之前,继续使台湾中立是可行的、适宜的。"[24]

在要求美国从台湾撤军的信件发出三天之后,周恩来又写信给马立克、赖伊和艾奇逊,强烈抗议美国军用飞机袭击位于中国东北和朝鲜之间的鸭绿江沿岸的领土,并要求美军全部撤出朝鲜。其中,写给艾奇逊的信还要求美国政府惩罚那些侵犯中国领空的空军飞行员,并向中国的受害者赔偿损失。8月30日,周恩来再次给马立克和赖伊写信说,美国空军的连续侵犯已经"给中国造成了一些人员伤亡",他再次要求美军全部撤出朝鲜。[25]

胡阶森向国内汇报了中国的抗议(中国外交部已将周恩来致赖伊的信的副本送给了他)。他认为,中国的抗议可能预示着其将加强针对美国在朝鲜和台湾的行动的反美宣传运动,而且,中国还可能以此来证明其介入朝鲜事务的合理性。[26]应该指出,美军和其他联合国军队此时还正在韩国的纵深地带进行防御性战斗,对中国几乎还没有形成什么威胁。

英国外交部远东司的科林·克罗指出:"中国的宣传机器正在全速运转,就一些事件大肆渲染,其目的是证明中国介入朝鲜事务或对香港发动进攻是合理的……(这种宣传)无论如何是非常危险的,它可能会使中国政府在此问题上骑虎难下。"[27]然而,对于北京对美机侵犯事件所做出的反应,在北京的胡阶森当时的看法是比较冷静的。他报告说,自从8月28日以来,虽然关于美机侵犯行为的报道已充斥了中国的报刊和电台,并且把这种侵犯说成是"挑衅,企图扩大朝鲜事态",但他认为中国的基本宣传方针没有什么变化,也没有发现什么中国政府计划干涉朝鲜的迹象。胡阶森说，这些报道都"比较简短，仅仅反映了一些事实，没有煽动性"。[28]但是，外交部的克罗认为："这些报道或许不是煽动性的，但它们已经产生了这样的效果。我认为两者密不可分。"[29]

在中华人民共和国对美机的侵犯提出抗议之后，美国的反应如果不说是温和的话，也算不上是挑衅的。8月29日，美国在联合国安理会的代表奥斯汀大使写信给赖伊，欢迎就中国提出的抗议进行一次实地调查。[30]后来，他又提出由印度和瑞典人组成一个委员会来调查中国对美国的前前后后的指控。[31]

美国的建议得到了英国的支持。印度大使潘尼迦把美国的建议转达给了中央人民政府，同时美国还通过潘尼迦向中国表示：中国就美机轰炸其领土一事所提出的任何正当要求，美国都愿意尽可能满足。潘尼迦还受命向北京表达了印度政府的意见。他说，如果中国同意的话，印度将指派一名代表和瑞典代表一起行动，调查美国飞机侵犯中国领土的事件，评估中国方面所受到的损失。据美国驻新德里大使亨德森说，巴杰帕依告诉他，印度政府认为美国的建议颇显大度，中国一直指责美国没有赔偿由于侵犯其领空而造成的损失，现在，中国没有理由再这么做了。[32]

10月中旬，虽然潘尼迦向印度政府报告说，中国政府表示他们正在考虑调查事宜，可是，北京的报纸却出现了他们对此持反对态度的迹象。事实上，北京正是反对进行调查的。可是，在英国看来，美国的建议和贝文的电报至少都"向印度政府表明，中国人可能产生了某些误解，美英都非常愿意在理性的基础上消除这些误解。就这一点来说，美英的做法都是很有意义的"。[33]

第三十章 中国介入朝鲜战争

1950年暮春，对于美国在朝鲜进攻韩国问题上可能做出的反应，莫斯科和北京明显地做出了错误的估计。同样，在这一年初秋，美国也没有能正确地估计到中华人民共和国的意图和能力。杜鲁门命令美军越过三八线的时候，中国通过印度大使潘尼迦警告美国说，美军的这种行动将会导致中国参战。然而，杜鲁门对北京的警告不以为然。当时杜鲁门政府的职员诺伊施塔特后来解释说，杜鲁门的顾问们没有认真地对待中国的警告，而且，即使他们认真对待了，杜鲁门也会毫不在乎。诺伊施塔特写道：

> 五角大楼非常担心的是莫斯科而不是北京。由于联合国军正在推进，如果只有中国参战，那是很容易被击退的，所以，中国参战的可能性不大……华盛顿和麦克阿瑟的司令部都没有准备"认真对待一个迄今为止以其政治和军事力量弱小而闻名的国家"。
> 甚至当北京显得更加强硬，其态度也更加认真而不是在讹诈的时候，以及周恩来选择英国人而不是潘尼迦向美国转达中国的警告的时候，要求杜鲁门的主要顾问考虑停止麦克阿瑟的全线推进计划，或者推迟执行联大的决定，也都是不可能的。即使那些顾问提出了劝告，杜鲁门也不可能接受。[1]

作为杜鲁门的一位有影响力的顾问，国务卿艾奇逊没有对中国给予足够的重视，他的回忆录说明了这一点。虽然艾奇逊说美国政府正在通过印度"寻找中国介入朝鲜战争的证据"，但是，当印度大使潘尼迦于 10 月 3 日向他转告周恩来的警告时，他却认为这只是一个"警告"而已，并非表示"国家政策的官方声明"。[2] 美国人之所以没有重视周恩来的警告，部分原因是那些多疑的美国官员不喜欢替周恩来传话的潘尼迦。约翰·K. 埃默森当时在美国国务院远东司任计划顾问，他后来在回忆录中写道："与潘尼迦打交道的美国官员都很讨厌他，这就像他们不喜欢印度长期以来在联合国的代表克里希纳·梅农一样，没有人相信潘尼迦的话，对于他所转达的周恩来的警告，我们没人当回事。"[3]

但是，艾奇逊和总统的其他顾问们还是有第二次机会来认真看待北京的警告，可惜的是，他们并没有这样做。如果说他们起初对北京的警告没有重视尚情有可原，那么这次又未予重视，就不能不令人费解了。联合国军队刚进入与中国接壤的朝鲜地区不久，数量庞大的中国军队就开始出现在前线，他们中的一些人被俘。11 月 2 日，北京宣布中国人民志愿军已经开进朝鲜援助朝鲜人民。11 月 6 日，麦克阿瑟在联合国的报告中也承认了中国参战的现实。当联合国军队停止向鸭绿江前进后，战斗也就紧接着暂时停了下来。

麦克阿瑟认为："他的空军将阻止中国从东北越过鸭绿江向朝鲜进行的增援，而且将消灭已经到达朝鲜的中国部队。"[4] 麦克阿瑟一直推进到鸭绿江边，于是在 11 月 24 日重新发动了进攻。美国国务院对此越来越担心，英国和法国也极力主张在联合国军队控制的地区和中国边界之间留下广阔的缓冲地带。[5] 然而，华盛顿并没有改变麦克阿瑟的命令，而是允许他根据自己的决定继续前进。约瑟夫·古尔登在研究了许多有关朝鲜战争的文件后指出:"10月底,小股中国人民志愿军已经进入了朝鲜,甚至这个事实也没有使麦克阿瑟的命令有任何改变。杜鲁门和艾奇逊认为,美国并无侵略中国领土的野心,中国人是能够相信美国的动机的。然而,中国人并不相信这一点。简言之,杜鲁门政府(总统、艾奇逊和美军参谋长联席会议)犯下了与麦克阿瑟同样大的错误。"[6]

不管人们是否同意古尔登的观点,美国政府本来是有第二次机会考虑并抛弃原定的通过战争使朝鲜重新统一的政策的,这一点可以看得很清楚。艾奇逊在回忆录中承认,他当时没有辅佐好总统。[7]不过,如果华盛顿做出了让麦克阿瑟停止进一步推进的决定,是否就能避免他11月24日重新发动进攻后出现的混乱,这一点就不得而知了。要想做出判断,部分前提条件是对中国的意图做出估计。然而,在论述这个问题之前,有必要先澄清一下美国对中华人民共和国的意图。

如前所述,美国并无侵略中国领土的野心。美国当时高度保密的文件和外交活动都说明,白宫是打算把战争限制在朝鲜境内的。根据美国国家安全委员于1950年8月25日制定的题为《对于苏维埃运动在朝鲜的可能的进一步发展,美国所要采取的立场和行动》的文件(NSC73/4),我们可以多次看到美国的这种意图。例如,该文件说:"如果中共部队进攻台湾和澎湖列岛,美国军队应按既定命令击退之,但是,不要使美国军队卷入一场与共产党中国的全面战争……美国不要陷于一场同共产党中国的全面战争。"该文件还说:"如果有组织的中共部队向印度支那公然发动进攻,美国也不应该卷入一场同共产党中国的全面战争,但是要与英国一致行动,支持法国和同盟国家。"[8]虽然该文件主张，如果中国军队参与了朝鲜战争，就对中华人民共和国实行空中和海上的报复，但是，没有什么证据可以说明万一中国介入朝鲜战争，美国将按既定计划从地面进攻中国。事实上，当中国真的出兵朝鲜的时候，美国在空中和海上对其进行报复的政策也没有付诸实施。美国对鸭绿江边中国领土的轰炸，在一定程度上是偶然的，或者说是违反作战命令的。[9]美国政府多次否决了麦克阿瑟将军关于封锁和轰炸中国的提议。[10]

上述政策并非美国国务院和美国的盟军强加给军方的，而是美国参谋长联席会议制定的。参谋长联席会议希望美国避免与中国发生冲突，因为这有可能削弱美国的力量，妨碍它履行在欧洲的义务。所以，参谋长联席会议不仅支持联合国军队在快到鸭绿江时即停止前进，而且主张经由联合国或通过那些承认北京政府的国家与中华人民共和国的谈判，以政治方法解决中国介入朝鲜战争的问题。同时，参谋长联席会议还建议就联合国军队并不打算进攻中国这一想法做出公开保证。[11]

杜鲁门和艾奇逊做出了这种公开保证。11月16日，杜鲁门在一次记者招待会上说，中国人在朝鲜对联合国军发动进攻的借口，就是他们所说的联合国军队意欲跨过边境发动对中国的进攻。杜鲁门宣称，无论是联合国还是美国政府和人民都不想进攻中国。[12]在前一天的外交事务市民会议上，艾奇逊为了减少中国方面的忧虑，就美国的意图进行了解释。[13]

英国驻北京代办还向中央人民政府转达了外交大臣的私人保证。11月22日，英国外交大臣贝文通过胡阶森向周恩来递交了一封私人书信，信中保证，联合国军队在朝鲜的行动绝不会影响到中国的安全，中国的合法权益将会得到充分的考虑。[14]

中国是在10月底开始在朝鲜部署军队的,如果麦克阿瑟的军队那时不再往前进攻,我们无从知道北京进一步会如何行动。但是,在战场上和外交上发生的事情说明,中华人民共和国出兵干涉的目的远非仅仅是保护其边界。从11月24日起,麦克阿瑟的军队遇到了势不可当的反击,在十二天里,中国和朝鲜的军队就收复了朝鲜首都平壤。9月30日,周恩来曾经在中国人民政治协商会议上声称:"中国人民绝不能容忍外国的侵略,也不能听任帝国主义者对自己的邻国肆行侵略而置之不理。"[15]中国人民志愿军的行动诠释了周恩来的声明的实质性内容。

赫鲁晓夫在回忆录中说,中华人民共和国出兵朝鲜的目的,是防止朝鲜被击败。这种说法是与周恩来9月13日的声明相一致的。据赫鲁晓夫说,在朝鲜军队被从韩国赶回,而且美国空军掌握了制空权之后,毛泽东便派周恩来去见斯大林。周恩来提出"中国应对朝鲜给予积极的支持",斯大林开始有些犹豫,但他最后还是同意了。[16]事实上,如果中国只是为了在中朝边界保持一段缓冲地带的话,它就不会出兵支持朝鲜了。[17]

11月26日,中华人民共和国派伍修权将军作为在联合国指控美国的官方发言人,伍修权将军在安理会发表的演讲清楚地告诉人们,北京出兵的目标远不只是阻止联合国军队向中国边界挺进。伍修权将军要求美国和其他外国军队从所有的朝鲜领土上撤走,并对"侵略者"予以制裁,同时他还要求美国军队撤出台湾。[18]中华人民共和国对联合国的反击声势很大,远远超过边界防卫的需要,从而使伍修权将军所提出的那些要求产生了戏剧性的力量。应当指出的是,为了配合这次经过秘密准备而发动的大反击,中华人民共和国的代表团曾故意耽搁了一段时间才到达成功湖,① 比预定日期晚了整整十天。结果,恰好在联合国军全线退却时,伍修权将军赶到了联合国并且提出了北京的要求。

同9月中旬联合国军队取得惊人的仁川胜利之后的情形相似,中国人在朝鲜击溃了联合国军队之后,也面临着是否跨过三八线的抉择。尽管联合国要求中国军队停下来进行谈判——这个建议是由亚洲和中东十三个国家在12月5日提出的,但中国方面对此置之不理,决定跨过三八线。后来,根据这十三个国家的提议,联合国大会于12月14日通过了一项决定:由联大主席组织一个三人小组,来确定令人满意的停火条件并尽快向联大提出建议。[19]

可是,就像他们不愿停止在三八线一样,中华人民共和国对停火也并不感兴趣;北京指示伍修权回国并断绝了同联合国停火委员会的联系。12月22日,周恩来发表声明,再次清楚地表明中国的目标远不仅是保护自己的边界。他说:"人们现在不要把目光仅仅局限于朝鲜问题",美国"侵占中国的台湾"和对中国东北进行轰炸等问题也必须一起获得解决。众所周知,在后两个问题上,北京对美国一直是心怀不满的。周恩来说,联合国应该接受中华人民共和国提出的要求,即外国军队撤出朝鲜,美军撤出台湾以及承认中华人民共和国在联合国的代表席位。他指出,要把实现这些要求作为对朝鲜问题进行谈判的"基础","抛开这几点就不可能使朝鲜问题和亚洲的其他重要问题得到和平的解决"。[20]

---

① 在纽约近郊,1952年以前为联合国秘书处所在地。——译者注

两天后，在一次庆祝"中国人民和朝鲜人民的胜利"的大会上，朱德总司令重申了中国的多重战争目标。他说："我们一定要坚持这样的立场，那就是，所有外国军队必须立即从朝鲜撤出，朝鲜的内部问题必须由朝鲜人民自己解决，美国侵略军必须立即从台湾撤走，中华人民共和国必须在联合国拥有合法的席位。只有当这些要求得到实现的时候，亚洲问题才能够获得和平的解决。"[21]

在朝鲜，中国人民志愿军迅猛地击溃了联合国军队，休整后的朝鲜人民军也越过了三八线继续南下，周恩来和朱德正是在胜利的喜悦中讲这番话的。1951年1月4日，中朝军队占领了韩国的首都汉城，① 北京的《人民日报》宣称，这次胜利说明，"美国绝对优势的空军、海军、坦克和大炮，在伟大的中国人民志愿军和朝鲜人民军前面……都已证明无能为力。……把不肯撤出朝鲜的美国侵略军赶下海去！"[22]

中国人对取得战争的胜利满怀信心，以至于瑞典驻北京大使阿马斯顿感到，朝鲜停火毫无指望了。他向本国政府报告说，要么以武力证明"中共不能在朝鲜为所欲为"，要么联合国接受中华人民共和国提出的条件，除此以外别无选择。[23] 几个月之后，他对一名在香港的美国领事说，因为中国人认为他们等到了一个把联合国军赶出朝鲜的绝好机会，周恩来已经拒绝为停火事宜接见他。[24]

中国对朝鲜战争的介入不可避免地使英美在对华政策上的分歧达到了顶点。与美国不同，英国是不反对接受中国提出的停火条件的。长期以来，伦敦赞成中华人民共和国拥有在联合

———————
① 今首尔。——译者注

国的席位,而且伦敦还经常常担心美国卷入一场与中国的战争难以自拔,从而削弱美国在欧洲的力量。对英国来说,接受中国的条件与坚持其原有立场是一致的。所以,1950年12月初,在杜鲁门总统和艾德礼首相举行的会谈中,据艾奇逊的回忆录称,艾德礼即认为中共对朝鲜停火的要价——"联合国军撤出朝鲜、美国撤出台湾、中国应拥有联合国的席位"——"并不太高",[25]这并不让人吃惊。

而美国则认为,不应该鼓励中国人在朝鲜的"侵略"行为,如果美国不承担它对韩国承诺的义务,那么美国所做出的保护欧洲的承诺的价值也会遭到质疑。同时,如果美国军队在欧洲盟国的压力下从朝鲜撤出,也会严重影响美国国内对北约组织的支持。杜鲁门和艾奇逊主张首先停火,然后再讨论其他政治问题,英国政府最终支持了这个方针。[26]

杜鲁门和艾德礼的这次会谈暴露了英美两国在如何更有效地同共产党中国打交道的问题上由来已久的分歧——是采取"胡萝卜政策"还是采取"大棒政策"。艾德礼呼吁亚洲舆论支持他的主张,即以在联合国和台湾问题上向中华人民共和国让步来换取朝鲜停火。而且,英国政府认为,以这样的办法对中国表示亲近可能会促使北京修改它的"一边倒"政策。美国的看法则正好相反。艾奇逊强调说:"如果仅仅因为中国在朝鲜的侵略行为就把台湾交给(中华人民共和国),那么,这一点将会在最坏的意义上被滥用……假如我们让步,他们将会变得更具侵略性。"[27]

香港现在成了美国主要的中国形势观察站。美国驻香港总领事马康卫对于英国人立场的看法与艾奇逊相似。他认为,英国人在会谈中"过分强调了我们拒绝把台湾交给中共的立场会给亚洲舆论带来的不利影响，而对于把台湾交给北京的做法可能带来的后果，他们却没有给予足够的重视"。[28]

中国是否有对东南亚的"侵略计划"，这个还很难说，但令人不解的是，当他们在朝鲜取得巨大胜利之后，怎么能把敌人的让步单纯看成自己胜利的结果，并认为这是对其决策英明的证明？事实上，这样做似乎体现了中国宣传工具的自负趋向。比如，《人民中国》的一篇社论说："一方面，美帝国主义在亚洲已经遭到并还将遭到更加悲惨的失败；另一方面，在毛泽东的领导下紧密团结并与苏联结盟的中国人民……已经成为自己国家的主人和亚洲人民力量的中心。"[29]

就英国人而言，杜鲁门－艾德礼会谈的一个重要结果是，他们更加谅解了美国在台湾问题上的立场。美国政府十分重视在当时形势下台湾战略地位的重要性。马歇尔将军在一次会上说，从北部的日本到南部的菲律宾和印度尼西亚是一个延伸的岛链，台湾是这个岛链中的一个"楔子"；从军事的观点来看，"如果说放弃台湾是非常危险的话……那么，切断这个岛链就更加危险了"。[30]

正如英国外交部官员罗伯特·斯科特所言，虽然英国政府尽量把保护台湾的安全和承认国民党当局当成两个问题来看待，但是，在杜鲁门和艾德礼的会谈中，他们还是接受了美国关于"台湾在军事方面的作用的观点"。[31] 最后，尽管英国仍然坚持赞成中华人民共和国进入联合国的立场，但他们却不再要求把台湾交给中华人民共和国了。

12月9日，英美两国政府发表了联合公报，公报不仅反映了英国在台湾问题上的新姿态，还坚持了美国政府自9月以来一直倡导的两个观点：台湾问题的任何解决办法都必须考虑到台湾人民的利益，并且要有助于保持太平洋地区的和平与安定。[32]公报呼吁联合国对台湾问题进行讨论。但是，1951年2月7日当联合国第一委员会决定接受这一呼吁时，英国却"鉴于远东地区形势不稳定的状况"向联合国提出了暂停讨论台湾问题的议案。[33]美国对此表示支持。最后，该议案在三十八票赞成、五票反对和八票弃权的情况下获得通过。[34]这个结果当然使国民党人感到高兴。据蓝钦从台北发回的电报说，国民党一直希望美国"在可能的情况下撤除或者至少设法无限期地推迟目前联合国关于台湾未来地位的所有讨论"。[35]

第三十一章　灵活性的终结

在结束了与杜鲁门的会谈返回伦敦后不久，艾德礼首相对美国对华政策的真正意图开始担忧。1951年1月8日，他在一封给杜鲁门的信中说，他有这样一种印象：美国政府可能打算放弃把战争限制在朝鲜的政策，转而采取一种对中国进行有限战争的政策——艾奇逊国务卿1月5日致贝文的信尤其加深了他的这种顾虑。[1]艾德礼担心美国会怂恿联合国军队"对共产党中国进行一场颠覆活动，或者由蒋介石分子开展一场游击战争"。他说，英国政府历来反对"在目前形势下由联合国通过一项谴责中国是'侵略者'的决议，也不赞成要求集体措施委员会考虑针对中国的措施"。艾德礼提出，首先应该在停火委员会最新拟订的一系列原则基础上形成决议，以"统一目前联合国内部的混乱意见"。[2]

杜鲁门立即向艾德礼保证说，正如美国方面已经同意的那样，除非联合国军队被赶出朝鲜，否则，"抵抗"仍将继续下去，但美国的愿望依然是"把战争限制在朝鲜范围之内"，美国政府并不打算推动联合国进行颠覆中国大陆的活动，也不想由国民党军队开展一场游击战争。他说，美国最关心的是"在朝鲜目前的形势下……联合国所采取的行动应当是光明正大的，是遵守集体安全这个重大原则的"。[3]

最后，英国和美国终于让联合国接纳了他们提出的决议。1月13日，联大第一委员会批准了停火小组的补充报告所提出的五项原则。[4]接着，挪威提出的由联大第一委员会主席向中央人民政府传达这五项原则的建议也被采纳了。[5]相当于新的停火建议的这五项原则，在满足北京的要求方面超过了联合国以前所提出的任何方案，因为它建议召开一次讨论包括联合国中国席位问题和台湾问题在内的远东问题的专门会议。但是，在中国看来，这五项原则却有致命的错误，那就是"先停火后谈判"这一要求，中央人民政府认为，这只是敌人在受到打击后妄图得到"喘息时间"以便卷土重来的诡计。如同1949年中共的谈判代表拒绝国民党政府的停火建议一样，他们用十分相似的语言拒绝了五项原则中的这一条。中华人民共和国坚持以先谈判后停火作为谈判的基础。[6]

北京的做法为美国提供了可乘之机，1月20日，美国提出了一项认定"中华人民共和国在朝鲜进行侵略"的议案。议案宣称："联合国军队决心在朝鲜继续战斗，抵抗侵略。"另外，议案还说美国将继续"坚持在朝鲜结束战争的政策"，并要求联大主席"立即指定两个他认为合适的人，在任何适当的时候，利用他们的调停作用使战争彻底结束"。[7]

奥斯汀大使在为这项议案辩护时强调说，中华人民共和国已多次拒绝了"在远东问题上先停火后谈判"的倡议，而且要求"在谈判结束之前拥有向联合国军队进攻的权利"。他说，北京的谈判条件，实际上是想让联合国方面在开始谈判之前就接受它关于台湾问题和联合国中国席位问题上的政治要求。他认为，中国的立场无非"其主子——苏联统治集团的意见的反映"。奥斯汀不免对此揶揄：中共是否准备"用迫击炮和手榴弹来冲破联合国军队的防线"?[8]

虽然英国政府打算谴责中华人民共和国的"侵略"，但英国反对美国在其议案中提出的由集体措施委员会立即考虑补充措施以对付中国的"侵略"的主张，英国人宁愿等一等，看调停委员会可能拿出什么方案来。1月26日，弗兰克斯大使在与美国助理国务卿腊斯克和约翰·D.希克森的谈话中，就英国持这种犹豫不决的态度的根本原因提出了三点"个人看法"：首先，英国人不相信联合国军队在朝鲜的指挥以及美国的意图，毕竟，美国人容易冲动；其次，尼赫鲁在最近举行的英联邦首脑会议上发挥了影响；最后，英国与美国的看法不同，伦敦认为，来自北京方面的最新信息包含"更大的希望"。[9]

1月27日，艾奇逊打电话告诉弗兰克斯，在他同腊斯克、希克森和总统进行了讨论之后，他已经批示在美国提出的议案中增添补充意见：如果"其他委员会"（指调停委员会）工作进展顺利，集体措施委员会就可以不采纳美国的议案。艾奇逊强调说，这是美国在满足英国政府的愿望方面可以做出的最大努力，不仅总统和政府各部，而且众议院和参议院的外交事务委员会都已同意做出这种让步。[10]修正建议当天就由美国国务院向它在联合国的代表团进行了传达，同时还附加了一份说明称，"如果修正建议有助于英国支持我们所提的议案"，美国就愿意对议案做出这种修改。美国国务院认为，对议案的修改"可能还有助于使美国得到英国和其他西欧国家"的投票赞成。[11]不出所料，修改后的美国议案果然得到了英国和西欧国家的赞成。1月30日和2月1日，美国的议案以绝对优势的得票数先后获得了第一委员会和联合国大会的通过。[12]

英国之所以支持美国的议案，部分原因可能是周恩来对尼赫鲁的信反应冷淡——这封信要求周恩来发表一份声明，宣布中国愿意使太平洋地区保持和平。1月24日，阿拉伯和亚洲十二国曾联名向联合国大会提出建议：由美国、埃及、苏联、印度和中华人民共和国举行一次会议，以便了解周恩来对联合国1月13日停火建议的答复的"所有必要的说明和补充"。[13]尼赫鲁显然认为，如果周恩来发表一个表示中国和平愿望的声明，将会使上述建议获得更多的支持。然而，周恩来私下拒绝了他的请求。周恩来说，只要联合国打算以决议的方式谴责他的政府是"侵略者"，那么，发表这样的声明就会使人觉得中华人民共和国在对其的谴责面前气馁了。[14]

英国外交部远东司助理次官斯科特等人"对周恩来的反应极度失望"。他们向美国大使馆指出，在同联合国谈判的问题上，中央人民政府从来没有表现出主动精神，而且，在英中两国举行的建交谈判中，中国人也显得同样消极，这使斯科特等人的热情深受打击。虽然中央人民政府有时要求英国说明其立场，但从未表达使英中关系正常化的愿望，斯科特等人认为，周恩来的做法只是想影响对美国议案的表决，而这是愚蠢和徒劳的。[15]对斯科特等人来说，尼赫鲁建议中华人民共和国应表现出为和平解决问题而努力的姿态，周恩来对此竟加以拒绝，这对他们来说是一系列打击中的最后致命一击。据美国大使馆报告，斯科特等人认为："现在，每个人都应当清楚地认识到以下几点了：中央人民政府（a）从来没有打算在远东问题上认真谈判以寻求和平解决的办法，（b）从来没有真诚地希望同英国建立外交关系，（c）从来也没有为进入联合国而进行真正的努力（如果不是因为它知道根据条件它将不会被接受的话），它只是想制造麻烦而已。"[16]2月，当胡阶森向中央人民政府外交部副部长章汉夫进行告别性拜访时，中国对中英建立外交关系不甚积极的迹象进一步显现出来了。章汉夫"有意地表现出冷淡"，胡阶森要求他对恢复两国建交谈判一事发表意见，但是一无所获。[17]

英国政府对中华人民共和国的幻想破灭了，这可能对英国支持美国谴责中国侵略朝鲜的议案起了促进作用，但是，无论如何，它在最初还没有影响到英国政府赞成中华人民共和国在联合国拥有席位的立场。美国的意见是，不应该允许一个已经被谴责为"侵略者"的政府进入联合国。2月15日，贝文在致弗兰克斯爵士的电文中极不赞成美国的这个观点，贝文认为，谴责性的议案同"联合国代表席位问题没有什么联系，代表席位问题只应依据对事实的承认来加以解决，而与道德上的赞成还是谴责无关"。[18]

不过，在大约两个半月之后，当艾奇逊向赫伯特·莫里森递交了一封私人书信（由于贝文生病，莫里森在3月接替了他的职务），提出华盛顿和伦敦应该暂时停止两国在是否赞成中华人民共和国进入联合国的问题上的争论时，莫里森对此建议表示感兴趣。艾奇逊在信中说，中共现在正与联合国军"进行大规模的战斗，并且还否认联合国宪章的有效性"，在这样的形势下，英美两国的争论还将会造成"最严重的分裂"，并"在最大程度上鼓励中共一意孤行"。[19]

5月10日，莫里森给艾奇逊回了信，表示对艾奇逊的看法很感兴趣。他说，暂时停止争论可以防止使"我们众所周知的政策分歧……变成两国之间产生误会的根源"。莫里森还重申了英国支持中华人民共和国进入联合国的立场。他说，英国的这个立场是无可争议的，英国政府"不会支持由蒋介石的代表在联合国代表中国的幻想"。另外，他又说："如果中华人民共和国仍坚持目前的方针不变，英国也不会热切地支持它进入联合国。"[20]

在此情况下，对于由谁在联合国代表中国这个问题，无论对台北还是对北京，英国显然都不想投赞成票。台北的政府代表不了中国，而北京政府却正在同联合国军队打一场战争。艾奇逊认为，在这种情形之下，美英两国应该支持联合国做出决定，推迟对应当由谁来代表中国的问题的投票表决。莫里森接受了这个意见，美英在此问题上的争论也暂告结束。事实上，这样的结局只能使台湾在联合国的席位继续保持下去。[21]

英国政府在解释其新立场的时候明确表示，英国政府仍然承认中共政权是中国的合法政府，但英国"同样注意到的一个现实是：中华人民共和国对外进行了侵略，并且拒绝以体面的方式解决朝鲜争端"。[22] 1951 年秋，保守党取代工党组成了新的英国政府。新上任的英国外交大臣安东尼·艾登表示，他继续奉行其前任采取的同美国"暂停争论"的做法，但是，对于任何有可能使人认为台北比北京"更有资格"在联合国代表中国的说法，他都表示反对。[23]

随着 11 月底中国人民志愿军大反攻的发动，要求全面禁止美国同共产党中国进行贸易的压力在华盛顿迅速加大。有意思的是，尽管外交界长期以来认为共产党中国经济萧条，但事实上，它对美国的贸易出口多于进口。据美国商业部部长称，美国从中华人民共和国进口了"大量的钨"以及"一些木材和锡"，但是，美国向中国出口商品的百分之八十五却是棉花；"没有任何具有军事价值的商品输入中国"。[24]

美国商业部在 1950 年曾经颁布一项规定，要求所有准备向中国内地、香港和澳门出口商品的人都必须办理出口特许证。该规定从当年 12 月 3 日起生效，虽然它在原则上允许不具有战略价值的商品向中国出口，但是，美国财政部认为这"实际上等于全面禁止了对华出口贸易"。[25]财政部部长约翰·斯奈德在他交给国家安全委员会的一份备忘录中指出，只实行贸易限制而不阻遏中国的财源的做法是自相矛盾的，除非截断其财源，否则，中国仍"可以用美元从其他国家进口同类商品"。[26]财政部要求从财政上加以控制，以便把所有同中国有关的财政业务控制在国家特许之下。[27]

然而，美国国务院认为："现在，美国不应对共产党中国实行完全单方面的贸易限制和财产冻结措施。"不出所料，不仅财政部反对这一表态，参谋长联席会议对此更是大加挞伐，参谋长联席会议认为，国务院的立场"令人费解"，因为"在共产党中国向美军发动进攻之时"，此举"无异于资敌"。参谋长联席会议不断向国务院施加压力，要求立即"对共产党中国实行单方面的、彻底的贸易限制，同时采取财政冻结措施"。[28]

1950年12月16日，美国开始在其管辖范围内对共产党中国的财产实行管制，并且禁止一切在美注册的船只开往中国港口。艾奇逊在两天前召开的国务院高级官员会议上承认，虽然这种措施"对中国并没有什么影响"，但为了平息公众舆论的不满，还是有必要这样做。[29]国务院在发给所有美国外交官员的一份传阅指示中指出，美国无意"使限制永久化"，并且仍然希望中国"放弃它在当前远东危机中所采取的与联合国的利益和目标相抵触的行动"。[30]

中华人民共和国也以同样的方式回敬了美国人。12月28日，中央人民政府下令立即对中华人民共和国境内的美国政府和美国企业的一切财产实行管制，同时对中华人民共和国境内所有银行的一切美国公私存款即行冻结。[31]

1950年12月31日,上海的一家美国公司的经理写给他在香港的办事处的一封信,这样描述了中央人民政府实行冻结令的经过:

> 本月30日,我和穆先生接到通知,前往参加由军管会贸易处召集的会议。所有美国公司的代表都出席了这次会议。在那里,中国人通知我们说,由于美国政府的行动,中国有必要对美国公司实行管制。他们指出,这种措施并不等于没收,只是意味着控制和监督……当天下午,军管会的五名代表来到公司,他们解释说,他们的职责是进行监管……除此以外,一队士兵(有三十二个人)也以保护财产的名义进驻了我们的东古(音)集散站。[32]

1951年1月8日,中美火油公司把这封信的复制件交给了美国国务院,同时它还附了一封信说,公司"在上海的工作已完全不在我们管辖之内,我们所出售的商品只是共产党占领上海前的存货"。[33]

1月30日,英国驻沪领事馆向本国外交部提交的报告称,中美火油公司受到的对待,在相当大的程度上代表了美国在上海的公司——特别是那些拥有巨额财产的公司——的境遇。这份本来是一名"负责的美国人"写给英国驻沪总领事的报告还说:

> 美国的电力和电话公司已经完全处于军管会代表的管制之下。以前的管理人员只是在奉命行事,不得向董事会

或纽约总部请示或执行他们的指示。

政府方面的代表掌握了所有拥有巨额财产、股票和大批职员的公司的事务，他们在公司办公，实际上直接指导着这些公司（主要是石油公司）的事务。在公司的所有事务上，他们至少发挥着否决权的作用……支票必须由公司和政府的代表共同签字，中国人还常常要求这些公司把它们同当地的外国银行和独立经营的中国私人银行的业务关系，转移到中国的国家银行去。[34]

在对美国与共产党中国的经济联系"实施全面管制"之后——美国国务院的官员承认这种管制是进行"经济战争"的手段，美国便极力劝说联合国的其他成员也采取同样的行动。可是，对于对共产党中国实行经济制裁"是否符合自身利益"的问题，其他成员却有不同的看法。于是，美国不再利用这个问题向别国施加压力，而是明确提出："作为惩罚措施，在最低限度内应该由联大做出决议，立即对中共实行汽油、原子能材料、枪支、弹药和其他军事物资的禁运。"[35] 1951年5月18日，联大通过了一项实际上是以美国的这个要求为蓝本的决议。该决议在结尾处强调说："联合国仍将坚持在朝鲜停火的政策，争取以和平手段实现它在朝鲜的目标，并要求调停委员会继续履行其职责。"[36]

虽然英国支持了这项决议，但它的态度是勉强的。香港和新加坡政府的强烈反应就说明了这一点。它们认为，尽管联大附加措施委员会目前要采取的都是英国已经实行了的措施，但是，联合国做出的这项决议仍然"充满了挑衅"。它们担心，这个决议可能是对华实行全面的经济和政治制裁的开始——而英国对此是坚决反对的。[37]英国外交部认为,只有在调停委员会的工作"失败"之后,附加措施委员会才可以将其报告提交联大。然而,美国官员指出,英国的意见与联大2月1日的决议相矛盾,"根据这个决议的授权,附加措施委员会只有在调停委员会的工作取得令人满意的进展的情况下才可以延期提交其报告",而事实上调停工作已经完全失败了。美国国务院认为:"英国政府仍然认为那些补充措施可能会刺激中共继续进行侵略。"美国的观察家指出:"实际上,即使人们进一步向中共提出有助于和平解决问题的办法,它也一样会侵略别国的。"[38]对于是否把经济制裁作为政策手段,英美两国的看法再次出现了重大分歧——这种分歧的第一次出现是在1949年。

当然,英国早就对中国实行了包括汽油在内的战略物资的禁运,北京的外交部新闻发言人的愤愤不平已证实了这一点。在严厉谴责联合国"非法通过"对华禁运措施的声明中,这位发言人称:"应当指出,在联合国通过美国的所谓提案之前,英国就已经步美国后尘在贸易方面对中华人民共和国采取了不友好的行动,而且决心与中国人民为敌。所有那些追随美国对中国和朝鲜实行贸易禁运政策的国家,必须对由于其敌意而导致的一切后果负责。"[39]

北京对联合国通过的物资禁运决议进行谴责,是人们预料之中的事,但这并不能阻止联合国的大多数成员把这项决议的规定付诸实施。国务卿艾奇逊和国防部部长罗伯特·H.洛维特向美国国家安全委员会递交的一份报告中说,截至9月25日,不仅大多数联合国成员和一些非成员表示愿意遵守决议的规定,而且"在决议通过之后没多久,许多国家最近还对决议规定的禁运商品种类之外的一些商品也实行了禁运"。[40]另外，这份报告也承认："仍有价值不菲的商品输入中国，其中还包括为数不少的战略物资，但直接的军用物资是没有的……有些国家想通过走私和其他途径冲破规定同共产党中国进行贸易，对此，美国政府正密切监视，并设法引起其政府的注意。"[41]大约在一个月之后，负责经济事务的助理国务卿威拉德·索普在一份公开声明中指出："已经有四十三个国家接受和积极贯彻了联大决议，它们原来都是向中国出口战略物资的主要国家，当然，苏联集团国家除外。"[42]

中国介入朝鲜战争后，美国政府立场趋于强硬的另一个表现是恢复了对国民党的大规模军事援助，同时向台湾派遣了众多的军事顾问团。1951年5月30日，美国驻台北"代办"蓝钦向国民党政府"外交部长"叶公超递交了一份"外交照会"，内称：美国政府正在考虑"援助国民党政府一些军用物资，以使台湾在可能遭到的攻击面前得以自卫"。该照会还说，在提供援助之前，台湾必须"就如何使用和储存援助的物资"的问题同美国达成"谅解"。美国要求国民党政府只能把美国的援助物资用来"保护其内部的安全或者进行合法的自卫"，并且要接纳美国政府职员在其机构内任职并为他们提供便利的条件，以"监督物资的使用情况，保证物资按照双方的契约使用"。2月9日，"中国政府"在"外交照会"中答应了美国提出的条件。[43]

2月16日，根据国务院的要求，杜鲁门总统拨出五千万美元，作为对国民党陆军的无偿援助。援助的主要项目有通信设备、坦克、机动车、轻武器、弹药、工程技术和医疗设备。[44]美国国务院给其驻台北的机构打电报说："海军和空军的援助装备（分别价值五百二十万美元和一千六百万美元）

也已经由国防部准备好了。这笔拨款是由国务院向总统提出的，目前已获批准。"[45]

5月1日，威廉·蔡斯少将率领的一个美国军事援助顾问团到达台北。蓝钦虽然担心到台北的美国官员的数量膨胀，但对美台关系的这种发展仍表示欢迎。他在回忆录中写道："华盛顿终于做出了决定，改变了我们不再向台湾派遣这种代表团的早期立场。我曾经认为，我们可以通过增加驻台美国武官的数量的办法达到同样的目的，不过，采取断然的措施或许更好。蔡斯少将在台湾的四年任期内里厥功至伟。"[46]

应当指出，蓝钦上面提到的美国政策的变化是在中华人民共和国出兵朝鲜之后才发生的。在回忆录的另一章中，蓝钦列举了自1950年6月27日之后"美国对台政策发展中的一系列重要事件"（6月27日，杜鲁门宣布美军进入朝鲜和使台湾中立化），其中包括前面已经提及的1951年2月的军事援助，以及1951年4月20日美国致台北的关于派遣军事援助顾问团的通知书，"1951年6月21日签拨"给国民党政府的"近四千二百万美元的追加经济援助"，1951年10月批准的共同安全经费——包含在"1952年财政年度的大约三亿美元的对台援助"中。[47]在中华人民共和国派遣军队进入朝鲜以及拒绝联合国的停火建议之前，这样的事情从未发生过，指出这一点是非常重要的。

美国国家安全委员会1951年5月17日制定的题为《美国的亚洲政策》的NSC48/5号文件，着重分析了中国介入朝鲜问题的后果。这份文件反映了美国对共产党中国在亚洲的威胁越来越担心的情绪，也说明了美国为什么要增加对台湾的军事和经济援助。该文件指出，美国当时政策的目标之一是"不承认台湾属于同苏联结盟或由苏联控制的任何中国政权，应加强台湾的防卫能力"。[48] 我们可以看到，这份文件中提出的对华政策与美国在 1949 年所奉行的政策形成了鲜明的对比。例如，1949 年 1 月制定的 NSC34/1 号文件主张，要在中国各党派之间采取灵活的政策，而 NSC49/5① 号文件却号召中国其他党派的领导者和人民反对"北平政权"，并提出美国应支持反共分子。NSC41② 号文件主张美国和日本同中共统治的地区进行贸易，而 NSC48/5 号文件却要求继续对华实行贸易限制，并争取其他国家对中国采取政治和经济的制裁措施。1949~1950 年美国的政策是，通过联合国安理会的投票表决来解决中华人民共和国在联合国的席位问题，而 NSC48/5 号文件却要求美国说服其他国家反对中华人民共和国进入联合国。[49] 到 1951 年 5 月中旬，美国采取了一系列相当强硬的敌视政策，而且还奠定了此后二十年的对华政策的基调。正如我们所看到的那样，美国的这种政策的转变，在很大程度上是对中共领导人在取得对国民党的军事胜利及中华人民共和国介入朝鲜战争后所奉行的政策的回应。

即使在推行强硬的对华政策的同时，美国国务院也并没有放弃同中共领导人建立一种非正式接触的努力，1951 年 1~6 月，美国国务院的政策规划人员伯顿·马歇尔等人为此花费了大量的时间。正如此前对周恩来的所谓新方针的反应一样（见本书第七章），马歇尔等人的努力也无果而终，但

---

① 原文如此，疑为 NSC48/5 之误。——译者注
② 原文如此，疑为 NSC34/1 之误。——译者注

从中可以看出，美国官方其实仍想与北京建立起联系的渠道。[50]当然，由于没有可靠的证据说明中共最高层领导人曾经了解了马歇尔等人的努力，对于在华盛顿和北京之间建立联系的努力的失败，我们还没有十足的把握说责任在中共一方。然而，这也说明，即使在对中华人民共和国奉行强硬政策的时候，美国政府也仍然愿意就中美之间的分歧进行讨论。

第三十二章　监禁与留难

对于在华的西方人尤其是美国人来说，中国介入朝鲜战争的后果要比战争本身所带来的后果大得多。在战争爆发和美国宣布使台湾中立的政策之初，虽然中国加强了反美宣传，但是，在华西方人的处境并没有明显变化。大多数想要离境的人都等到了批准并得以离去；[1]那些愿意留下的人也或多或少地能像战前一样做自己的事情。商人们仍被拒绝发给离境许可证，他们要是打算离开的话，就得交出别的"抵押品"。[2]美国国务院希望那些传教和慈善机构能在中华人民共和国坚持下去，最迟在1950年11月2日，助理国务卿帮办马礼文在写给美中群众教育运动委员会主席勒德·斯沃普的信中还说："现在，美国政府并没有采取措施阻挠人们从本国汇款赞助在华的慈善机构，对于个人或机构从财务上支持在华的传教或类似机构的事，国务院也从未加以干涉。事实上，源源不断的赞助一直是那些慈善机构得以生存的主要财源，它充分表达了美国人民和中国人民的传统友谊。"[3]然而，中国出兵朝鲜之后，形势发生了变化，申请离华的西方人的数量激增，被监禁和被留难的西方人数量也迅速增加。

对于那些派兵参加了联合国军队的国家来说，人们并不难预料中国介入朝鲜会给它们在华的侨民带来什么样的严重影响。1950年10月9日，在获悉了中国要介入朝鲜战争的最初信息之后，英国外交部就指示在北京的胡阶森说：如果有可靠的证据说明"有组织的中国军队将会开进朝鲜"，他就应当"劝告英国在华的非必要人员——特别是妇女、儿童及生活不能自理者——离开中国"。外交部还说，"至于那些代表着英国重大利益的重要人士"的去留问题，应该由他们自己决定，外交部"并不希望他们过早地放弃他们自己所肩负的使命"。[4]

11月3日，英国外交部通知胡阶森说，如果确有必要劝告英国人离华的话，美国、澳大利亚和新西兰政府也希望英国驻华官员对它们的在华侨民发出同样的劝告。[5]但是，胡阶森本人还不打算普遍发出这样一个官方的告诫，他答复外交部称，他将只要求领事人员告诉那些普通的英国臣民：根据他个人的看法，现在是离开中国的时候了。胡阶森叮嘱领事人员说：不要发布文字性的劝告书或者召开专门的会议，在内地的传教士应该由其各自所在的教会团体写信通知他们，但信中不要提他和领事人员说过的话。他还说，通知美国、澳大利亚、加拿大、新西兰和南非等国侨民离华的方式也照此办理。[6]

当西方国家发出要求它们的侨民离开中国的指示时，中华人民共和国已经公开宣布志愿军入朝作战的事实了。实际上，他们早在10月就开始进入朝鲜，大约在同时，中国当局停止了向美国人发放离境许可证的工作。11月18日，胡阶森报告英国外交部说：

> 显然，北京目前至少是不允许美国人离开中国的，他们在大约六周以前就开始这样做了。最近，有好多人，包括一些完全无辜的学生的离境申请也遭到了拒绝。中国人告诉他们说，不批准他们离境只是"暂时的"……假如在中国各地都存在类似的情况，那么，是否有必要向美国人发出建议离境的通知，看来就令人怀疑了。我们在北京

没有发出过任何通知（鉴于通信工具的特点，要谨慎地通知侨民无论如何都是非常困难的）。但是，我已经尽可能地暗示在各地的外国人离开中国。[7]

与此同时，美国国务院也正在尽全力使在华美国人尽快离开中国，他们主要关心的是已经长期被留难的商人。12月8日（此时联合国军队已全线退却），罗伯特·斯特朗在交给美国国务院中国事务办公室主任柯乐博的一份备忘录中提出，"在中国大陆有美国代理人"的美国商业和慈善机构，应当要求这些代理人设法离华，寻找安全的避难所；只要能离开中国，无论付出多大的财务上的代价都是必要的。斯特朗说："相关的公司应该不惜重金将他们保释救出。"[8]

柯乐博不同意斯特朗关于发布一个通告性的撤离警告的想法。他在备忘录中批示道："传教士和商人已经多次收到了要求他们离华的警告，只有那些'非常核心的人物'才可以留在中国，而且，英国最近很可能也向他们发出了警告，故没有必要再发出一个通告性的撤离警告。"助理国务卿帮办马礼文与柯乐博的看法相同。他认为，警告只能助长这些人的幻想，而实际上美国政府对于帮助他们是无能为力的。[9]

但是，美国的社会团体并不需要政府方面敦促他们如何做，中国出兵朝鲜在美国和中国都引起了巨大的反响，促使美国的社会团体劝告其在华人员迅速撤离。中国参战的一个重要后果是，美国决定冻结中国在美国的财产并且切断了美国与中国的资金往来。这样一来，那些受美国支持的在华机构便失去了基本的资金来源。此外，中央人民政府查封了美国人在华的所有财产，紧接着，由美国人资助建立的学校和大学完全处在了中国单方面领导之下。[10]同时，中国新闻界的反美宣传也加强了。英国驻广州总领事曾经描述过当时岭南大学的气氛。他说，大学里出现了令人不安的"惊慌"，"那些与外国人有联系的人"受到了公然的恫吓。[11]

教会组织之所以指示传教士离华，主要就是因为中国的基督徒遇到了很大的困难。例如，1950年1月，胡阶森从北京报告说，中国内地会（它可能是最大的新教组织）认为，"在中国的传教士目前几乎不能履行他们的使命"，因此，为了使中国教徒免受"不利影响"，该教会已决定撤离其大部分传教人员。胡阶森的报告中说，几乎所有的美国和英国教会都在原则上做出了这样的决定。[12]

在新教传教组织做出撤离中国的决定后，来自教会方面的申请离境的人数陡然增加了。一些人没过多久就领到了离境许可证，但有的人等待了两年之久，许多人则被软禁起来，监禁时间，短则数月，长的则达数年之久。传教士受到何种待遇似乎取决于许多因素，其中包括他们所在的地区及与他们有联系的传教组织的情况以及他们个人的传教历史。

有的传教士受到了大会批斗。1951年秋天，根据对中国杂志《天风》报道的详细情况的分析，美国基督教会全国委员会发表了一份《中国公报》，对批斗大会的情况做了如下描述：

> 受到批斗的传教士一般都是美国人……中国人对他们的指控通常是：①把宗教置于政治之上；②宣扬热爱、赞美和敬畏美国的歪理邪说；③反对苏联、共产主义和人民政府；④为本国政府从事间谍活动；⑤用"小恩小惠"

骗取中国人民的友好感情。一些传教士曾经以这种或那种方式帮助过中国人民。这是不能否认的事实,然而在上述的最后一条指控中,他们全都遭到了谴责。

……

很明显,大会并非人们自动发起的,而是在当地政府宗教事务局的压力之下才召集起来的……政府官员不仅策划了这些会议,而且积极参与了编造这些指控的过程。

尽管有政府作为后台,批判运动并未取得多大的成功……这使《天风》杂志的编辑忧心不已。为了激发人们一直裹足不前的批判情绪,8月18日和25日,该杂志连续发表了两篇社论。[13]

批判运动失败的原因之一,是一些中国教徒拒绝谴责他们的外国同事,虽然这要冒对官方主持的运动持不合作态度的风险。比如,极有声望的牧师胡本德和他的妻子玛贝尔·哈伯德遇到的情况就是如此。他们在中国传教的历史可以追溯到清朝末年,他们以及他们的邻居艾丽斯·哈金斯的经历可以使人们清楚地看到,中国的新制度与自由的传教士之间不可避免地要发生冲突。

胡本德是一位农村改革者。汤普森在他所著的《当中国面对西方》这本书中曾经提及他的事迹。[14] 1950年6月,胡本德再次参加了华北基督教农村事业促进会,这个组织是在二十五年前由他帮助建立的。他希望能为中国的农民多工作几年,并且希望自己能适应新的制度。[15] 当他在美国的家人问他为什么要在中华人民共和国继续工作时,他毫不犹豫地回答说,是许多选择留在中国的传教士的感情促使他做出这一决定的。1950年7月2日，他写道：

我是带着三种信念来到人民政府领导下的华北地区工作的：

（1）我要努力更加忠实地相信上帝……上帝知道自己在做什么，他以神秘的方式在体察，但却常常被自己的孩子们误解……

（2）我要努力观察在当前的制度中什么是美好的，并且与任何有建设性的运动合作，这样就可以使基督教运动赢得其传播的权利。首先，我们要加强我们作为基督徒的信念，以忘我的牺牲和服务践行之……

（3）我准备接受并且相信中国政府的领导……我们已经给了我们的中国朋友必要的基督神，让我们相信他们会懂得——他们或许比我们更清楚地懂得，在他们民族历史的决定性关头，基督徒应该做些什么。

在胡本德重新加入华北基督教农村事业促进会并开展工作的时候，朝鲜战争爆发了。不过，在整个秋天里，他们的工作似乎进行得很顺利。10月29日，他们和"十三县专区办公室"的人一起参加了一次庙会。他说，庙会取得了"令人瞩目"的成功，"管理庙会工作的主要政府官员对我们的参加非常赞赏"。胡本德说："我们感到，也许我们正在实现自己所追求的愿望，这一切都使人们心里倍觉温暖。"不过，他也说，一些地方出现了反基督教的声明，还发生了反传教士的行为，他为此感到不安。

在华期间，胡本德参加了政治学习小组，官方要求在中国的所有机构的成员都参加这种学习。几年之后，胡本德这样记述了他在这段时间的经历：

> 我们在中国人所称的学习班中上课，每周两次……我们当中的一个曾经在北京接受了三个月的共产主义教育，他是一个忠诚的基督教徒……我不知道是怎么回事，反正我们发现他已经被指定为我们小组的组长。与给我们安插一个外人相比，他给我们上课要容易得多……他总是先宣布一下晚上开会的主题，可能再做一个简短的讲话，然后，他就依次询问每个人是怎么想的，你必须回答……不许沉默不语。[16]

胡本德回忆说，开始的时候，他所参加的那个华北基督教农村事业促进会学习小组"没有遇到任何麻烦"。然而，中国出兵朝鲜后，他便不再参加学习了，因为他发现，"是否参加这样的学习小组已经成了区分人们进步和不进步的分水岭"。[17]

胡本德后来说，他退出学习小组是在 12 月，那时，他和他的妻子都申请离开中国。在此之前，他们在同一个月内收到了来自美国教会董事会的两封电报，其中第二封提出"传教士一定要尽早地完全撤离中国"。1950 年 12 月 31 日，胡本德在一封信中这样概括了他当时的处境："如果有可能的话，传教士必须离开。倘若不接受董事会的劝告，就必须找到在这块土地上生存下去的办法。即便如此，他们与中国的机构之间的联系，也将不利于这些机构树立独立性的姿态，不利于'切断与外国的所有联系'。"

从提出申请到最后获准离境的十五个月里,胡本德一家度过了一段比较轻松的时光。虽然他们不能也不会被允许去进行他们日常的传教活动,就连从他家所在的通县走二十一千米去北京检查牙齿都未获允,但他们一家每天还是可以散步或者骑自行车旅行,接收从美国寄来的邮件(除了杂志和报纸),无忧无虑地享受个人兴趣爱好。1951 年 7 月 2 日,胡本德在信中写道:"最近,我又投入很多精力把我们的养鸟方面的书籍译成汉语,并且可以读书、从事汉语研究和木雕方面的工作。"[18]他在家信中多次提到,尽管反美宣传势头很猛,但中国人私下对他和他的妻子仍很友好。他说:"我们尽量每天都安排一次骑车旅行或者散散步。每天都有朋友或度假的士兵来拜访,那些士兵很愿意来,他们非常友好,热爱和平。一想到有人要把这些善良的孩子送到前线被我的国家的人打死,我就非常痛恨。反过来也一样,让我们祈祷战争尽快结束吧。"

胡本德一家留在中国期间受到了比较宽松的对待,与他们的朋友和邻居艾丽丝·哈金斯受到的对待形成了鲜明的对比。哈金斯在一所教会创办的女生学校里工作了几十年,但当局从外面往学校里安排了一个女人,在这个女人的带领下,学校的学生接连不断地批斗并从身体上折磨她。[19]女学生们甚至创作了一首名为《哈金斯坏蛋》的中文歌曲,把她说成一个极端堕落的女人。据胡本德说,学生们经常"随意闯进她的房间,打开她的皮箱,检查她的东西,并且……向她示威"。在毕业典礼上,她曾经资助过的一个女孩子毫不客气地批判她。最后,哈金斯从她的房间里被赶了出来。

为什么哈金斯会受到如此的磨难?当胡本德对中国人把哈金斯赶出房间的做法表示抗议时,学校的校长告诉他,学校召开了有全体教师、学生和职工参加的群众大会,是群众大会做出了这样的决定,校长称之为"人民的一次起义"。胡本德感到,在革命的条件下,这意味着中国人把哈金斯当成了一名压迫者和阶级敌人。他认为,反对哈金斯的活动的主要目的在于激发反美情绪,并且清除美国在这所学校的所有影响。

1951年秋,中国各地都发生了这样的事情。在中国西部的一名英国传教士本来对中国革命有着满腔热情,但是,他的那些打算离开中国的同行所受到的对待刺痛了他的心。一名官员曾对他说:"很久以来,外国人总是趾高气扬地出现在中国老百姓面前,他们一贯宣称自己是对的,拥有非凡的智慧,有权指挥别人。我们被蒙蔽了许多年,我们必须让每个人都知道,那些来自大洋彼岸的人的势力已经被摧毁了。"[20]这位官员说,即使最怀有好意的外国人也不自觉地充当了异族文化的传播者。换言之,革命不仅要摧毁这些外国人的势力和影响,而且还要使人们看到这一点。基于这个原因,召开对外国传教士的批斗大会就成为必要的了,就像对待中国的地主和其他压迫者一样,他们的势力和影响也是要被摧毁的。

虽然胡本德一家被留难十五个月才得以离境,但在此期间中国人并没有把他们——至少是胡本德本人——当成批斗对象,对此,人们似乎无法做出恰当的解释。但是,胡本德没有受到批斗,显然是因为他在华北基督教农村事业促进会的中国同事们拒绝这样做。他的一个同事告诉他,实际上,促进会的成员们承受着要求批判胡本德的"巨大压力",但是他们召开了一次秘密会议,这次会议决定,如果有人出来批判胡本德,所有的其他人就反过来批斗他。不过,在其所属教会的其他所有的人都获准离华之后(艾丽丝·哈金斯除外),胡本德仍被中国留难了很久，他本人曾对这种情况进行了分析。有人可能认为，共产党会把胡本德当成一个同情他们事业的人，因为他从事了多年的乡村重建和群众教育工作，其中有些工作是在日本占领华北初期，他在共产党游击队控制的地区进行的。可是，一位中国朋友告诉胡本德，尽管他致力于乡村工作，如帮助农民使用优良种子等，这些事实却一点也不能说明他对共产党的信赖。这位朋友说："因为当你这样做的时候，你是为美国效劳的，你的立场本身就错了，你是以一个美国人的身份这样做的。"胡本德是一位非常了不起的牧师，很多人都知道他，他的工作在社会上产生了非常重要的影响。但是，共产党认为他们自己才应该是最强大的人，因而在共产党看来，胡本德声名卓著，这足以成为一项罪状，要击碎传教士的这种形象，使民众不再信任他们，拿胡本德开刀是再合适不过的了。他显然是犯了改良主义的罪行，就像教堂里的一位新的中国领导人所说："改良主义是一个阴谋，它企图打着'社会福音'的幌子取消被压迫人民的革命热情。"[21]无论如何，还有许多其他在华的传教士，他们被留难的时间长短不一，而政府从没有向他们说明原因。

有些传教士在没有受到任何指控的情况下就被投进了监狱，弗兰克·库利就是其中之一，他被投进一个长六米、宽四米的单人牢房里，过了五十天与世隔绝的监禁生活。[22]库利在重庆大学工作，他是基督教青年会的一名充满了理想主义的年轻人，代表着基督徒的新的一代。他太渴望在新政府的制度下从事自己的事业了。他的一位教友说："库利与工作人员一样生活简朴，在周围的传教士中，他汉语说得最好，他曾拿出自己的大部分工资保释重庆基督教青年会的会员……共产党来了后，库利便开始教育他的教友，以便他们与新政府友好相处……朝鲜战争爆发后，中国强化了其反美宣传，对库利来说，一切都结束了。于是，他只有申请离开中国。他无缘无故地等了十个月，没有经过审判就被投进监狱，在里面待了两个月。之后，中国政府责令他离开这个国家。"[23]

据说，大多数被监禁时间较长的美国人都被指控为搞间谍活动，他们常常表示服罪。一些人确实认为自己有罪，另外一些人则不过是把服罪当成获释的手段。有三名美国人，他们在北京住监狱的时间加起来有十一年，他们都写了有关自己这段经历的书，书的名称就反映了他们各自对当时情况的想法。受富布赖特基金资助的学者李克、李又安夫妇把他们的书命名为《羁囚的解放》①，而天主教大学②教务长芮歌尼神父则把他的书名定为《我在红色地狱的四年》。[24] 1950 年秋，随着中国介入朝鲜问题的迹象的出现，中国政府就开始拒绝一些人离境，他们正是那些没有获准离华的人当中的三个。

1951 年 7 月 25 日，李克和芮歌尼神父被捕了。那一天，在北京有许多外国人遭到了逮捕。一位英国外交官的美国妻子说："我听说至少有二十名外国人被捕……7 月 25 日……中国政府完全没有宣布这些逮捕行动……从来也没有宣布过……被逮捕的不仅有美国人，还有比利时人、荷兰人、意大利人和德国人；他们当中有牧师、修女、教授、商人和医生。"[25]

美国国务院曾于 5 月 21 日告诉新闻界，可能已有三十多

---

① 李克（Allyn Rickett）、李又安（Adele Rickett）著《羁囚的解放》（*Prisoners of Liberation*），1958 年群众出版社曾以《两个美国间谍的自述》为名出版了该书中译本（青珂译）。——译者注
② 指辅仁大学。——译者注

名美国人在中国被捕,具体数字不得而知,因为"在大多数情况下,当地的中共当局都不对这些逮捕做出任何说明,也不通知有关的社会福利机构,或者告诉人们被捕者的下落"。而且,中国人还拒绝具有合法身份的外国领事和英国官员接近被捕者,因为他们认为,自美国领事馆闭馆后,"这些人一直代表着美国的在华利益"。[26]

面对完全不同于西方的司法程序,不仅要帮助被捕的美国人还要帮助那些被捕的英国人和英联邦其他国家的人,英国官员当然早就知悉其中的巨大困难。英国驻天津总领事给英国外交部的一封电报曾提到发生在前年夏天的审判过程:

> 实际上,合法的辩护是不存在的,因为法院不允许有任何律师出庭。……
>
> 在审问之前或审问过程中,被告人不许询问任何问题,不许反复询问证人,而且,实际上被告人要被迫认罪,直至政府满意,他才会被带到法庭的面前。……
>
> 在"审判"时,有一名法官负责记录,审判员自始至终似乎不过是在这名法官面前进一步确认被告人的罪行,案卷早已在警察审问和"教育"犯人的过程中写好。……
>
> 我听说,在审讯、释放或者宣判之前,被告人总是要被单独监禁至少三天。[27]

这位英国总领事说:"地方当局认为这种司法程序是令人满意的和正规的……我担心,中国的任何一个共产党政权都不会像在英国那样对待被拘留的外国人。"他认为,在中华人民共和国正式承认英国之前,如果要求同这些被拘留起来的人建立联系,这些要求很可能不会被理睬。

英国外交部的一位官员这样评价总领事的看法:"即使在那些承认我们的领事权的共产党国家里,我们也同样无力保障英国臣民的合法利益。"他提到了波兰的情形:波兰的司法程序同目前中国的行为方式实际上是非常相似的,波兰政府"不告诉我们有关逮捕英国人的问题,而让我们自己去弄清是怎么回事"。另一名官员补充道:"保加利亚、罗马尼亚和匈牙利实质上也和波兰一样……即使一个人并没有什么政治倾向,他也往往不被允许接近那些被捕者。"[28]

中国监禁了许多美国人,美国政府既无法得到关于这些人的任何消息,也无法通过英国人接近他们,这成为使华盛顿和北京的关系越来越紧张的一个热点问题,直到朝鲜战争结束和这些人被遣返回美国之后很久,其影响都没有消除。但是如同我们后来所看到的那样,这却成了美国和中华人民共和国重新启动直接外交联系的原因之一。

1951年12月8日,美国国务院向新闻界解释说,它反对把那些在中国被监禁的人的名字公开,是基于以下两个原因:"第一,他们的亲属或同事担心这样做会危及被监禁者的人身安全;第二,那些正在帮助我们向中共提出交涉的国家认为,由官方公布这些人的名字——特别是在他们为美国人活动期间,可能会使他们的努力付诸东流。"[29]威廉·华莱士博士是基督教南方浸礼会的一名传教士,在梧州一个监狱被单独关押期间死去,这足以说明这些被监禁者的亲属或同事不愿意公开姓名的原因。1951年5月21日,美国驻香港总领事马康卫从香港拍来电报,报告了华莱士博士死去的消息。他说:"在香港的教会使团代表要求我们眼下不公开这个事情,不然的话,中国人可能会对在梧州的海斯小姐和七名美国玛丽钟声教会的牧师进行报复。海斯目前没有被捕,但是她领不到出境许可证,那七名牧师据说已经被捕了。"[30] 至于第二个原因,在1951年夏末,美国同一些与中华人民共和国有外交关系的国家进行了接洽,希望它们在北京的代表设法使中央人民政府重视被监禁的美国人所面临的困境,这些国家是印度尼西亚、缅甸、印度、瑞士、苏联、瑞典、挪威和丹麦。[31] 据英国驻北京代办蓝来讷(他在2月接替了胡阶森的职务)的一系列报告称,尽管这些国家的代表就共同交涉一事提出了一些反对意见,但他们大多数人还是愿意为美国提供帮助。[32] 只是印度和瑞士的代表担心美国方面会"不慎重地把事情公开"。[33]

为什么美国国务院要公开说明它不向外界透露被监禁者的名字呢?这是由于在早些时间,威廉·诺兰参议员把三十二名在华被监禁的美国人的名字泄露了出去,这些名字是助理国务卿腊斯克出于信任而于10月告诉他的。[34] 据12月11日发表的《中国公报》报道,这份名单包括了十三名罗马天主教传教士、九名基督教新教传教士、七名商人和受富布赖特基金资助的三名学生。

到1952年9月,美国的总统竞选活动进入高潮,共和党指责民主党在中共面前过于软弱,这部分地促使美国国务院对于中国监禁和留难美国人离境的问题采取了越来越强硬的立场,这个立场随之影响到了美国的对华政策。在9月10日的一次记者招待会上,艾奇逊国务卿简要介绍了死去的四名美国人的情况。下面是他讲话的摘要,他们从中可以感受到一点美国政策的变化:

大家都已知道弗朗西斯·福特主教死在了中国的监狱里……我们一直不能肯定他遇到了什么不幸。大家知道，按照中共的通常做法，逮捕就意味着完全切断了被捕者与外界的联系，当局不会公布有关他的任何信息……根据可靠的报告，福特主教在狱中的伙食很差，并且常常受到虐待。……

格特鲁德·科恩是一位天主教传教士，她于1951年2月申请离开中国，但遭到了拒绝。这年夏天，她患了癌症……她要求拍电报让从香港寄一些钱来维持生活，结果没有得到允许……1952年2月18日，她被用担架抬着穿过边境来到了香港。四十八小时之后，她便死去了。格特鲁德·科恩没有被指控到底犯有什么罪行。……

威廉·华莱士博士是美国基督教新教浸礼会的一名医生……他于1950年12月19日被捕……（他）受到了严刑拷打和折磨。1951年2月10日，他死于狱中。

菲利普·克莱因是一名美国商人，他于1951年4月被捕，中国指控他搞间谍活动。由于健康状况欠佳，几个月后他获得了释放，他患有心脏病和糖尿病……1951年8月他再次被捕，中国人强制他接受没完没了的审讯……1951年10月，中国人又释放了他……克莱因于1951年11月中旬在青岛死去。他死去的主要原因是，在他被关押期间，中国人拒绝使用胰岛素为他治疗糖尿病。[35]

艾奇逊的讲话并没有使在华美国人的境遇得到什么改善，但有必要说明的是，在此之前，美国国务院是很谨慎地避免使用他讲话中的这种语言的，只是在此之后，才不再像以前那样谨慎了。

驻中国的外交代表们为搭救被关押的外国人士四处活动，但是，人们却很难预料这些活动会有什么结果。1953年年中，蓝来讷在从北京到伦敦的途中对美国驻香港总领事说，他曾经认为外交代表们的活动可能会取得成功，但是，在他离开中国之前，上海的天主教牧师遭到了大规模的逮捕，他便不再抱有希望了。他认为，在大多数情况下，外交代表们的活动不会对中国当局产生重大影响，在是否释放人质的问题上，中国当局似乎有自己的安排。[36]

美国人在中国所受到的对待，毫无疑问也使其他国家的公众和官方舆论对中华人民共和国变得强硬了。但是，总的来看，中共并非只给美国人如此待遇，因为中国人对其他国家的传教士和商人也是如此对待的。而且给予这种对待不过是"革命的正义"的制度要求，它既适用于外国人，也适用于有关的中国人。

中国人从他们的国家中清除美帝国主义的文化是使美国人感到十分痛苦的事情，而清除活动又是在这样一种司法制度下进行的，美国人就感到更加恼怒了，不仅像艾奇逊这样的冷战政治家，就连传教士和其他人的情绪也都由此变坏了。例如，胡本德本来决心要在中国新制度的政策中找到建设性的东西并且与之合作，他反对杜鲁门和艾奇逊的对华政策，但是他失望了。1952年4月1日，他和他的妻子以及艾丽丝·哈金斯乘船离开了天津。这一天，他在船上写下了《在"人权和正义"领域"对共产主义的控诉"》一文。他记述了人们所熟悉的群众批斗大会的情况，并举出了自己所了解的一些事例，然后写道："警察的职能和所谓的正义就是保护革命去反对它的敌人，党外的人没有任何权利。"胡本德绝非对新政权的成就视而不见，但是他替那些党外人士感到寒心。他在自己获得自由的第一天里写道："这是我们从来不能用笔来描绘的一张图画的另一个侧面，我们会尽自己所能把全部美好的事情都告诉你，我们可以把中国人在许多领域里取得的建设性成就列成一份令人印象深刻的清单，但是一想到普通人……特别是我们的基督徒朋友所遭受的日趋严厉的统治，我们的心里就充满了悲哀。"

第三十三章 朝鲜战争的苦果

朝鲜战争给中美关系留下了痛苦的遗产,它在后来的许多年中对中美双方特别是美国方面都产生着影响。罗德里克·麦克法夸尔在研究有关中美关系文件时指出:"到签订停战协定的7月27日那一天止,美国军队的伤亡超过14.2万人,其中死亡33629人。① 中国方面一直没有公布他们的伤亡人数,但是据联合国估计达90万人,② 毛泽东的一个儿子也牺牲了。所有这些流血的记忆,在以后的年月里都成了横亘在美中之间的一道痛苦的壁垒。"[1] 出于这个原因,美国在战争期间对中华人民共和国采取的政治和经济制裁措施将无法很快得到修正,因朝鲜战争而勃兴的麦卡锡主义分子的歇斯底里也会始终影响中美之间的关系。[2]

停火谈判本身使美国的态度变得强硬了。在旷日持久的谈判中,美国政府更加坚定了自己的认识,就像德怀特·艾森豪威尔所说的那样,中共"只尊崇武力,蔑视那些忠实践诺者"。[3] 停火谈判头10个月里的美方主要谈判者特纳·乔伊海军中将写道:"中共一点儿也不为自己撕毁协定而感到难堪。显然,协定应该是书面形式的,可是这样的话,共产党又会说是

---

① 据中国方面解放军军事历史研究部编著的《中国人民志愿军抗美援朝战史》,在1950年6月25日至1953年7月27日期间,中朝军队共歼灭美国和其他国家的侵略军以及韩国军队1093839人,其中歼灭美国军队的数字远远超过了14.2万人。——译者注
② 据《中国人民志愿军抗美援朝战史》,在整个朝鲜战争期间,中国人民志愿军的伤亡数字是36万余人。——译者注

你们的翻译出现了错误。"[4]他还说："不管人们多么庄严地达成了一个协定，（对他们来说）这个协定本身并不见得具有特殊的效力。除非它对共产党的目标有利，否则中共是不会遵守的。"[5]

停战协议生效后不久，美国人的这个认识就得到了印证。停战协定第六十款建议"在停战协定签字并生效后的三个月内，（双方有关各国政府）分别派代表召开高一级的政治会议，协商从朝鲜撤退一切外国军队及和平解决朝鲜问题"。[6] 1953年8月28日，联大通过的一项决议批准了交战双方签订的停战协定，并欢迎按照协定的建议召开一次政治会议，还建议苏联"也参加这次政治会议——如果另一方（指中朝方面）愿意的话"。这项决议还指定美国和中朝方面一起为政治会议的召开进行筹备工作。[7]

根据联大的决议，美国国务院通过瑞典外交部分别向中央人民政府和朝鲜政府递交了一封信，就举行政治会议的时间和地点提出建议。在这之前，联合国秘书长已经分别向北京和平壤传达了联大决议的内容。北京谴责这个决议是非法的，并且要求派代表参加联大会议，对政治会议要讨论的所有问题重新加以考虑。他还要求某些亚洲的"中立"国家参加政治会议。鉴于出现的僵局，美国表示愿意派代表同中央人民政府和朝鲜政府的代表举行会谈，讨论如何着手政治会议的筹备工作。中国和朝鲜政府同意了美国的建议，并提出会谈在板门店举行（板门店是双方进行停战谈判的地方），时间是1953年10月26日，他们还提出在会谈中既要讨论举行政治会议的时间和地点问题，也要讨论由哪些国家参加政治会议的问题。经过双方的安排，朝鲜战争结束后有中华人民共和国和美国参加的第一次外交谈判开始了。

1953年10月26日,在所谓的朝鲜问题政治会议预备性会议开始的时候,就现场的形势而言,人们很难认为板门店会比别的地方更有助于谈判产生结果。数万相互为敌的军队固守在横亘朝鲜半岛的非军事化地带的两侧,谈判地点就在这个地带的一座房子里。这座房子坐落在朝鲜与韩国的分界线上,韩国的士兵守卫着南门,朝鲜的士兵则守卫着北门。谈判桌上铺着一条绿色毛毯,毛毯的中缝大致与朝鲜与韩国的分界线相重合。在非军事化地带的另一个地方,根据停战协定的规定,印度军队正看守着数千名还没有对自己的去向做出最后抉择的战俘。中国战俘中有许多不愿意再回到中华人民共和国去,以至于北京停止了说服他们的努力,转而严厉谴责联合国方面破坏停战协定。在这种对抗、敌视的环境下,预备性会议不会产生什么结果,这是可以预料的。

会谈的失败并非由于美国政府没有谈判的诚意,至少代表联合国方面参加会谈的小型代表团的团长阿瑟·迪安不是如此。迪安是一名受人称颂的公民,作为纽约一家公司的出色的律师,他还是杜勒斯国务卿①曾工作过的一家律师事务所的成员。迪安在私下和公开场合都对会谈将在十天或两周之内结束这一点持乐观态度。在去朝鲜的途中,他告诉代表团的成员说,此次谈判如能成功,对艾森豪威尔的新政府来说是非常重要的。[8]

迪安在预备性会议一开始时就指出,按照停战协定第六十款的规定,应该由朝鲜战争的交战国参加政治会议,这些文字

---

① 1953年年初,杜勒斯继艾奇逊之后出任美国国务卿职务。——译者注

规定不仅非常清楚，而且其措辞也是由朝鲜方面在停战谈判中提出的。尽管如此，迪安最后还是同意了把由哪些国家参加政治会议以及会议召开的时间和地点问题列入预备性会议的讨论议程。双方在会议议程上达成的这个协议是整个会谈的唯一成果。在会谈当中，联合国方面修正了之前所坚持的不同意中立国家参加政治会议的立场，但是，迪安绝不接受把苏联也视为中立国家的主张，尽管他表示联合国欢迎苏联正式参加会议并且遵守会议达成的任何协议。

迪安表现出的灵活性是谈判的另一方无法相比的。在会谈进行了大约一半的时候，朝鲜和中华人民共和国的代表（分别是奇石福和黄华）把越来越多的时间花费在以战俘问题为核心的一些枝节问题上。他们不断指责联合国方面有意拖延会谈，以便实现它对拒绝回国的共产党战俘的"恶毒的阴谋"。他们还常常攻击美国的动机，最后甚至对迪安的谈判权限也表示怀疑。总之，他们中止了谈判。12月10日，在一次长时间的会谈中，他们提及朝鲜战俘营于1953年6月单方面释放辛格曼·里的事情，以此指责美国背信弃义，迪安愤而退出了会场。预备性会议成了一幕可笑的滑稽剧。

回国之后，迪安于12月21日在一次广播讲话中就会议失败的原因向全国进行了解释。他说："对方坚持把苏联作为中立国家，并且反对个别的中立国家参加政治会议，除了这两点我们没有接受以外（其实我们接受这两点也不是完全不可能的），在安排无投票权的观察员参加会议以及观察员的权利和投票程序问题上，我们完全满足了对方的要求。"[9]在谈到在朝鲜实现"真正的和平"的可能性时，迪安的看法是"悲观但不绝望"。他强调说，"共产党方面并不着急"，要找到这种办法就

"需要我们付出全部的智慧、精力、决心和耐心"。[10]

但是,美国国务院显然希望迪安在板门店的谈判中表现出更多的耐心。国务院尤其对迪安的突然离开会场感到吃惊,并试着重启预备性会议。为了挽回面子,国务院要把12月10日发生的这一令人不快的事情从记录中删除。1954年1月,与会双方的联络秘书举行了五次会谈。联合国方面提出修改会议记录,删去指责美国背信弃义的文字,但是,朝鲜和中国方面拒绝了这个要求并退出了会场,会谈就这样不了了之。[11]

1953年12月初,当板门店预备性会议还在进行的时候,美、英、法三国在百慕大举行了一次首脑会议。虽然对华政策并非这次会议的主要议题,但它仍是三国首脑所关心的一个问题。美国国务院担心,由于朝鲜战争的结束,在中国的联合国代表席位问题上,英国可能不会再支持延期审议的立场。1953年6月,美国国务院远东司的联合国问题顾问露丝·培根在预测停战协定的签订问题时曾写过一篇论文。她指出,英国正期待着"早日结束"对中国代表席位问题的延期审议立场:"只要停战协定一签字,英国就将支持中国进入联合国。"培根还担心,如果印度支那问题的谈判取得成功,法国可能也会改变自身立场。所以,她希望尽快"在原则上达成一个协议,保证三国政府在联合国各个机构能共同采取一些程序性的措施,以便推迟对(中国的代表席位)问题的审议"。[12]

培根曾经同英国驻美大使馆和驻联合国总部的代表团成员进行过会谈,她的担心无疑是在这些会谈中产生的。然而,在百慕大三国首脑会议上,丘吉尔首相①表示,英国将在中国的

---

① 1951年,丘吉尔取代艾德礼再度成为英国首相。——译者注

代表席位问题上支持美国盟友的意见。艾森豪威尔在回忆录中说，丘吉尔告诉他，虽然英国并不打算疏远它与中华人民共和国的关系，但是英国将永远和美国一道阻止中华人民共和国进入联合国。他说，丘吉尔的原话是："英国当然更愿意把美国而不是红色中国作为自己的盟友。"[13]事实上，不仅在丘吉尔这一届首相的任期内，而且在此后的一段时间里，英国的确坚持了延期审议联合国中国席位问题的立场。

与中国介入朝鲜战争之前相比，美英的对华政策这时在策略上靠近了许多。但是，在如何促使北京和莫斯科分裂这个问题上，他们之间仍有巨大分歧。这个分歧，与1950年时他们之间的分歧实际上是一样的，只不过当时在华盛顿和伦敦执政的政党现在都下台了。1953年12月7日，杜勒斯在三国首脑会议的一次有限会议上发表了他的看法。一份绝密的会议备忘录如此记载：

> 虽然对共产党中国与苏联关系的看法很难得出一个清晰的结论，但是，杜勒斯相信美国政府的看法是正确的，那就是，中苏关系存在紧张的因素……这一点是非常重要的，它可能最终会给我们一个机会，使我们有可能根据我们共同的利益促使中苏分裂。
>
> 三方的看法有很大的差距，特别是英国和美国之间……关于如何促使中苏分裂，有两种意见：一种是，通过我们对共产党中国示好来使中国脱离苏联；另一种是，如果我们对共产党中国施加压力并使我们同中国的关系出现紧张，就会迫使共产党中国向苏联提出更多的苏联无法满足的要求，这样，中苏关系中的紧张因素就会增加，最终导致它们分裂。[14]

220　杜勒斯接着强调了美国的立场:"应该继续在政治上和经济上向共产党中国施加压力,并且,在不发生战争的限度内,也要在军事上施加压力。"在美国人看来,比起与俄国人争着在中国人面前示好以图分裂中苏关系的策略,压力策略更为可取。杜勒斯说,虽然英国已经承认了中华人民共和国,但是,承认"并不意味着英国必须在政治、道义或经济上给予他们支持"。[15]

杜勒斯这些话的实际意义在于说服英国,使英国在中国代表席位问题上坚持延期审议的立场,如前所述,他的努力成功了。但是,英国外交大臣艾登也明确告诉他:英国既然已经承认中华人民共和国,那么,与之保持接触就不失为明智之举。他指出,苏联人和中国人也正在试图分裂美、英、法三国同盟:"就如同我们正在试图分裂中苏同盟一样。这种情况本身多少可以说明为什么我们认为完全切断同中国的联系是不明智的,无论目前我们同中共的关系多么令人不满意。"[16]

几个星期之后,美、英、法、苏四国在柏林举行了外长会议,做成了板门店预备性会议没能做成的事情。① 会议同意,有关朝鲜问题的政治会议的参加者由朝鲜战争的交战国和苏联构成,[17] 中立国不出席。英国外长艾登在回忆录中提到了他当时发给伦敦的一份电报,其中说:"杜勒斯先生认为,美国不承认中华人民共和国的政策并不妨碍美国同中国人进行会谈,实际上,这样的谈判②正在板门店进行。"[18]

---

① 柏林四国外长会议达成协议:于1954年4月26日在日内瓦召开由中、美、英、法以及其他直接有关的国家和地区参加的会议,讨论和平解决朝鲜问题与恢复印度支那和平问题。——译者注
② 指双方联络秘书之间的会谈。——译者注

毕竟，美国早在 1952 年就同意了停战协定第六十款中关于同中华人民共和国举行政治会议的规定，并且曾在板门店试图说服中国遵守规定。然而，尽管美国长期以来是赞成这一规定的，但是，当杜勒斯和艾森豪威尔政府同意和中华人民共和国举行一次不仅与朝鲜问题有关而且把印度支那问题也纳入议程的会议时，他们仍然遭到了国会中坚持强硬路线的人以及台北和汉城的诸多非难。罗伯特·兰德尔他在日内瓦会议①的研究中指出：

> 美国人同中国人在即将举行的日内瓦会议上的谈判与早些时候同他们在板门店的谈判是有所不同的。前者是旨在讨论东亚问题的大国会议……它将在瑞士的一座名城举行，这座城市曾经是国际联盟的所在地，并举办过其他一些国际会议。板门店作为朝鲜战争的交战国曾经举行会议的地方，几乎就位于炮火纷飞的战场……日内瓦将会给中国人带来一些国际声望，它可能给中国人提供一个极好的机会来实现她的愿望——向全世界证明中国是讲道理的而且完全有资格按大国的风范行事。总之，美国参加日内瓦会议会给人一种承认中华人民共和国的"印象"，中国在日内瓦会议上的出场本身就会提高其声望，而这正是诺兰参议员等人所反对的。[19]

虽然艾森豪威尔政府顶住了国会内的"中国帮"和院外援华集团的压力，没有改变美国参加日内瓦会议的决定，

---

① 即讨论和平解决朝鲜问题与恢复印度支那和平问题的会议。——译者注

但是，艾森豪威尔等人还是费了一些力气向美国公众保证，参加日内瓦会议并不意味着承认共产党中国，恰恰相反，美国将要求共产党中国对其"侵略"行为作为解释。而中国则强调说，她将以大国的身份参加这次在日内瓦举行的会议。[20]

第三十四章　中华人民共和国政策的转变

朝鲜的停战并没有给英中关系带来任何重大改善。中国人没有为恢复两国之间的建交谈判做出丝毫努力，在1950年6月17日胡阶森和章汉夫举行会谈之后，他们就中断这种谈判了。英国代办仍被中央人民政府称为"英国建交谈判代表团团长"。杜维廉是在停战协定签订不久担任代办一职的，他与中央人民政府外交部的交往情况时说："在我第一次正式访问之后，中央人民政府外交部再也没有接见过我。显然，他们并不把我当成事实上的代办对待。我写给他们的信只有当章汉夫副部长想要进行攻击和做出公开的答复时才能得到回音，否则便如泥牛入海。我要求同中央人民政府外交部的官员会谈，他们也毫不理睬。"[1]

英国政府尤其关心英国在华商人的处境问题。在停战协定签订前三个星期，杜维廉的前任、英国前代办蓝来讷对美国驻香港总领事说，英国在华公司的清理和撤出工作几乎毫无进展，中国人正把外国商人当成人质，以便从公司榨出更多的钱来。[2]

这些固然都是发生在朝鲜战争爆发之前的往事，朝鲜战争期间也是如此并不令人惊奇，但是在停战协定签订之后，人们则期望杜维廉做出努力，让形势有所改善。可是，杜维廉发现情况变得更糟糕了。他在回忆录中说，中国人当时所"使用的方法是向公司施加各种压力，迫使公司向中国政府交出其所有资产，这样一来，外国人就无法对他们提出任何赔偿要求了"。其中一种压力是不给商人们发放离境许可证（这种办法很常用），使"英国的经理和助手们……成为事实上的囚犯，既不能营业，也不能离去"。[3]

虽然朝鲜的停火并没有使英中关系得到任何改善，但是，日内瓦会议却做到了这一点。杜维廉作为英国代表团的成员参加了会议，在这里，他能够做他在北京做不到的事情。中华人民共和国的对英政策在日内瓦突然松动了。杜维廉回忆说："我同中国外交部西欧司司长宦乡和中国对外贸易部副部长雷任民举行了正式会谈……英国在华侨民遇到的许多麻烦现在都获得了解决。出境许可证发放了，就英国在华公司关于关闭问题进行的谈判也取得了进展。"[4]中国人还在日内瓦发出了准备改变其不同英国建交政策的第一个信号。这个信号几乎是不经意间发出的。在一次为周恩来举行的宴会上，英国外交大臣安东尼·艾登"向周恩来抱怨说中国没有向伦敦派驻一名代表，周恩来表示愿意派遣这样一个人"。[5]周恩来是有可能在宴会场合非正式地做出这种表示的，因为后来一名中国官员向杜维廉解释说，中国最后派到伦敦的官员将是"像杜维廉一样的谈判代表"。[6]

无论如何，杜维廉重返北京之后便享受到了真正的代办那样的待遇，他不仅第一次被称为代办，而且还受到了周恩来的接见。周恩来告诉他说，他将挑选一名非常合适的人作为驻伦敦的代表。中国外交部开始安排杜维廉拜会他以前所不能见到的中国官员，比如朱德、郭沫若、文化部的部长和副部长、中国人民银行行长和对外贸易部部长。[7]英国外交部的一份备忘录还记载：

在1954年9月2日的外交照会中，中国政府任命了驻伦敦的代办，他像英国驻北京代办一样担负着同样的职务和责任。中国的这种做法实际上是对1950年1月6日英国照会的回应。从此，中国便把英国政府在北京的代表机构称为"英国代办处"。显然，中国已经决定同英国建立正式关系，承认是英国代办而不是"谈判代表"。在北京的驻华外交人员名册里，临时代办一栏的下面也出现了"英国代办"的字样。[8]

英国终于实现了它自1950年1月以来在英中关系上一直追求的一个目标，但是，这个成果只是在北京表示愿意的时候才获得的。1950年中国拒绝同英国建立外交关系的众所周知的原因，到1954年依然存在。比如，英国对中国在联合国的席位问题的立场，华人在马来亚受到的迫害，香港政府实施的不能令人满意的移民政策，所有这些都丝毫没有改变。英国方面始终表示，如果英中两国建立了外交关系，双方就能更有效地解决这些问题。但是，长期以来，北京却更愿意把这些问题的存在作为拒绝同英国建交的理由。[9]

显然，对于中华人民共和国对英政策的转变，英国政府是欢迎的，但是对于中华人民共和国对美政策发生的变化，美国政府却只是勉强地、有限度地表示接受。实际上，北京和华盛顿在日内瓦所表现的姿态，意味着他们都已经改变了各自在朝鲜战争之前的立场。在日内瓦，当杜维廉按照美国人的要求向中国官员提出美国在华人员被留难一事时，中国人回答说，如果美国关心其侨民，就应该直接同中国接洽。反之，如果美国要求北京承认英国有保护美国在华权益的权利，那么，北京也将指定一个国家代为保护中华人民共和国在美国的权益,美国必须允许这个国家拥有这样的权利。

由于决定参加一次有北京而不是台北的代表出席的日内瓦国际会议,艾森豪威尔政府早就在政治上受到了攻击,而现在又陷入了进退两难的境地。一方面,美国不想同中华人民共和国进行直接的双边会谈;另一方面,美国也不能答应由别的国家来代为保护中国在美国的权益。然而,从人道主义的观点来看,为了解决美国侨民在中国被拘押的问题,美国又不能拒绝同中华人民共和国进行直接谈判。

美国因此同意了在日内瓦同中国举行直接谈判。在谈判桌上,两国出席日内瓦会议的代表团秘书长分别被指定为各自政府的代表。美国人曾经在联合国的旗帜下同中国人在板门店进行过谈判,现在又正同中国人一起在日内瓦参加关于朝鲜和印度支那问题的多边会议,可是,一想到自己要怀着敌视的心情单独和中华人民共和国的代表坐在谈判桌前,美国人就显得不那么高兴。他们主张杜维廉也参加谈判。杜维廉回忆说,美国人实际上"企图造成一种假象,让人们认为是我召集了一次由美国和中国恰巧出席的会议"。[10] 6月5日,美国国务院在新闻发布会上宣布了美中将举行第一次会谈的消息,国务院的说法给人们造成了一种错觉:"为了努力使在共产党中国被监禁和被拘留的美国人获得释放,美国驻捷克斯洛伐克大使、出席日内瓦会议的美国代表团成员亚力克西斯·约翰逊将陪同英国驻北京代办杜维廉,于今天同中国代表团的一名成员举行会谈。"[11]虽然美国曾经做出详细说明,要求中国谈判代表的资格不得低于其代表团秘书长王炳南,[12]但是,国务院没有提到将要参加会谈的中华人民共和国代表正是王炳南大使。

美国人制造的假象没能维持多久,因为中国人对此感到无法容忍。杜维廉如此描述当时的情形:"前两轮会谈我都作为参加者和仲裁人。虽然美国人想把我留下来,但是,在第三轮会谈一开始,中国人就非常巧妙而不失礼貌地指出,会谈应该在两个人之间进行。我便退了出来。"[13]

即使不能说这次会谈是美国与中华人民共和国之间一系列双边谈判(即更加著名的华沙谈判)的开始,那么,它也是华沙谈判的前奏。1955年8月,双方再次举行了大使级会谈,两国的代表仍然分别是约翰逊和王炳南,谈判的地点也仍然是原国联大厦的一个小会议厅。双方在那里的会谈一直持续到1957年12月。1958年9月,谈判地点转移到了华沙。[14]

北京提出就一些美国人在华滞留的问题同美国官员进行讨论,这标志着她转变了自己在1949年和1950年年初所奉行的政策。当时,美国的外交和领事官员还留在中国,共产党当局以两国没有外交关系或美国支持国民党为理由,一直拒绝同美国官员讨论诸如华德事件之类的问题。1950年4月,当柯乐博最后一次会见中央人民政府外交部的官员提出同中国谈判时,中国人回答说,只要美国不与国民党当局断绝外交关系,"进行谈判就是毫无意义的"。在那个时候,杜鲁门曾经公开宣布美国将不为台湾提供保护,减少它对国民党的经济援助并不再提供军事援助。然而今天,尽管美国已公开声明它要保护台湾并给予了台湾数十亿美元的经济援助与军事援助,当然它也仍然不承认中华人民共和国,北京却愿意在日内瓦就那些问题与美国进行谈判了。

1954年6月,约翰逊和王炳南两位大使举行了五次会谈。在会谈中,约翰逊敦促中国释放那些被监禁和被留难在中国境内的美国人,而王炳南则强调美国方面阻止了一些在美华人返回他们自己的祖国。5月29日,作为对中国参加日内瓦会议代表团的新闻发言人的谈话的回应,美国代表团曾经发表声明,讲述了有关问题的"事实"。声明指出,在共产党占领中国时,有数千名中国学生在美国学习,"根据自愿,绝大多数学生不愿意回到他们的祖国去"。声明承认,自朝鲜战争爆发后,有一百二十名中国"学生""暂时没有"领到出境许可证,但是,已经获准离开美国的有三百一十四人。声明还强调说:"在美国的中国人没有一个受到监禁、拘留或者虐待,他们在迁徙、通信和就业方面享有完全的自由。"[15]

美国和中华人民共和国同意重新讨论对方侨民离境受阻问题。在日内瓦会议结束之前,六名一直被留难的美国人领到了出境许可证,约翰逊大使也通知王炳南大使说,滞留在美国的中国侨民中有十五人获得了离境的自由。在最后一次会谈中,双方商定就此问题继续在日内瓦举行领事级别的谈判。但是,后来几个月的谈判没有产生更多的结果。[16]

显然,中华人民共和国对英美政策的重要变化的发生,并非由于英美两国改变了它们的对华政策。在丘吉尔的保守党政府领导下,英国的对华政策虽然变得稍微强硬了一些,但是,自从1950年1月英国承认中华人民共和国以来,这一政策总的来说没有什么变化。当然,美国的政策比原来强硬多了,但是,没有证据可以说明中国人在1954年比在1949~1950年更愿意同美国谈判是美国政策变得强硬的结果。

看来,北京之所以修改其政策,可能主要是因为她改变了自己对世界的认识和已经完成了国内的紧迫任务。用多克·巴尼特的话来说就是:"从1952年起,中国逐渐放弃了它把世界分成两个阵营的观点,这个观点自 1948 年以来曾一直决定着它的外交政策。现在,中国重新回到了它的统一战线思想上去,其目标在于'联合一切可以联合的力量'同美帝国主义进行斗争。"[17]柯乐博在他所著的《二十世纪的中国》一书中猜测,中国在路线上的转变"可能是 1952 年 8~9 月在莫斯科决定的,当时,苏联领导人同周恩来总理和粟裕代总参谋长率领的中国代表团进行了一个月之久的谈判"。[18]1953 年 3 月斯大林去世后,中国的这种新战略思想得到了进一步巩固。

假如情况是这样的话,那么,朝鲜战争一定向北京证明了把世界分成两个阵营的观点是错误的,同时也说明了根据美苏之间将发生一场新的战争的判断来制定自己的政策是毫无益处的。毛泽东曾把非共产党的阿拉伯世界和亚洲国家称为"走第三条道路者",而事实却证明它们是中国的朋友,它们在联合国为结束朝鲜战争付出了巨大的努力,它们提出的停火条件要比后来中国所希望的条件多得多。同时,朝鲜战争并未扩大为一场美苏都参加的世界大战,这也是出乎中国人之意料的。

英中外交关系的建立,有力地配合了中国新制定的国际战略。虽然中国几乎不指望同英国结盟,但是,同英国建交正是朝分化美国与其盟友在对华问题上的立场这一方向的努力。同时,在非共产党国家看来,中国表示愿意同美国举行会谈,是理智的表现,而在非此即彼的两个世界的思维下,这些非共产党国家的看法并没有受到北京的重视。而且,中华人民共和国还迫使美国在一对一的基础上同它打交道,这就证明了它的说法——中国是作为五大国之一参加日内瓦会议的。中英外交关系的建立也更有力地说明了这一点。

促使北京的对美英政策产生新的灵活性的另一个因素，无疑是美英两国在华势力的被消灭。柯乐博指出："到1952年，'帝国主义'在中国拥有的特权已被彻底取消……外国人在华投资的环境遭到了破坏，曾经是外国人活动中心的通商口岸也遭到了相应的打击。"[19]到1954年，中央人民政府不仅摧毁了帝国主义在华的经济和文化机构，而且还把它的权力扩展到包括西藏在内的整个中国内地。同时，通过"三反五反"运动，中央人民政府打击了她所说的党和国家机关内外的敌人，从而进一步巩固了自己的政权。[20]这样，到日内瓦会议召开的时候，中华人民共和国已经进入了一个新的发展阶段——这个阶段可以使它对"帝国主义"国家采取更加灵活的立场。

结　语

1949年年初，美国国家安全委员会曾用"灵活性"一词来概括美国对华政策的新特点。当时的情况是：一方面，国民党看来是无可救药了；另一方面，共产党又是敌对的。美国虽然不想对任何一方承担义务，却想在中国原地不动，并希望和中国的新主人建立某种工作关系。在这个时期，英国的对华态度与美国相差无几，并且两国都试图避免使中国成为苏联的附庸。不过，情况很快就明朗起来：尽管英美的目标相同，但它们试图借以实现目标的手段却迥然不同。

然而，正如事实所证明的那样，尽管这些手段迥然不同，但结果并无差异。这是因为，只要西方人的目标与中共的革命目标相冲突，任何手段都难以用来实现西方人的目标。当中共在东北和华北取得一系列决定性的军事胜利后，她就取得了驾驭中国的地位；与此同时，西方国家调整其对华政策也是势在必行。在天津解放后三个月即1949年4月，英国驻天津的一位领事言简意赅地描述了共产党的胜利："中国共产党人已在实际上掌握了政权。他们已经站稳了脚跟。他们有自己的政策、纲领和学说。他们要彻底改造中国的社会、政治和经济结构。他们不可能不冲破传统的束缚，也不可能受制于既得利益集团，甚至也不可能为国际的复杂形势所左右。他们坚信自己能成功。"[1]

在和美英打交道的过程中，毛泽东和中国共产党人非常清楚地确定了他们和西方的关系：取得革命的胜利是高于一切的,西方亲善也好,承认也罢,进入联合国也好,甚至和西方建立贸易关系也罢——这一直被英美视为手中的王牌,都不能和取得革命胜利这个目标相提并论。这种革命的目标之一就是肃清在华的西方帝国主义及其文化、经济机构。毛泽东清醒地意识到,这一革命过程与中英和中美关系的正常化基本上是水火不容。故此,他"不急于"和这些"帝国主义"国家建立外交关系。[2]

与此相反,许多在华的外国侨民,特别是以上海的商界人士为代表的外国人,却满脑子尽是不切实际的幻想。他们天真地以为,共产党的胜利对他们来说有着重大的意义。英国外交部 1950 年年中的一份备忘录如此概述了当时在华外国人的幻想:"在很长时间内他们持有这样的观点:这是另一个合法的中国政府;是中国人就总要搞贸易的;对任何一个政府来说,中国都是非常重要的;中国人的性格和共产主义是相排斥的;进行必要的接触只是时间问题,随后一切都会顺利进行,我们将继续在我们原来的地方进行贸易。"[3]虽然该备忘录描述的是英国商界的态度,但在上海的美国商界也有人持类似的看法,只不过总体上不太乐观而已。美国驻沪总领事卡伯特在 1948 年① 5 月 17 日的日记中这样写道:"餐后,许多商人认为,在共产党接收后他们仍有可能继续做生意。我最后不得不予以有力的反驳,我认为他们将被慢慢折磨死。也许我是错的,因为我不了解我所任职的地方——中国,但是,我认为我了解共产主义。"[4]关于在上海的外国商人的命运,卡伯特不幸言中了。和这些团体中的代表性人物相比,虽然同样处在中

---

① 原文如此,似应是 1949 年。——译者注

国历史的转折关头，但由于卡伯特了解共产党的行为方式，所以他能更全面地认识时局。

商界人士之所以有此看法，原因之一是他们总是一厢情愿地想问题，因而当事涉他们生存的厄运降临时，他们往往不肯直面现实，其自然的反应便是找替罪羊；英国商业团体在美国的对华政策中就找到了一个。例如，1950年7月31日，英国驻沪总领事厄克特写了一份备忘录，其中说："事实上，他们（美国人）在远东的错误，已使我们付出了很大的代价，而且一定还要付出更大的代价。"[5] 应该说，厄克特的说法也不是完全没有道理，因为美国的政策中确实有一些错误，其中代价最大的是决定出兵越过朝鲜的三八线。但是，把在上海的英国商人所遭受的困境归咎于美国，则是想回避共产党革命的现实。

总的来看，英国外交部和美国国务院对中国共产主义革命的现实的认识是一致的；他们的分歧在于如何应对这一现实，如何以有利于他们在中国和其他地区的利益的方式来影响中共和中华人民共和国的政策。起初，他们的方法未见有什么明显不同。事实上，正如厄克特1949年7月致电英国外交部时所说，在与共产党打交道方面，美国一开始所付出的努力是英国所不及的。司徒雷登不仅和黄华进行了直接会谈，而且还努力通过"第三方势力"的中间人使美国的观点为中共领导人所知。美国还努力答复周恩来的新方针，尽管未得到任何令人鼓舞的积极反应。这一切都是英国人无法相比的。此外，英国官员也没有遭到美国官员曾经遭到的那些"羞辱"，如美国总领事华德及其在沈阳的领事馆职员被"监禁"、美国驻沪总领事馆被"骚扰"等。在美国与中共当局进行联系的努力连遭失败后，也就是在美国驻沈阳和上海的领事人员遭到"极不公正的待遇"和"羞辱"后，美英在对中共的态度上发生了明显分歧。

然而英美之间有一点还是一致的，这就是它们都把自己用以影响中共态度的手段——特别是贸易政策——视为自己手中的王牌，并为此而自以为了不起。两国都认为，中国严重的经济困难给它们提供了作用于中共和中华人民共和国的政策之上的杠杆。只是在对这一杠杆的使用上，它们采取了可以说是完全不同的方法。英国人采取的方法是：利用共产党人的经济困难，向他们提供尽可能多的贸易机会，以激发他们的良好愿望。美国人的方法则是：通过贸易限制，迫使中国人为免遭经济崩溃而做出让步。有鉴于此，杜鲁门总统才认为，国民党的封锁有利于影响中共和中华人民共和国的政策。然而，无论是英国还是美国的方法，都未能奏效。北京并没有把贸易当回事，从而使贸易引诱和贸易惩罚都未能影响北京的政治方针。

在中国对待在华外国公司的态度方面，起主要影响作用的是这些公司对中国经济发展的意义，而不是这些公司所属的国家正在实施什么样的对华政策。杜维廉曾在日内瓦会议上举例说明这一点。当时他告诉美国代表团成员说，他找不到任何证据证明，英国公司所得到的待遇在优惠条件上少于那些已经和中华人民共和国建立了正式外交关系的国家的公司。[6]在此之前，也就是在英国承认中华人民共和国后不久，胡阶森就注意到，共产党当局并未因承认的举动而和英国银行做生意，相反，却和那些尚未承认它的国家的银行搞交易。

英美官方显然都过高地估计了中华人民共和国对得到外交承认和进入联合国等事情的兴趣，进而也高估了这一兴趣对中华人民共和国政策的影响力。不仅如此，在如何利用这一影响力这个问题上,英美之间又发生了分歧。英国认为,对中华人民共和国的承认,会为北京提供一个与莫斯科拉开一定距离并寻求一种更加独立的外交政策的机会。这一立场固然有道理,但没有得到如其所愿的结果,而且受到了中国的宣传机构的无情嘲弄。与此同时,美国却采取了相反的立场:拒不承认北京,也拒不接纳中华人民共和国进入联合国,以迫使其改变在国际问题上的态度。但是,这一立场也同样未能奏效。

在日内瓦会议期间,中华人民共和国虽然采取了比较灵活的政策,但其反西方亲苏联的立场基本没有改变。中苏两国代表团通力合作,对西方和联合国采取了强硬路线。杜维廉评论说:中国人主要是向亚洲听众讲话,毫不介意美国和西欧有什么感想。当一些西方人一度希望或担心北京为进入联合国而试探着让步时,杜维廉则预言:中华人民共和国会认为这是她的权利,会继续要求进入联合国并愿意为此而等待,但绝不会为此而做交易,也不会做出什么让步。[7]

尽管英美没有经济和政治杠杆(或"胡萝卜",或"大棒")来使中华人民共和国改变其有损于英美利益的政策,但它们成功地实现了两个目标:英国保住了香港,美国阻止了共产党对台湾的占领。英国承认中华人民共和国和重视经济纽带的政策,对维持香港原状或许是有帮助的。美国人则是由于放弃了最初的单纯以外交手段防止共产党占领台湾的政策,转而采用了武力威胁。

一个颇有疑问的问题是,如果香港和台湾的大多数居民愿意倒向北京的怀抱,则无论是英国还是美国,是否还会或者能够实现这些政策目标?从某种意义上可以说,英国和美国似乎对这两块中国领土都执行了帝国主义政策:在香港,英国维护了老牌帝国主义的遗产；在台湾，美国无可争辩地制造了一个新帝国主义。

杜鲁门总统为使台湾中立化而派出第七舰队，这是美国对华政策的一个基本转折点，但这并不意味着美国已经完全放弃了灵活性政策。例如，当时美国还不准备保证台湾归国民党所有，该岛的前途还在考虑之中；美国人和日本人与中华人民共和国的贸易虽然受到了越来越严的限制，但毕竟还未中断；金融交易还未受限制，财产也未被冻结。此外，许多留在中华人民共和国的美国人，仍未遭禁止地留在那里。总之，灵活性政策到1950年秋季虽然陷入了困境，但还没有完全中止，只是在中国卷入朝鲜战争后，该政策才彻底终结。

英国外交官员不时暗示，如果美国人不固执己见，美国的政策就会向英国政策的方向靠得更近，就不会为美国国会中一伙坚定地支持国民党的保守分子所左右。但是，各种文献资料表明，艾奇逊的看法是对的，这就是他所说的在他任职期间，"那些不谙世故者的攻击"对美国的对华政策没有产生任何影响。[8]例如，到1949年年底，即参议员约瑟夫·麦卡锡对美国国务院中的"共产党人"提出臭名昭著的控告的前几个月，在承认中华人民共和国与接纳其进入联合国的问题上，在对贸易、封锁和台湾等问题的态度上，英美之间已经发生了严重的分歧。从美国方面来看，这些分歧源自外事局和国务院中的许多职业和非职业官员，其中包括石博思和司徒雷登，而值得注意的是，这些人都有长期在华工作的经历。他们和他们的英国同行之间的分歧，反映了美英两国在中国大陆、香港和台湾的战略上和经济上的不同利益；反映了美英对中共的脆弱程度的不同认知；也反映了美英不同的传统外交方式（例如美国政策中的道义成分）。

1949年6月以后，美国对中共及中华人民共和国政策中的灵活性逐渐减少了，起主要作用的并不是亲国民党势力的影响，而是美国官方日益感受到的中华人民共和国对美政策的敌对性。关于美国不承认中华人民共和国的主要原因，艾奇逊在1949年9月曾做过解释：中华人民共和国拒不承担中国的国际义务（英国当时也同意这一观点），对美国在华侨民，特别是驻沈阳的领事人员给予了不公正的对待。没有迹象表明美国当时正在表露出亲国民党的情感，事实上这种情感那时在国务院或白宫内并不强烈。

这样，到1950年1月，在美国与国民党关系不再进一步加深的情况下，在不改变对台不予保护的政策的前提下，美国决定撤回其在华官员。杜勒斯在同年5月中旬的备忘录中提出在台湾划定阻止共产党扩张的防线的主张，实际上不是什么亲国民党情绪引起的反应，而正像美军参谋长联席会议早就指出的那样，是由于台湾是一个不动产，对美国来说具有战略上的意义，有利于美国防线的划定。在和国民党的一位官员会见时，杜勒斯实际上吐露出了美国官员和公众对台北政府的不信任情绪，而当时他正主张对台湾进行保护。

美国公众对台北的国民党政府的不信任，仅次于他们反对承认北京的共产党政府。1950年4月7日，明尼苏达州参议员休伯特·汉弗莱送给艾奇逊国务卿一份民意测验报告，内称有58%的人反对派军队或军舰去帮助台湾的防御，有59%的人反对承认北京政府。[9] 早在三个月以前的某个时候，《纽约时报》就"中国舆情"进行了一次调查，结果表明：一方面，

"现在承认共产党会遭到愤恨";另一方面,"对于蒋介石的命运,越来越多的民众持漠不关心的态度"。[10]

即使把防线划到台湾以后,美国仍保持着与国民党及其政府的距离,华盛顿仍把台湾和国民党政府区分开来。美国当时不仅严格限制对国民党的军事援助,而且还限制国民党的军事行动。美国的立场仍然是:台湾的未来地位还未确定,这个问题将通过国际协商来决定,但要特别注意该岛本土居民的意愿。美国在事实上承担保护台湾原有地位的义务,是在中华人民共和国介入朝鲜战争并拒绝联合国的停火提议之后,主要是由于美国这时已经和中华人民共和国处于交战状态,而不是出于亲国民党的情感。

正如本书第三十四章所表明的那样,由于中共把世界划分为两个对立的部分并要肃清英美帝国主义在华的影响,因而中共对英美的政策中就有明显的强硬性,这就使得中共在1949~1950年不可能采取更为灵活的立场,而在1954年的日内瓦会议上,中共就可以采取这种灵活的立场了。另一种解释很可能也是成立的,这就是中共领导层受制于斯大林领导下的苏联,从而使中共无法灵活开展其对英美的外交活动。而且似乎还有可能的是,鉴于沈阳事件对美国与中华人民共和国的关系的严重影响,鉴于中华人民共和国与苏联官员在东北的密切合作,苏联看来要有意识地恶化美国与中华人民共和国的关系。[11]从中共和中华人民共和国方面来看,由于在处理与英美关系方面的宁折不弯和缺乏创造性,才使其失去了对苏联施加反影响的机会。如果认为北京真的担心美帝国主义与它作对的话,[12]那么也可以认为,是中华人民共和国的政策直接助长了美国的敌对情绪,[13]而且它也没有利用机会来减少这种敌对情绪。

1949~1950年，本来是有机会减少敌对情绪的。例如，如果美国领事官员能随时获允同中共或中华人民共和国的官员就美国的苦衷或不满进行讨论而不遭到断然拒绝的话，某种工作关系势必会建立起来。另外，即使双方之间的交涉不能使长期遭受痛苦的美国驻沈阳领事人员在1949年10月1日前得到释放，中央人民政府至少也不必匆忙地监禁总领事华德和其他职员，并以此答复柯乐博提出的豁免请求。事实上，如果中央人民政府真心想与美国建立关系，就应立即释放华德及其工作人员，释放史密斯和班德尔以及其他被拘押的美国人。这样一个姿态会使美国方面的主要不满情绪得以消除，并获得美国公众对承认中华人民共和国一事的支持。而且，如果利用（而不是漠视）总领事柯乐博提出请求的机会，就华德事件邀请他谈一谈，周恩来就能将调和的意图直接向华盛顿提出——如果他愿意这样做的话。再者，如果中华人民共和国在1950年1月对英国承认新中国的行动予以酬答，也会使选择承认在美国得到更广泛的支持。最后，如果中央人民政府接受美国的提议，用美国在北京领事馆的其他地产换取被北京地方当局征用的地产，美国就不会将驻华领事官员悉数撤出。当然，这些行动是否会促使美国尽早承认中华人民共和国，还是一个问题，但它们至少会使许多美国人的反对承认的观点失去基础，并会提供一种寻求妥协的办法——自从中国人民解放军占领沈阳起，美国就一直在寻求这种妥协办法。

注　释

第一章　对胜利示威的反应

[1]《毛泽东选集》第4卷，北京：外文出版社，1961~1965，第280页注释。

[2]《毛泽东选集》第4卷，北京：外文出版社，1961~1965，第301~303页。

[3]《毛泽东选集》第4卷，北京：外文出版社，1961~1965，第158~159页。

[4] FO（即《英国外交文件集》。下同）371/69547F17714。

[5] FR, 1949, 9（即《美国外交文件集》1949年第9卷。下同）: 821-822。

[6] FR, 1949, 9: 474-475。

[7] FR, 1948, 7: 674-677。

[8] FR, 1949, 8: 65-66。

[9] FR, 1949, 8: 86。

第二章　原地不动

[1] FR, 1948, 8: 901-903、907-910。

[2] FR, 1949, 8: 663。

[3] 司徒雷登：《在华五十年——传教士大使司徒雷登回忆录》(*Fifty Years in China: The Memoirs of John Leighton Stuart, Missionary and Ambassador*)，纽约：兰德豪斯出版社，1954，第215页。

[4] FR, 1948, 7: 850-855。

[5] FR,1949,8:659。

[6] FR,1948,8:859。

[7] 巴特沃斯虽不是中国问题专家,却也是一外交老手,在外事局工作二十多年。1947年任职国务院之前,任美国驻南京大使帮办。

[8] FR,1949,8:665。

[9] FR,1949,8:665-666。

[10] FR,1949,8:667-668。

[11] FR,1948,7:829。另参见 FO371/69541F15560。

[12] 华德:《沈阳事件》("The Mukden Affair"),参见美国国务院1950年2月15日《外事杂志》(Foreign Service Journal)。另参见 FR,1948,7:829-830。

[13] FR,1948,7:892-893、911。

[14] 史笃克:《美中关系的未来》("The Future between America and China"),参见1968年1月15日《外事杂志》。

[15] 1985年9月29日,史笃克与我交谈时称,华德被单独软禁之前"状态极佳"。

[16] FR,1948,7:841-845。

[17] FR,1948,8:933-934。

[18] FR,1948,8:943-944。

[19] FR,1948,8:944。

[20] FR,1948,8:944-946。

[21] FO371/75810F4351。

[22] FO371/75810F4351。

[23] FO371/75745F3886。且不管华德受困沈阳是不是一种有意的安排,单就他既熟悉那个地区又了解苏联这一点,就注定他是任职沈阳的最佳人选。当他于1946年出任沈阳总领事时,他已经在外事处工作了二十一个年头,其间在中国工作了九年,而一开始就被安排在沈阳(1925年),之后又到苏联工作了十年,离开苏联时已

任符拉迪沃斯托克（海参崴）总领事三年。参见美国国务院《传记名册》，1954，第82页。

[24] FO371/75745F4062。

[25] FO371/75745F3886。

[26] FR，1949，8：949－950。柯乐博是美国国务院外事局中一位非常认真、博学且能讲中国话的官员，有着长期的在华经验，曾任职于中国东北和苏联的符拉迪沃斯托克。

[27] FO371/75747F4793。高来含总领事在中国工作达二十年，在很多地方担任过领事职务。

[28] FO371/75747F4793。

[29] 英美驻天津领事官员当时都报告过这种情况，参见FO371/75754F7100；FR，1949，8：1057。

[30] FR，1949，8：1077－1078。

[31] FR，1949，8：1090。

[32] FO371/75747F4653。据3月30日《北平文摘》（*Peiping Digest*）报道，"三月二十五日下午四时"，毛泽东、朱德及"其他中共领导人一行抵达北平"，在一个飞机场受到"约一千名工人、农民、青年、妇女和民主人士"的欢迎。

[33] FO371/75749F5972。

[34] 司徒雷登：《在华五十年》，第234页。

[35] 新华社：《每日电讯》（*Daily News Release*）1949年4月25日，第1～2页。约三个月后，当紫石英号从中国逃脱时，英国海军的自尊得到了一些宽慰。

[36] 在那次辩论中，当下院议员、共产党员威利·加拉赫问话时，贝文一方面告诉他中共当局"拒绝和我们谈话"，另一方面建议说，由他（加拉赫）"把话捎给他的朋友们，告诉他们"有关英国的观点，是"比较切合实际的"。FO371/75761F9683。

[37] FR，1949，8：727。

第三章 苏联和中共

[1] FO371/75754F7099。另参见 FR，1949，8：1291。

[2] 参见艾伦·劳伦斯《1949年以来的中国的对外关系》（*China's Foreign Relations Since 1949*），伦敦：劳特利奇和基根·保罗出版社，1975，第22页。

[3] FR，1949，8：105-106。

[4] FO371/75746F4291。

[5] 毛泽东的文章收入《毛泽东选集》第4卷，北京：外文出版社，1961~1965，第283~286页。刘少奇的文章先是于1948年11月发表，后又收入《刘少奇文集（1945~1957）》（香港：联邦研究院，1969，第123~151页），文中所引，系出自外文出版社1951年出版的译本。

[6] FR，1949，8：192-194。

[7] 参见《司徒雷登日记（危机之秋大事记——1949年）》（*John Leighton Stuarts Diary*），加利福尼亚州帕洛阿尔托：美利坚合众国燕京大学同学会，1980，第29页。

[8] 伦敦《工人日报》（*Daily Worker*）1949年4月5日。

[9] FO371/75747F4723。盖伊·伯吉斯是远东司里苏联和中苏关系问题的专家。1951年春他消失在欧洲，最终于1956年出现在莫斯科。尽管由于他和苏联的关系密切，外交部里伯吉斯的备忘录或许价值不大，但这些备忘录仍被英国外交部记录在案，而且他对中国的看法当时也为远东司的同事普遍接受，他和他的大部分同事是伊顿校友。参见约翰·弗希尔《伯吉斯和麦克莱恩》（*Burgess and Maclean*），伦敦：罗伯特·黑尔出版社，1977；道格拉斯·萨瑟兰《第四个人》（*The Fourth Man*），伦敦：塞克和沃伯格出版社，1980，第75~76页。

[10] FO371/75749F5826。

[11] FO371/75745F4062。这是同一内容的文章，实际上发表在1948年11月1日，美国驻南京大使馆摘引这篇文章是要证明中共追随苏

联路线。毛泽东向中央委员会所做的报告参见《毛泽东选集》第 4 卷，北京：外文出版社，1961~1965，第 157~173 页。

[12] 保罗·E. 帕多克：《中国日记——大连的危机外交》(*China Diary: Crisis Diplomacy in Dairen*)，艾姆斯：衣阿华州立大学出版社，1977，第 148 页；FO371/75807F14700；FR，1949，8：875。帕多克在外事局供职四十一年，先后在好几个亚洲国家任职，第二次世界大战期间在苏联待了一年，但先前没有在华工作的经验。

[13] 帕多克：《中国日记》，第 152~153 页。

[14] FO371/75807F16173。

[15] FO371/75807F17879；《人民中国》1950 年 3 月 16 日，第 7 页。

[16] FO371/75746F4220。

第四章　英美的政策

[1] 美国国家安全委员会文件——1949 年 2 月 28 日制定的 NAC41，参见 FR，1949，9：826-834。

[2] 美国国家安全委员会文件——1949 年 2 月 28 日制定的 NAC41，参见 FR，1949，9：826-834。

[3] FR，1949，9：826-834。

[4] FR，1949，9：834。

[5] FR，1949，9：835。

[6] FR，1949，9：837-840。

[7] FR，1949，9：841-842。

[8] FO371/75749F5523。

[9] FR，1949，9：906-907。约翰·摩尔·卡伯特在外事局工作约四十三年，是一位很有经验的外交官，其大部分外交生涯是在拉丁美洲。上海是他在亚洲任职的第一个也是最后一个地方。

[10] FR，1949，9：843-844。

[11] FR，1949，9：282。

［12］ FR，1949，9：284－286。

［13］ FR，1949，9：291－292。

［14］ FR，1949，9：295－296。

［15］ FR，8：20－22。

［16］ FO371/75747F4595。

［17］ FO371/75747F4595。

第五章 司徒雷登大使的主动

［1］ FR，1949，8：676。

［2］ FR，1949，8：676－678。

［3］《司徒雷登日记》，第33页。

［4］ FR，1949，8：665。另参见巴特沃斯1949年3月18日在参议院外交委员会行政听证会上的发言，收录在《参议院外交委员会行政听证会记录》（Executive Sessions of the Senate Foreign Relations Committee），华盛顿：政府印刷局，1976，第45页。

［5］ 潘尼迦：《经历两个中国——一个外交官的回忆录》（In Two China: Memoirs of Diplomat），伦敦：乔治和昂温出版社，1955，第48页。

［6］ FO371/75752F6681。

［7］ FR，1949，8：174。

［8］ FR，1949，8：176。

［9］ FR，1949，8：174－175。

［10］ FR，1949，8：175－176。

［11］ FR，1949，8：230－231。

［12］ FO371/75747F4804。关于这次谈话的内容，参见 FR，1949，7：1138－1141。

第六章 司徒雷登和黄华的晤谈

［1］ FR，1949，8：255、263－264。

[2] FR, 1949, 8: 259-260。

[3] 《司徒雷登日记》, 第 36 页。

[4] 《司徒雷登日记》, 第 37 页。

[5] FR, 1949, 8: 739。

[6] 司徒雷登:《在华五十年》, 第 292 页。

[7] 司徒雷登:《在华五十年》, 第 293 页。关于评价傅泾波的其他观点, 参见布赖·克罗泽《丢掉中国的人》(*The Man Who Lost China*), 纽约: 查尔斯·斯克里布纳和桑斯出版社, 1976, 第 334 页; 约翰·E. 梅尔比:《天命——中国内战实录》(*The Mandate of Heaven: Record of a Civil War*), 多伦多: 多伦多大学出版社, 1968, 第 181 页。

[8] 《毛泽东选集》第 4 卷, 北京: 外文出版社, 1961~1965, 第 370 页。

[9] FR, 1949, 8: 741-742。

[10] FR, 1949, 8: 745-747。

[11] FR, 1949, 8: 952。

[12] FR, 1949, 8: 956。

[13] FR, 1949, 8: 957。

[14] FR, 1949, 8: 962。

[15] FR, 1948: 8: 752。

[16] FR, 1949, 8: 753。

第七章 周恩来的新方针

[1] FR, 1949, 8: 357-360。

[2] 关于包瑞德对周恩来的看法, 参见包瑞德《迪克西使团: 美军驻延安观察组, 1944 年》(*Dixie Mission: The U. S. Army Group in Yenan, 1944*), "中国研究专题"第八辑 (伯克利: 加利福尼亚大学出版社, 1970, 第 64~65 页)。

[3] FR, 1949, 8: 363-364。

[4] FR, 1949, 8: 364。

[5]《司徒雷登日记》, 第40页。

[6] FR, 1949, 8: 372-373。

[7] FR, 1949, 8: 388。

[8] FR, 1949, 8: 384。

[9] FR, 1949, 8: 397-398。

[10] 英国外交部的伯吉斯把政治协商会议筹备会称为"傀儡的集会,其背后的操控者是一些核心人物",那就是毛泽东、周恩来、李立三、朱德等;科茨则认为,其"常委会主要由彻头彻尾的共产党人组成,也有一些误入歧途的左翼知识分子,但他们不是诚心的",其中包括他的朋友张奚若。FO371/75760F9105。

[11] FR, 1949, 8: 394-395。

[12] 引自新华社发表的毛泽东讲话的英译本,其中最重要的内容已由柯乐博报告给国务院(6月20日)。FR, 1949, 8: 392-393;《毛泽东选集》第4卷, 北京: 外文出版社, 1961~1965, 第40~47页(翻译时稍有出入)。

[13] FR, 1949, 8: 398-399。包瑞德认为,"根据周恩来的性格",这种解释"是靠不住的",很难相信基昂会捣鬼,参见埃德温·W.马丁《周恩来的新方针: 美国失去了改变战后亚洲历史的机会吗?》("The Chou Demarche: Did the U. S. and Britain Miss a Chance to Change Postwar History in Asia?"),《外事杂志》1981年11月16日。

[14] FR, 1949, 8: 385。

[15] FO371/75766F12075/G。

[16] FO371/75766F12075/G。

[17] FO371/75766F12075。

[18] FO371/75766F12075。

[19] FO371/75766F12075。

[20] FO371/75766F12075。

[21] FO371/75768F12952。

[22] FO371/75768F12952。

[23] 几个当时很熟悉的人就这样对我说过。

[24] 1948年4月3日傅泾波拜访过周恩来。

[25] FR，1949，8：377-378、753。

[26] 关于美国人对周恩来的新方针所持的不同看法，参见沃伦·I. 科恩《艾奇逊及其顾问与中国：1949~1950年》（"Acheson, His Advisers and China, 1949-1950"），收录在多萝西·博格、沃尔多·海因里希斯主编《未定之秋——1949~1950年的中美关系》（*Uncertain Years: Chinese-American Relations, 1947-1950*），纽约：哥伦比亚大学出版社，1980，第36页；迈克尔·沙勒：《20世纪的美国与中国》（*The United States and China in the Twentieth Century*），纽约：奥克斯福德大学出版社，1979，第120~121页。

[27] 司徒雷登：《在华五十年》，第248页。

第八章 郁闷的上海

[1] 理查德·休斯：《香港：彼时彼地》（*Hong Kong: Borrowed Place - Borrowed Time*），伦敦：安德烈·多伊奇出版社，1968，第113~115页。

[2] FO371/75811F7235。

[3] FO371/75811F7235。

[4] 约翰·M. 卡伯特：《第一道防线——一个外交官40年的经历》（*First Line of Defence: 40 Years' Experience of a Diplomat*），华盛顿：乔治城大学外交学院，1979，第67页。

[5] FR，1949，8：1184-1185。

[6] 卡伯特：《第一道防线》，第67页。

[7] FR，1949，8：1189-1190。

[8] 卡伯特:《第一道防线》,第 67 页。

[9] FR,1949,8:1199-1200。

[10] FR,1949,8:1202-1205。

[11] FR,1949,8:1201。奥立佛遭殴打一事,有一个非美国的见证人可以作证,参见 FR,1949,8:1221。

[12] 新华社:《每日电讯》第 73 期,1949 年 7 月 13 日,第 2 版;FR,1949,8:1213-1214。

[13] FR,1949。8:1222。

第九章 毛泽东发出邀请

[1] FR,1949,8:766。

[2] 《司徒雷登日记》,第 42~43 页。

[3] FR,1949,8:766-767。

[4] 卡伯特:《第一道防线》,第 68 页;FR,1949,8:769。

[5] FR,1949,8:769。

[6] FR,1949,8:766-767

[7] 《毛泽东选集》第 4 卷,北京:外文出版社,1961~1965,第 415~417 页。

[8] FR,1949,8:406-407。

[9] 《毛泽东选集》第 2 卷,北京:外文出版社,1967,第 37 页。邹谠曾指出,在《新民主主义论》的最初版本中,英美被指名道姓地说成帝国主义国家,参见邹谠《美国在中国的失败,1949—1950 年》(America's Failure in China, 1949-50)二卷本,芝加哥大学出版社,1963,第 1 卷,第 120 页,注释第 21 条。

[10] 这句话在《毛泽东选集》译本中未出现,参见约翰·吉廷斯《中国军队的角色》(The Role of Chinese Army),伦敦:牛津大学出版社,1967,注释第 21 条。

[11] 参见 FO371/75764F11127;帕多克:《中国日记》,第 113 页。在

毛泽东于 1949 年 6 月 30 日重申"一边倒"政策前三天,共产党情报局杂志发表了刘少奇写的与毛泽东的文章主题相同的一篇文章,参见 FO371/75760F8903。

[12] 参见沃伦·I. 科恩《艾奇逊及其顾问与中国》,收录在博格和海因里希斯主编《未定之秋》,第 36 页。

[13] FR,1949,8:756-757。

[14] FR,1949,8:764。

[15] FO371/75764F9316。

[16] FR,1949,8:782-783。

[17] FR,1949,8:801-802。

[18] FR,1949,8:781。

[19] FR,1949,8:782-783。

[20] FR,1949,8:791。

[21] FR,1949,8:791。

[22] FR,1949,8:779-781。

第十章　撤离中的坚持

[1] 司徒雷登:《在华五十年》,第 257 页。

[2] FR,1949,8:1232。

[3] FR,1949,8:1095。

[4] FR,1949.8:1240。

[5] 新华社:《每日电讯》1949 年 7 月 20 日,第 3 页。

[6] 司徒雷登:《在华五十年》,第 255~256 页。

[7] FR,1949,8:784-785;《司徒雷登日记》,第 45~46 页。

[8] FO371/75763F10513;《司徒雷登日记》,第 44 页。

[9] FO371/75763F10513。

[10] FR,1949,8:1308-1309。柯慎思会说汉语,1925 年成为美国国务院外事处官员,之后十年在中国担任许多外交职务。但他 1947

年在南京接替沃尔顿·巴特沃斯时，离开中国已十二个年头了。

[11] FR，1949，8：1276-1279。在1948年秋任职上海之前，马康卫已在外事处供职十八年，其间只在中国任职一次，即1941年在北平任职。然而，他以后的任职都是与中美关系有关的，他长期担任过美国驻台北"公使"。

[12] FR，1949，8：1316-1317。

[13] FR，1949，8：1303。

[14] FR，1949，8：1136。

[15] FO371/75947F12104。泰瑞尔会说汉语，经验丰富，在天津、重庆和上海也任过职。

[16] FO371/75949F12104。

[17] FO371/75949F12104。

[18] FO371/75949F12190。

[19] FO371/75949F12104。

[20] FO371/75949F12104。

[21] FO371/75940F12876。

第十一章　封锁

[1] FR，1949，9，1103-1104。

[2] FR，1949，9：1104-1105。

[3] FO371/75900F9198。

[4] FO371/75762F98204，FO371/75900F9209；FR，1949，9：1111-1112。

[5] FO371/75762F9792。

[6] FO371/75760F9121。

[7] FR，1949，9：1110。

[8] FR，1949，9：1129-1130

[9] FO371/75900F9310。

[10] FO371/75903F10739。

[11] FO371/73904F11601。

[12] FO371/73904F11601。

[13] 《毛泽东选集》第4卷,北京:外文出版社,1961~1965,第374页。

[14] FO371/75903F10816。美国驻沪官员对韩明的评价也很好。他们把韩明视为民主同盟领导人,"明显属于民盟中亲美的温和派",同时,他们还认为韩明"非常了解共产党现行的思想路线",参见 FR,1949,8:1193-1195。

[15] FO371/75903F10816。在中国履新的罗伯特·厄克特完全是新手,因为其外交生涯的大部分时间是在英属地中海东岸国家的领事馆度过的。在任上海总领事期间,他被封为爵士。

[16] FR,1949,9:1122。

[17] FR,1949,9:1122-1123。

[18] FO371/75903F10861。

[19] FO371/75904F11295。

[20] FO301/75765F11304。

[21] 关于这种宣传,可参见 FR,1949,8:457-458。

[22] FR,1949,9:1278-1281。

[23] FR,1949,9:1282-1283。

[24] FR,1949,9:1274。

[25] FR,1949,9:1123-1124。1938年石博思因懂汉语被派到北平,直至1947年才调回华盛顿。

[26] FO371/75904F11338。

[27] FO371/75949F12919。

[28] FO371/75949F12919。

[29] FO371/75768F12960。

[30] FO371/75768F12961;FR,1949,8:1289-1290。

[31] FO371/75765F12961。

[32] FO371/75763F10603。

[33] FO371/75762F10110。

[34] FO371/75769。

[35] FR,1949,8:1292。尽管这个报告说美国人遭到歧视,但到9月底为止,美国商人的境遇还是得到了明显改善,就连原本打算乘戈登将军号轮船撤离的许多美国商人也打消了撤离的念头。参见南希·塔克《尘埃未定:1949~1950年的中美关系与承认纷争》(*Patterns in the Dust*:*Chinese-American Relations and the Recognition Controversy*,*1949-50*),纽约:哥伦比亚大学出版社,1983,第123~125页。

[36] FO371/75769。

第十二章 英美之间的政策分歧

[1] FR,1949,9:20-52。

[2] FO371/75813F10976。

[3] FR,1949,9:56。

[4] FO371/75813F11653。

[5] FO371/75813F12748。

[6] FO371/75813F12748。

[7] FO371/75814F12843。

[8] FR,1949,9:867-869。

[9] FR,1949,9:875-878。

[10] FR,1949,9:872。

[11] FR,1949,9:369-371

[12] FR,1949,9:376-378。

[13] FR,1949,9:388-389。

[14] FR,1949,9:389-390。

[15] FR, 1949, 9：81。

[16] FR, 1949, 8：519-521。

[17] FR, 1949, 8：83-84。

[18] FO371/75816F14701。

[19] FR, 1949, 9：82。中共关于废除这些条约的立场,是在1947年10月10日的宣言(由毛泽东起草)中提出的,宣言宣布了"八项基本政策",其第八项称:"否认蒋介石独裁政府的一切卖国外交,废除一切卖国条约,否认内战期间蒋介石所借的一切外债。"参见《毛泽东选集》第4卷,北京:外文出版社,1961~1965,第148、150页。

[20] FO371/75818F16417。

[21] FO371/75814F12843。

第十三章　中华人民共和国宣告成立

[1] FR, 1949, 8：544-545。

[2] FR, 1949, 9：93。

[3] 关于共同纲领的英语译文,请看《时事背景》第9期,美国驻香港领事馆1950年9月21日发行。

[4] 新华社:《每日电讯》第155期,1949年10月4日,第16页。据伯吉斯介绍,《真理报》10月5日的重要社论强调:"中共领导人正是借助我们所形成的正确的经典理论,才得以掌握列宁、斯大林很早就提出的革命秘诀;中国革命的成功,离不开苏联和红军的支持。"参见FO371/758 83F15233。

[5] 新华社:《每日电讯》第155期,1949年10月4日,第6页。

[6] 新华社:《每日电讯》第119期,1949年8月28日,第4页。

[7] 新华社:《每日电讯》第8期,1949年7月18日,第3页;新华社:《每日电讯》第100期,1949年8月9日,第2~3页。

[8] 新华社:《每日电讯》第78期,1949年7月18日,第1页。

[9] FO371/75833F10691。

[10] 柯乐博:《中国和俄国:"大博弈"》(*China and Russia:"the Great Game"*),纽约:哥伦比亚大学出版社,1971,第379页;FO371/75833F7879。

[11] 参见美国驻香港总领事急电,1950年3月31日,793.0193A/31-3150,RG59,DSNA(即美国国家档案馆藏美国国务院档案第59组十进位档案第793.0193A/31-3150号。余同。)

[12] 新华社:《每日电讯》第93期,1949年1月。另参见FR,1949,9:955。

[13] FO371/75816F14782。

[14] FO371/75816F14782。

[15] FO371/75816F14782。

[16] 关于中华人民共和国对事实上的承认的态度问题,美英曾交换意见,参见美国驻伦敦大使1952年3月31日急电,793.02/3-3152,RG59,DSNA。

[17] 参见美国国务院《驻外人员名录》,1949年10月1日、1950年1月1日。

[18] FR,1949,9:976-978。

[19] FR,1949,9:985-986。

[20] FR,1949.9:994-995。

[21] FR,1949,9:1000-1001(代理政治顾问1949年12月9日致驻日盟军总司令急电)。

[22] FR,1949,9:964、969-974。

[23] 参见FR,1949,8:971;FO371/75764F9316。

[24] 关于美国对周恩来口信的反应之重要性的另一种观点,可参见威廉·惠特尼·斯蒂克《走向对抗:1947~1950年美国对中国和朝鲜的政策》(*The Road to Confrontation:American Policy toward China and Korea,1947-1950*),查珀尔希尔:北卡来罗纳大学出版社,

1981，第 132 页。

[25] FR，1949，9：117-118。

[26] FR，1949，8：979。

第十四章 "华德事件"的考验

[1] FR，1949，8：984-986。

[2] FR，1949，8：1032。

[3] FR，1949，8：1026-1028。

[4] FR，1949，8：988-989。

[5] FR，1949，8：1000-1002。

[6] FO371/75951F17381。

[7] FR，1949，8：1000。

[8] FR，1949，9：996-998。

[9] FR，1949，9：998-999。

[10] FR，1949，8：1008。

[11] FR，1949，9：1355。

[12] 司徒雷登：《在华五十年》，第 57 页。

[13] FR，1949，8：1011-1013。

[14] FR，1949，8：1015-1016。

[15] 参见 FO371/7595F17388。

[16] FO371/75950F16872。

[17] FO371/75950F16872。

[18] FO371/75951F17206。

[19] FO371/75951F17206。

[20] FO371/75951F17359。

[21] FR，1949，8：1010。

[22] FO371/75951F17683。

[23] FO371/75951F17917；FO371/75951F17557。

[24] FR, 1949, 8: 1021。本书作者曾于1985年9月29日拜访史笃克。史笃克称,华德给柯乐博的报告是有误的,他11月26日那天只是去出席共产党当局对美国代理人的审判,这是他自愿答应下来的中共方面的要求,而且他的行动也完全经过了华德的批准。

[25] FR, 1949, 8: 1022。

[26] FR, 1949, 8: 1022。

[27] FO371/7595F18155。

[28] FO371/7595F18155。

[29] FO371/7595F18155。

[30] FO371/7595F18155。

[31] FO371/7595F18898。

[32] FR, 1949, 8: 970。

[33] FR, 1949, 8: 1005。

[34] FR, 1949, 8: 634。

[35] 英国商会也为"沈阳事件"对中美关系产生的不利影响感到悲哀,在一份题为《关于迅速承认中华人民共和国问题》的秘密备忘录中,商会担心美国人会因沈阳事件而更加"不相信并痛恨""共产党的一切",而且,这个事件"有可能使那些希望尽可能拖延对中华人民共和国的承认的美国人获得更多支持"。参见793.02/1-450, RG59, DSNA。

[36] FR, 1949, 8: 1044-1066。

[37] 根据本书作者于1981年12月11日同曼哈德的谈话整理。另外,据1985年9月29日史笃克对本书作者所言,史笃克并不相信中国官员对曼哈德所讲的为中央人民政府开脱的话。他认为,美国、英国、法国的领事馆起初受到的待遇(沈阳市朱市长所给予的)代表了那个时期的政策,而北京只是发出了改变这种政策的指示。另参见史笃克《中美关系的未来》,第15~16页。

第十五章　英国考虑承认问题

［1］FO371/75818F16028。

［2］FO371/75818F16390。

［3］FO371/83284FC1022/176。

［4］FR, 1949, 9: 151-154。

［5］FR, 1949, 9: 149-151。

［6］FO371/75818F16417。

［7］FO371/75819F16589。

［8］FR, 1949, 9: 184-187。

［9］FO371/75814F13405；FO371/75821F17093；FO371/75821F17095。

［10］FO371/75826F18695。

［11］FO371/75827F18766。

［12］FO371/75828F19237；FO371/75828F18103。

［13］史蒂芬·菲茨杰拉德：《中国和海外华人：观念与政策》（"China and the Overseas Chinese: Perceptions and Policies"），《中国季刊》(China Quarterly) 1970年10~12月号，第8页；埃德温·W.马丁：《东南亚与中国：遏制的终结》(Southeast Asia and China: The End of Containment)，博尔德：西方观察出版社，1977，第46页。

［14］美国驻吉隆坡总领事馆1951年1月17日致国务院急电，783.02-1751, RG59, DSNA。

［15］FO371/75826F18695。

［16］FO371/75819F16589。

［17］FO371/75825F18073。

［18］FO371/75823F17467。

［19］关于英联邦其他国家的观点，参见FR, 1949, 9: 200-201；FO371/75821F17052；FO371/75821F17204；FO371/75823F17462；FO371/75823F17471；FO371/75826F18322。关于布鲁塞尔条约国

的观点，参见 FO371/75828F19217。

[20] 盖洛普民意测验的数据表明，只有不到 1/3 的英联邦国家支持内阁的决定。29% 的英联邦国家赞成承认北京，而反对的则占 45%。参见布赖恩·E. 波特《英国和共产主义中国的崛起》（*Britain and the Rise of Communist China*），纽约：奥克斯福德大学出版社，1967，第 162 页。

[21] FO371/75827F18907。另参见 D. C. 瓦特《英国和远东冷战，1945 ~ 1958 年》（"Britain and the Cold War in the Far East, *1945 - 58*"）一文，载于永井阳之助和入江昭主编《亚洲冷战的起源》（*The Origins of the Cold War in Asia*），纽约：哥伦比亚大学出版社，1977，第 97 页。

[22] FR，1949，9：224 - 226。

[23] FR，1949，9：219 - 220。

[24] 在重申美国反对匆忙承认北京的立场时，艾奇逊还对美国报界的流行观点做出了反应，参见塔克《尘埃未定》，第 123 ~ 125 页。

[25] FR，1949，9：224 - 225，219 - 220。

[26] FO371/75823F17484。

[27] FR，1949，8：640。

[28] 参见 FO371/83313FC10338/9、371/75835F19234。

[29] 新华社：《每日电讯》第 235 期，1949 年 12 月 23 日，第 171 页。

[30] FO371/75835F19153。

[31] 正如 J·K. 卡利肯所说："1949 ~ 1950 年冬，毛泽东率领中共高级代表团在莫斯科与苏联商谈中苏条约之日……正是国际体系里两极对立日益强化之时。" J. K. 卡利肯：《中美危机的模式》（*The Pattern of Sino - American Crisis*），纽约：坎布里奇大学出版社，1949，第 16 页。

第十六章　美国确定对台政策

[1] 参见 FR，1949，9：590 - 593；FR，1949，8：604 - 605。

[2] FR, 1949, 8: 593 – 594。尽管斯特朗并非中国问题专家,但当年 34 岁的他却已经在中国待了两年多。他起初在青岛担任领事职务,后来又任美国驻广州使团的办公室第一秘书。

[3] FO371/83246FC1019/76。

[4] FO371/75817F15732。

[5] FR, 1949, 8: 696。

[6] FR, 1949, 8: 593 – 594。

[7] FR, 1949, 8: 718。

[8] FR, 1949, 8: 603 – 604、606 – 611、619 – 620。

[9] FR, 1949, 8: 719。

[10] FR, 1949, 8: 721。

[11] FR, 1949, 8: 437 – 438。

[12] FR, 1949, 8: 442。

[13] FR, 1949, 8: 443。

[14] 该文件转引自丘宏达《中国与台湾问题》(*China and the Taiwan Issue*),纽约:普雷格出版社,1979,第 215~218 页,另参见 FR,1949,9: 460。1950 年 1 月 4 日,《纽约时报》刊登了关于这份文件的一则新闻,从而在亲国民党集团中引起巨大反响。英国大使从美国国务院中国处的富尔顿·弗里曼那里得知,消息是在东京泄露的,然而,弗里曼认为这则消息的公开可能会增加公众对国务院立场的支持。参见 FO371/83280FC1022/53。

[15] FR, 1949, 9: 460 – 461。

[16] FR, 1949, 9: 463 – 467。

[17] FR, 1949, 9: 463 – 467。

[18] FR, 1949, 9: 463 – 467。

[19] 参见 10 月 21 日和 24 日国务院备忘录,FR, 1949, 9: 568 – 576。另参见罗伯特·M. 布伦姆《划线:美国在东亚政策的缘起》(*Drawing the Line: The Origin of the American Policy in East Asia*),纽约:W. W. 诺

顿出版社，1982，第八章"关于此项资金是否依法应用的情况说明"。
［20］FR，1949，7：1215。
［21］《美国国务院公报》1950年1月16日，第79页。
［22］关于这篇讲话的原文，参见《美国国务院公报》1950年1月23日，第111~118页。
［23］FR，1950，6：256-257；关于英国的看法，参见 FO371/83279FC1022/30。
［24］本书作者也是离台人员之一（转而到仰光任职），虽然在台湾才待了四个月。我记得当时人们都在议论中国人民解放军会在何时、何地进攻台湾，没有谁怀疑这种进攻的可能性。
［25］新华社：《每日电讯》第128期，1949年9月6日，第21页。
［26］FO371/83243FC1019/16。

第十七章 英国承认中华人民共和国

［1］FO371/83282FC1022/108；FO371/83280FC1022/67。
［2］就连支持"两党协调一致"的共和党参议员范登堡也有此担忧。他曾于1月3日（英国发表声明的前三天）写信给国务卿说："我真的希望能够说服我们在联合国的主要伙伴，使之至少在我们之间达成一致之前不承认中共政府。"793.02/1-350，RG59，DSNA。
［3］FO371/83279FC1022/26。
［4］FO371/83282FC1022/135。麦克阿瑟对杜鲁门关于台湾问题的声明的满意程度甚至不及他对英国承认北京一事的满意程度。加斯可因报告说，麦克阿瑟重申了他以前多次主张的立场："防止台湾落入共产党之手是至关重要的。"他告诉加斯可因说，他的建议已经被华盛顿政府接受，杜鲁门的声明"对他和杰塞普大使来说犹如晴天霹雳"。参见 FO371/83297FC1024/18。
［5］FO371/83280FC1022/46。
［6］参见 FO371/75827F18900；FO371/75829F19434。

［7］FO371/75829F19434。在到远东司任职之前，富兰克林曾在天津担任过两年的领事职务（包括共产党占领天津之后的八个月时间），所以，他的同事都不具备他那样的经历。他还曾担任过其他四个与中国有关的职务。

［8］FO371/75830F19473。

［9］关于印度，参见 FO371/83280FC1022/44。

［10］FO371/83280FC1022/57。

［11］FO371/83280FC1022/58。

［12］印度也是这样的观点，参见 FO371/83282FC1022/102。

［13］FO371/83285FC1022/58。

［14］FO371/83285FC1022/215。

［15］FO371/83280FC1022/89。

［16］FO371/83283FC1022/175。

［17］FO371/832853FC1022/224。

［18］FO371/83246FC1019/81。

［19］FO371/83246FC1019/82。

［20］FO371/83499FC1582/10。

［21］FO371/83286FC1022/255。

［22］FO371/83327FC1051/3。

［23］FO371/83297FC1024/1。

［24］FO371/83297FC1024/3；FO371/83297FC1024/5。

［25］FO371/83297FC1024/9。

［26］FO371/83297FC1024/24。

［27］FO371/83244FC1019/28。

第十八章　收回美国领事馆地产

［1］关于这项声明的原文，参见新华社《每日电讯》第261期，1950年1月19日，第77页。

[2] 参见 FR, 1950, 6：33。

[3] FR, 1949, 9：1104。

[4] FR, 1949, 8：1110。

[5] FO371/83479FC1463/26。

[6] 参见给英国大使馆的电报, 南京, 1950 年 1 月 30 日; FO371/83479FC1463/1。

[7] 关于美国对这一法权的立场, 参见 FR, 1949, 8：1121。

[8] 《美国国务院公报》, 1950 年 1 月 23 日, 第 119 ~ 123 页。

[9] 《美国国务院公报》, 1950 年 1 月 23 日, 第 119 ~ 123 页。

[10] 《美国国务院公报》, 1950 年 1 月 23 日。另参见 FR, 1950, 6：270 - 272。

[11] FO371/834789FC1463/12。关于迪化的问题, 参见 FO371/83480FC1463/30。

[12] FO371/83479FC1463/12。

[13] FR, 1950, 6：275 - 277。

[14] FO371/83479FC1463/16。

[15] 新华社：《每日电讯》第 261 期, 1950 年 1 月 19 日, 第 77 ~ 78 页。

[16] 关于中国对胡志明政权的承认, 参见新华社《每日电讯》第 261 期, 1950 年 1 月 19 日。

[17] FO371/83480FC1463/41。

[18] FO371/83480FC1463/41。

[19] FO371/83282FC1022/115。

[20] 《美国参议院外交委员会行政听证会记录》, 第 205 ~ 206 页。

[21] 《美国参议院外交委员会行政听证会记录》, 第 206 页。

[22] 《美国国务院公报》, 1950 年 2 月 20 日, 第 302 页。

[23] FO371/83564FC1931/5。

[24] FO371/83564FC1931/6。

[25] FO371/83497FC1581/11。据美国国务院估计, 到 1949 年年底, 大

约有三千名美国人居住在共产党中国,但其中有相当多的华裔或混血儿,"他们的永久性家庭是中国,持有美国国籍在很大程度上是为了方便"。参见 FR,1949,8:647-650。

[26] FO371/83283FC1022/163。

[27] FO371/83285FC1022/212。同(越南)保大皇帝及老挝、柬埔寨国王的协议,于 2 月 2 日获得了法国政府的批准。

第十九章 中苏条约

[1] 关于该条约的原文,参见新华社《每日电讯》第 289 期,1950 年 2 月 16 日,第 80~84 页。

[2] FO371/83315FC10338/88、FO371/83315FC10338/89。关于美国对中苏条约和苏联与东欧国家条约的比较,参见 1950 年 2 月 16 日美国驻莫斯科大使馆给国务院的电报,其中认为"除了第二条之外",中苏条约"与 1948 年苏联同保加利亚、罗马尼亚和匈牙利的友好条约内容极为相似"。661.931/2-1650,RG59,DSNA。

[3] FO371/83315FC10338/80。在中苏条约签订之前的几天,科茨曾经写过一份备忘录,他同意英国驻南京大使馆的说法:"对苏联来说,共产党中国产生的主要吸引力,是苏联由此看到了共产党在东南亚的曙光。"他说,中苏两国将会实行共同的东南亚新政策,但科茨预见到:东南亚最终可能会使中苏之间产生矛盾。参见 FO371/83314FC10338/50。2 月 21 日,美国驻伦敦大使馆报告说,英国外交部认为,中共政府"可能在近来以各种方式向东南亚渗透(除了进行公开的战争这种方式)"。661.93/2-2150,RG59,DSNA。

[4] FO371/83314FC10338/47。

[5] FO371/83314FC10338/59。

[6]《美国国务院公报》,1950 年 2 月 6 日,第 218 页。

[7] 参见 661.93/1-2550,RG59,DSNA。

[8] FR, 1950, 6: 308-311。

[9] 《美国国务院公报》，1950年3月27日，第468页。

[10] 参见661.93/3-1650，RG59，DSNA。

[11] 《人民中国》1950年3月1日，第29页。2月15日，新华社在一篇题为《中苏友谊中的新亚洲》的文章中对这个问题进行了详尽的说明。661.93/3-1650，RG59，DSNA，第30~32页。

[12] 参见美国驻莫斯科大使馆1950年2月14日致国务院的电报。661.93/2-1450，RG59，DSNA。

[13] 新华社：《每日电讯》第290期，1950年2月17日，第94页。

[14] FO371/83314FC10338/55。

[15] 新华社：《每日电讯》第305期，1950年3月6日。毛泽东的这封电文以及周恩来给维辛斯基的电文占据了《消息报》和其他苏联报纸的整个第一版。FO371/83315FC10338/83。

[16] 《人民中国》1950年3月1日，第3~4页。

[17] 《人民中国》1950年4月16日，第3页。

第二十章　英国遇挫

[1] FO371/83285FC1022/216。

[2] FO371/83285FC1022/221。

[3] 参见美国驻新德里大使馆电报。1月21日，793.02/1-2150；1月27日，793.02/1-2150，RG59，DSNA。

[4] FO371/83285FC1022/218。

[5] FO371/83285FC1022/228。另参见FO371/75827F18896。

[6] 新华社：《每日电讯》第262期，1950年1月20日，第83页。

[7] 《美国国务院公报》1950年1月16日，第105页。

[8] 《美国国务院公报》1950年1月23日，第145页。邹谠等认为，苏联欲把国民党代表从安理会驱逐出去的"企图"，"可能是它的一个马基雅维里式的诡计，它想以此来把共产党中国和西方隔离开来"。

参见《美国在中国的失败》，第 523~524 页。

[9] FO371/83285FC1022/228。

[10] FO371/83285FC1022/228。

[11] FO371/83285FC1022/242。

[12] FO371/83285FC1022/228。

[13] FO371/83285FC1022/235。印度曾在安理会投票赞成驱逐国民党代表，但是它在经济与社会委员会却投了弃权票，因为印度认为，由这个机构来做一个政治决定是不适当的。

[14] FO371/83285FC1022/235。

[15] FO371/83286FC1022/246。

[16] FO371/83287FC1022/279。

[17] FO371/83286FC1022/246。

[18] FO371/83286FC1022/254。

[19] FO371/83286FC1022/265。

[20] FO371/83345FC1106/34。

[21] FO371/83345FC1106/40。

[22] FO371/83350FC1106/179。

[23] FO371/83345FC1106/40。

[24] FO371/83345FC1106/40。

[25] FO371/83480FC1463/30。

[26] FO371/8348FC1463/47。

[27] 《人民中国》1950 年 3 月 1 日，第 29 页。

[28] 参见给美国国务院的电报。1951 年 1 月 18 日，681.93/1-1851，RG59，DSNA。

[29] FO371/83480FC1463/47。

[30] FO371/83481FC1463/64。

[31] FO371/83481FC1463/65。

[32] FO371/83481FC1463/69。

［33］FO371/83482FC1463/98。

［34］FO371/83481FC1463/72。

第二十一章　离境的风险

［1］FR，1949，9：1183－1184。

［2］FO371/83499FC1582/1。

［3］FO371/83499FC1582/3。

［4］FO371/83499FC1582/5。

［5］《美国国务院公报》1950年4月3日，第525页。

［6］FO371/83499FC1582/27。

［7］FO371/83499FC1582/28。

［8］FO371/83500FC1582/37。

［9］FO371/83499FC1582/35。

［10］FO371/83499FC1582/35。

［11］FO371/83499FC1582/28。

［12］FO371/83500FC1582/37。

［13］FO371/83500FC1582/49。

［14］《美国国务院公报》，1950年4月3日，第525页。

［15］FO371/83501FC1582/60。

［16］FO371/83501FC1582/61。

［17］FO371/83501FC1582/61。

［18］FO371/83501FC1582/70。

［19］FO371/83501FC1582/47。

［20］FO371/83501FC1582/87。

［21］FO371/83502FC1582/107。

［22］《美国国务院公报》1950年4月24日，第636页。

［23］FO371/83502FC1582/67。

［24］FO371/83502FC1582/117。

[25] FO371/83503FC1682/143A。

[26] FO371/83502FC1582/127。

[27]《美国国务院公报》1950年4月24日,第630页。

[28] FO371/83502FC1582/123.128;FO371/83503FC1582/129。

[29] FO371/83503FC1582/141。

[30] FO371/83503FC1582/123。

[31] 与上海电力公司的保罗·霍普金斯的谈话备忘录,2月6日、7日,893.2614/2-650,893.2614/2-750,RG59,DSNA。

[32] FO371/83244FC1019/41。

[33] FO371/83244FC1019/39。

[34] 参见《美国国务院公报》1950年2月20日,第296页。

[35] 893.2614/2-750,RG59,DSNA。

[36] 893.2614/2-750,RG59,DSNA。

[37] FR,1950,6:314。

[38] FR,1950,6,313。

[39] 新华社:《每日电讯》第300期,1950年3月1日。没有任何证据能证明美、日飞行员驾驶过国民党轰炸机。

[40] FO371/83244FC1019/43。

[41] FR,1949,9:1141。

[42] 693.0022/3-2750,RG59,DSNA。笔者从未发现有任何证据可以说明英国大使曾在此时要求美国出面干预,以解除封锁。

[43] 5月初共产党就扭转了在同国民党抗衡中的不利局面。当时,国民党下令从舟山群岛不战而退,该群岛曾是他们对上海进行空中和海上封锁的重要基地。参见FR,1950,6:340注释1。

[44]《人民中国》的一篇文章显示了中共政府对于它被指责阻止外国人员离境一事的敏感性:"戈登将军号轮船4月30日驶离天津。船上载有六百九十名外国侨民。这个事实完全揭露了美国政府的谎言即中国政府正在拖延美国侨民离境。"参见《人民中国》1950

年5月16日，第23页。

[45]《国务院公报》1950年3月27日，第469页。

[46] 这封信是写给北美国外布道团中国委员会秘书罗兰·M. 克罗斯的，以作为对克罗斯4月26日致石博思的信的答复。克罗斯在信中告知，中国委员会的两名传教士已安全抵达北京，"这是传教士被允许返回中国的最早的例子之一"。893.181/4－2655，KG59，DSNA。

第二十二章　美国的一个试探性举动

[1] FR, 1950, 6：322。

[2] FR, 1950, 6：286－289。

[3] FR, 1950, 6；306。

[4] 661.931/2－2050, KG59, DSNA。

[5] FR, 1950, 6：321注释1。

[6] 据说，1949年9月13日在艾奇逊国务卿办公室里召开的一次会议中，司徒雷登曾评论说："共产党的高级领导人显然很清楚的一点是：如果他们不能从苏联那里得到经济援助，为了生存，就只能从我们这里寻求经济援助。"FR, 1949, 7：1205。

[7] FR, 1950, 6：327－328。

[8] 共产党当局对释放史密斯和班德尔的一再要求一直不予理睬，而自1948年10月以来这两个人一直被单独监押。英国在1950年3月24日前一直代表美国就此案进行交涉，但从未得到中国人的答复。FO371/83494FC1581/23。

[9] FR, 1950, 6：329。

[10] FR, 1950, 8：377－378。

[11] 与国际电力总公司经理W. R. 赫罗德及上海电力公司的保罗·霍普金斯谈话备忘录。893.181/3－2450, RG59, DSNA。

[12] 793.02/3－150, RG59, DSNA。

[13] FO371/83295FC1022/528。加拿大记者约翰·傅礼泽曾报道过一篇

"很有意思"的演讲,多少能印证一下富兰克林的看法。那是在 1978 年秋,在北京民主墙,"一位知道许多外交政策的持不同政见的老者"说:"当初,因为美帝国主义是我们的敌人,所以我们很明确地认为它是自私自利的。但是,因为把苏联看成我们的朋友,所以在解放初期反而没有认真思考苏联问题和中苏关系。我们当时应该立即与美国实现关系正常化。只要我们采取适当的对策并做出某种让步,这种正常关系是能够建立起来的,尽管有美国政府的抵触。"约翰·傅礼泽:《中国人——一个民族的写照》(*The Chinese: Portrait of a People*),纽约:萨米特出版社,1980,第 251~252 页。

第二十三章 中英相互不满

[1] FR, 1950, 3:1023。

[2] FO371/83288FC1022/319。

[3] 新华社:《每日电讯》第 193 期,1949 年 11 月 11 日,第 45 页。

[4] 新华社:《每日电讯》第 196 期,1949 年 11 月 14 日,第 57 页。

[5] 关于中国民用航空公司与美国中央情报局的关系,参见威廉·L. 利里和威廉·斯蒂克《陈纳德的计划与中央情报局:美国在亚洲的遏制战略与中央情报局航空帝国的起源,1949~1950 年》("The Chennault Plan and the CIA: U. S. Containment in Asia and the Origins of the CIA's Aerial Empire, 1949-50")一文,载《外交史》(*Diplomatic History*)第 8 卷第 4 册,第 349~364 页。

[6] 《美国参议院外交委员会行政听证会记录》,第 212~213 页。

[7] 陈香梅:《春秋岁月——陈香梅自传》(*A Thousand Springs: The Biography of a Marriage*),纽约:保罗·S. 埃里克森出版社,1962,第 322 页;《书萃》(*Best-in-Books*),加登城:纳尔逊和多布尔戴出版社,1936。

[8] FO37183288FC1022/319。

[9] FO37183288FC1022/319。

[10] FO371/83288F1022/319。

[11] 英国外交部曾向英国驻盟军最高司令部联络使团解释其立场："如果中国人坚持提资产问题，谈判就要拖延很长的时间。与此相应，我们已指示胡阶森先生不要进行非程序性问题的商谈。资产问题只有建立外交关系后才能得到令人满意的解决，在这之前只能如此。"FO371/83279FC1022/30。

[12] FO371/83289FC1022/350。

[13] FO371/83289FC1022/325。

[14] FO371/83289FC1022/336。

[15] FO371/83290FC1022/368。

[16] FO371/83290FC1022/368。

[17] FO371/83290FC1022/368。

[18] 巧的是，就在贝文向胡阶森提出自己的观点时，英国驻美使馆参赞向英国外交部写了一封信，说他"一直在注意"美国有关英国承认中华人民共和国的新闻报道，一些"较为重要的报纸认为，既然英国人未能从其承认中得到什么好处，美国人若采取同样的姿态，除了遭到严厉的斥责和冷落外，也不会得到任何东西"。FO37183291FC1022/396。

[19] FO37183291FC1022/381。

[20] FO37183291FC1022/732。关于中国就此问题的正式声明，参见《人民中国》1950年6月1日，第26页。

[21] FO37183291FC1022/381。

[22] FO37183291FC1022/381。

[23] 参见《人民中国》1950年6月1日，第4页，关于中英谈判的社论。

[24] FO37183291FC1022/383。

[25] FO371/83292FC1022/403。

[26] FO371/83291FC1022/390。

[27] FO371/83291FC1022/401。

第二十四章　外国企业受到排挤

［1］ FO371/83246FC1106/69；《英国外交文件集》371/83347FC1106/115。

［2］ FO371/83246FC1106/69；《英国外交文件集》371/83347FC1106/115。

［3］ FO371/83347FC1106/91。

［4］ FO371/83346FC1106/91。

［5］ FO371/83346FC1106/110。

［6］ FO371/83347FC1106/119。

［7］ FO371/83348FC1106/125。

［8］ FO371/83348FC1106/160。

［9］ FO371/83348FC1106/134。

［10］ FO371/83348FC1106/134；FO371/83348FC1106/149。

［11］ FO371/83348FC1106/134；FO371/83348FC1106/153；FO371/83348FC1106/167。

［12］ FO371/83350FC1106/182。

［13］ 参见巴特沃斯3月27日备忘录。693.0022/3-2750，RGA59，DSNA。

［14］ 参见巴特沃斯3月27日备忘录。893.06/1-2550，RG59，DSNA。

［15］ 参见1950年2月14日美国驻沪总领事馆发给美国国务院的电报。893.053/2-1450，RG59，DSNA。

［16］ 参见1950年2月14日美国驻沪总领事馆发给美国国务院的电报。893.2614/2-650，RG59，DSNA。

［17］ 参见1950年2月14日美国驻沪总领事馆发给美国国务院的电报。893.2614/2-650，RG59，DSNA。

［18］ 1950年3月14日谈话备忘录。893.181/3-2450，RG59，DSNA。

［19］ 1950年3月14日谈话备忘录。893.181/5-350，RG59，DSNA。

［20］ FR，1950，6：91。

第二十五章 美国对台政策的转变

[1] FR, 1950, 6：335-336。

[2] FR, 1950, 6：340。

[3] FR, 1950, 6：341。

[4] FR, 1950, 6：345。

[5] FO371/83565FC1931/36。

[6] 蓝钦：《中国使命》（China Assignment），西雅图：华盛顿大学出版社，1964，第124页。

[7] FR, 1950, 1：314-316。

[8] 罗伯特·M. 布卢姆在他的著作《划线》中（第195~196页）对此有不同看法。他认为，迪安·腊斯克自3月接替沃尔顿·巴特沃斯负责远东事务的助理国务卿职务以来，一直都在试图改变现行对台政策。另参见科恩《艾奇逊及其顾问和中国》（载于博格和海因里希斯主编《未定之秋》，第31页）。

[9] FR, 1950, 6：347 注释1。

[10] FO371/83320FC10345/2。

[11] FO371/83320 FC10345/12。

[12] 参见 FR, 1950, 8：347。

[13] 有一次讨论报纸的报道时，石博思曾经对格雷夫斯说，杜勒斯正敦促美国政府采取强硬立场，"以防止台湾落入共产党之手"，但是，他丝毫没有表示美国将改变杜鲁门在1950年1月5日声明中所阐述的政策。参见石博思谈话备忘录，1950年5月6日，第611页。93/5-350, RG59, DSNA。

[14] FO371/83320FC10345/12。

[15] FR, 1950, 6：366-367。

[16] 《1950~1955年的美国对外政策：基本文件》（American Foreign Policy, 1950-1955：Basic Documents）两卷本，华盛顿：政府印刷

局,1957,第2卷,第2468页。

[17] FR,1950,7:157-158。

[18] FR,1950,6:367-368。

[19] FR,1950,6:343。

[20] 蒙特·M.普恩编《杜鲁门密信集》(Strictly and Confidential: The Letters Harry Truman Never Mailed),波士顿:布朗·利特尔,1982,第58页。另参见 FR,1950,7:180。

[21] FR,1950,7:262-263。

[22] 艾奇逊:《创世亲历记——我在国务院的岁月》(Present at the Creation: My Years in the State Department),纽约:W. W.诺顿出版社,1969,第412页。

[23] 默尔·米勒撰《直言不讳——哈里·S.杜鲁门自述》(Plain Speaking: An Oral Biography of Harry S. Truman),纽约:伯克利出版社,1973,第304页。

[24] 约瑟夫·C.古尔登:《朝鲜战争:未曾透露的真相》(Korea: The Untold Story of the War),纽约:纽约时报出版社,1982,第152页。据艾奇逊说,麦克阿瑟"及一些共和党参议员曾建议把蒋介石的军队派到朝鲜战场作战",但麦克阿瑟的建议"受到了严厉的批评"。参见艾奇逊《创世亲历记》,第369页。

[25] FR,1950,7:277。

第二十六章 对台湾中立化政策的反应

[1] 周恩来声明的全文,参见《人民中国》1950年7月16日,第4页。

[2] 《人民中国》1950年1月16日,第4页。

[3] 赫鲁晓夫:《赫鲁晓夫回忆录——最后的遗言》(Krushchev Remembers: The Last Testament),波士顿:利特尔和布朗出版社,1974,第3689页。

[4] 《人民中国》1950年2月16日,第8~9页。另参见吉廷斯《中国

军队的角色》，第 41 页。

[5] 转引自艾伦·S. 怀廷《中国的政策和朝鲜战争》（"Chinese Policy and Korean War"），载艾伦·古特曼编《朝鲜：冷战和有限战争》（*Korea: Cold War and Limited War*），莱克星顿：D. C. 希恩出版社，1972，第 137 页。

[6] 参见理查德·C. 桑顿《1917～1980 年中国政治史》（*China: A Political History, 1917-1980*），博尔德：西方观察出版社，1982，第 229 页，书中对中共军队的重要部署做了说明。

[7] FR, 1950, 1：363-364。

[8] FR, 1950, 6：429。

[9] FR, 1950, 6：530-531。

[10] FR, 1950, 7：329-331。

[11] 艾奇逊：《创世亲历记》，第 418 页。

[12] FR, 1950, 7：376-377。

[13] FR, 1950, 7：376-377。

[14] FR, 1950, 7：349-351。

[15] 《人民中国》1950 年 7 月 16 日，第 4 页。

[16] 《人民中国》1950 年 7 月 16 日，第 3～4 页。

[17] FO371/83293FC1022/439。

[18] FO371/83293FC1022/439。

[19] 关于艾奇逊给尼赫鲁的照会原文，参见《美国国务院公报》1950 年 7 月 31 日，第 170～171 页。关于艾奇逊对中国试图以其他手段换取其代表席位的做法的挖苦性评论，参见《创世亲历记》，第 419～420 页。

[20] FO371/83320FC10345/23。

[21] FR, 1950, 3：1061-1062。强调部分系笔者所加。

[22] FR, 1950, 3：1663。

[23] FO371/83320FC10345/17。

[24] FR, 1950, 6: 431。

[25] 参见艾奇逊《创世亲历记》,第 422~423 页。

[26] 后来,杜鲁门在给国会的一份特别咨文中重申了美国希望以和平方式解决台湾问题的立场。参见《美国总统公开文件集:哈里·S. 杜鲁门卷,1950 年》(*Public Papers of the Presidents of the United States*: *Harry S. Truman, 1950*),第 531~532 页。

[27] FR, 1950, 6: 432。

[28] FO371/83320FC10345/26。

[29] FO371/83320FC10345/27。

[30] FR, 1950, 6: 385。

[31] FR, 1950, 6: 387。该政策与美军参谋长联席会议的建议是一致的。参见 FR, 1950, 6: 378~380。

[32] FR, 1950, 6: 388。

[33] FR, 1950, 6: 390。

[34] FO371/83320FC10345/18F。

[35] FR, 1950, 6: 391。

[36] FR, 1950, 6: 395, 注释 1。

[37] FR, 1950, 6: 523。

[38] FR, 1950, 6: 383。

[39] FR, 1950, 6: 383, 注释 1。

[40] FR, 1950, 6: 444~446。

第二十七章 禁运对贸易的影响

[1] FR, 1950, 6: 621。

[2] FR, 1950, 6: 619-620。

[3] FR, 1950, 6: 622-625。

[4] FR, 1950, 6: 640。

[5] FR, 1950, 6: 642-643。

[6] FR, 1950, 6: 647。

[7] FR, 1950, 6: 650。

[8] FR, 1950, 6: 651。

[9] FR, 1950, 6: 658。

[10] FR, 1950, 6: 660。

[11] FR, 1950, 6: 650。

[12] FR, 1950, 6: 639。

[13] FR, 1950, 6: 625-635。

[14] FO371/83351FC1106/197。

[15] FO371/83351FC1106/197。

[16] FO371/83351FC1106/203。

[17] FO371/83352FC1106/215。

[18] 参见 FO371/83352FC1106/210。

[19] FO371/83352FC1106/213。

第二十八章　英国在华艰难立足

[1] FO371/83294FO1022/466。罗伯特·斯科特最近刚从东南亚司司长升任助理外交次官。他从1930年以来在中国工作过很长时间。

[2] FO371/83294FO1022/466。这些观察表明，胡阶森的观点发生了一些变化。对于中国外交部官员开始友好地对待他和他的职员，胡阶森至迟在5月就注意到并对此颇为重视。

[3] FO371/83294FC1022/480。

[4] FO371/83294FC/1022/470。

[5] FO371/83294FC1022/481。

[6] 《人民中国》1950年10月16日，第6页。

[7] FO371/83294FC1022/404。

[8] 参见美国驻香港领事馆给国务院的电报，1950年5月2日。

893.181/5-250, RG59, DSNA。

[9] 领事馆给美国国务院的电报,1950年5月10日。893.1846G/5-1050, RG59, DSNA。

[10] FO371/83295FC1022/504。

[11] FO371/83295FC1022/507。

[12] FO371/83295FC1581/1。

[13] FO371/83498FC1581/47。

[14] FO371/8349FC1581/57。

[15] FO371/8349FC1581/60。

[16] FO371/83498FC1581/61。

[17] FO371/83498FC1581/69。

[18] FO371/83498FC1581/45。

[19] FO371/83498FC1581/51。

[20] FO371/83498FC1581/52。

[21] FO371/83498FC1581/52。

[22] FO371/83497FC1581/6。

[23] FO371/83498FC1581/5。

[24] FO371/83498FC1581/16。后来证实,若贝尔是哥斯达黎加人,而不是美国人。

[25] FO371/83497FC1581/24。

[26] FO371/83197FC1581/35。

[27] FO371/83197FC1581/25。

[28] FO371/83197FC1581/26。

[29] FO371/83197FC1581/67。

[30] FO371/83197FC1581/73。布奥尔又在监狱里被关了五年,1955年9月获释时,体重只有一百磅,出狱后三个月就死了。被中国民用航空公司飞行员同事称为"撼地神麦贡"的詹姆斯·麦戈文比布奥尔提前几年获释,但是,在奠边府陷落前一天,他被越盟的高

射炮火打死了。参见陈香梅《春秋岁月》,第 333 页。

第二十九章 焦点在联合国

[1] FO371/83292FC1022/423。

[2] FO371/83292FC1022/423。

[3] FR,1950,7：349-350。

[4] FO371/83322FC10345/69,另参见 FR,1950,3：224-226。

[5] FO371/83294FC1022/489。

[6] 关于周恩来的信的原文,参见《人民中国》1950 年 9 月 1 日,第 4 页。

[7] FO371/83320FC10345/26。

[8] 参见 FR,1950,6：464-468、473-476。

[9] 关于美国在这个问题上的看法,参见 FR,1950,6：398。

[10] FR,1950,6：478。

[11] FR,1950,6,467。

[12] FR,1950,6：475。

[13] 《美国总统公开文件集：哈里·S. 杜鲁门卷》,1950,第 607 页。

[14] FR,1950,6：484。

[15] 蓝钦：《中国使命》,第 55 页。

[16] FR,1950,6：485。

[17] FR,1950,6：485。

[18] 艾奇逊：《在创世的现场》,第 452 页。

[19] FR,1950,6：485。

[20] FO371/83299FC1022/462。

[21] FO371/83299FC1022/465。

[22] FO371/83299FC1022/465。

[23] FR,1950,6：514。

[24] FR,1950,6：514-515。

[25]《人民中国》1950年9月16日，第26~27页。

[26] FO371/83321FC10345/28。

[27] FO371/83321FC10345/30。

[28] FO371/83321FC10345/30。

[29] FO371/83321FC10345/30。

[30]《美国国务院公报》1950年9月11日，第41页。

[31]《美国国务院公报》1950年9月11日，第439页。关于中国的这些指控，参见美国国务院备忘录，1950年9月26日。611.932/9-2650，RG59，DSNA。

[32] 1950年9月30日美国驻新德里大使馆发给美国国务院的电报。611.9326/9-3050，RG59，DSNA。

[33] FO371/83321FC10345/55。美国在联合国安理会提出的对美国飞机轰炸中国东北一事进行调查的建议，也得到了苏联的支持，参见《美国国务院公报》1951年2月26日，第356页。

第三十章 中国介入朝鲜战争

[1] 理查德·E.诺伊施塔特：《总统的力量》(*Presidential Power*)，纽约：约翰威立出版社，1960。这段话引自该书的平装版（"西格尼特图书"丛书之一，纽约：新美国世界文学图书馆出版，1964）第131页。

[2] 艾奇逊：《创世亲历记》，第452页。

[3] 约翰·K.埃默森：《在日美之间穿针引线：我的外事局生涯》(*The Japanese Thread: A Life in the Foreign Service*)，纽约：霍尔特·莱因哈特和温斯顿出版社，1978，第310页。早在12月12日，美国国务院就收到了来自香港的电报，其中称："中国将派出二十五万的部队支援朝鲜。"六天后，国务院又收到一份电报称："中共部队将作为志愿军进入朝鲜，但将携带武器。"但是，美国驻香港领事馆的官员对这些说法表示怀疑，国务院也认为情报来源"极不可

靠"。参见1950年12月12日和18日香港电报。661.93/9 – 1250和66193/9 – 1850;国务院9月26日电报。661.93/9 – 2650, RG59, DSNA。

[4] 古尔登:《朝鲜战争:未曾透露的真相》,第312页。

[5] 例如,可参见贝文给弗兰克斯的电报,1950年11月13日,9:1138 – 1140。另参见斯图克《走向对抗》,第249~250页。

[6] 古尔登:《朝鲜战争:未曾透露的真相》,第244页。

[7] 艾奇逊:《创世亲历记》,第466页。另参见斯图克《走向对抗》,第234~246页。

[8] FR, 1950, 1:383 – 389。

[9] 关于周恩来8月28日和29日指控美机轰炸中国领土一事,美国国务院曾于1950年9月28日致电其驻联合国代表团,参见第338号电报。611/9326/9 – 2850, RG59, DSNA。

[10] 艾奇逊:《创世亲历记》,第514~517页。

[11] 古尔登:《朝鲜战争:未曾透露的真相》,第313页。另参见美国驻香港领事馆11月9日发给国务院的电报。611.93/11 – 950, RG59, DSNA。

[12]《美国国务院公报》1950年11月27日,第852~853页。

[13]《美国国务院公报》1950年11月27日,第853页。腊斯克对市民也做了讲话,内容参见《美国国务院公报》1950年12月4日,第889页。

[14] FO371/83327FC1051/14。在早些时候,美国曾经试图通过瑞典政府向中国保证,美国"没有对中国大陆发动战争的任何企图","美国也不想在朝鲜建立任何军事基地",参见助理国务卿腊斯克与瑞典大使博希曼谈话的备忘录。FR, 1950, 7:1141 – 1142。

[15]《人民中国》1950年10月16日,第7页。另参见麦克法夸尔主编《1949~1970年的中美关系》(*Sino-American Relations, 1949 – 1970*),

纽约：普雷格出版社，1972，第 84～85 页。
[16] 赫鲁晓夫：《赫鲁晓夫回忆录》，第 372 页。
[17] 陪同伍修权将军到联大的有中国外交部的两名官员，一个是亚洲司司长乔冠华，另一个是章汉夫的妻子龚普生。伍修权是林彪手下的参谋长，他到联合国执行外交使命时正担任外交部苏联和远东司司长。
[18] 关于伍修权发言的全文，参见《人民中国》1950 年 12 月 16 日，增刊。
[19]《美国国务院公报》1950 年 12 月 15 日，第 100～105 页。
[20] 周恩来的声明的全文参见《人民中国》1951 年 1 月 1 日，第 4～5、29 页。
[21]《人民中国》1951 年 1 月 16 日，增刊，第 8 页。
[22]《人民中国》1951 年 1 月 16 日，第 28 页。
[23] 1951 年 1 月 2 日腊斯克谈话的备忘录。FR，1951，7：3－4。
[24] 1951 年 8 月 8 日香港急电 386 号。693.00/8－51，RG59，DSNA。
[25] 艾奇逊：《创世亲历记》，第 480 页。
[26] 杜鲁门－艾德礼会谈文件，12 月 4～8 日，载于 FR，1950，3：1706－1788。
[27] FR，1950，3：1712。
[28] FR，1950，6：605。
[29] 参见《人民中国》1951 年 1 月 1 日，增刊，第 14 页。
[30] FR，1950，3：1736。
[31] FR，1950，3：1737。
[32] 联合公报全文参见《美国国务院公报》1950 年 12 月 18 日，第 960 页。
[33] 丘宏达：《中国与台湾问题》，第 153 页。
[34] FR，1951，7：1569。
[35] FR，1950，6：586－857。

第三十一章 灵活性的终结

[1] 艾奇逊的信,参见 FR,1951,7:27。
[2] FR,1951,7:37-38。
[3] FT,1951,7:39。
[4] 五项原则的原文参见《美国国务院公报》1951 年 1 月 29 日,第 164 页。
[5] 该建议的内容,参见《美国国务院公报》1951 年 1 月 29 日,第 163 页。
[6] 关于中华人民共和国对联合国的答复,参见《人民中国》1951 年 2 月 1 日,第 30 页。甚至在北京拒绝了五项原则之后,美国也仍然准备"在原则上同意与中共就其他远东问题进行谈判",以达成一个满意的停战协定,参见腊斯克于 1951 年 2 月 7 日给约翰·穆乔大使的密电。FR,1951,7:159。
[7] 该议案的原文参见《美国国务卿公报》1951 年 1 月 29 日,第 167 页。
[8] 《美国国务卿公报》1951 年 1 月 29 日,第 166~168 页。
[9] FR,1951,7:134-136。
[10] FR,1951,7:136-137。
[11] FR,1951,7:137。
[12] 关于修正议案的原文和投票情况,参见 FR,1951,7:148-151。
[13] 关于这十二个国家联名提出的议案的原文,参见 FR,1951,7:130-131。美国对这项议案持反对意见,因为它认为该议案"从根本上偏离"了 1 月 13 日停火决议所包含的五项原则,美国认为这五项原则是体面地和平解决朝鲜问题的"最起码的基础"。FR,1951,7:127-129。
[14] FR,1951,7:149。
[15] FR,1951,7:1545-1546。
[16] FR,1951,7:1546。
[17] 美国驻伦敦大使馆电报,1951 年 2 月 27 日。641.93/2-275,

RG59，DSNA。

[18] FR，1951，2：228－229。

[19] FR，1951，2：245－246。

[20] FR，1951，2：246－247。

[21] FR，1951，2：247－248。

[22] FR，1951，2：251－252。

[23] FR，1951，2：271。

[24] FR，1951，6：666－667。

[25] FR，1951，6：674。

[26] FR，1951,6：674。

[27] FR，1951，6：667－668。

[28] FR，1951，6：680－681。

[29] FR，1950，6：681。

[30] FR，1950，6：682－683。

[31] 《人民中国》1951年1月15日号，第28页。

[32] 893.2553/1－851，RG59，DSNA。

[33] 893.2553/1－851，RG59，DSNA。

[34] 参见美国驻伦敦大使馆急电第3725号，1951年2月9日。611.93231/2－951，RG59，DSNA。

[35] FR，1951，7：1926－1927、1953－1954。

[36] 该决议的原文参见FR，1951，7：1988－1989；《美国国务院公报》1951年5月28日，第849页。

[37] FR，1951，7：1686。

[38] FR，1951，7：1952－1953。一名荷兰专家与美国观察家持不同意见，参见香港总领事急电，1951年2月13日；《荷兰大使馆秘书杰·维科思伯克斯论中共政策》。693.00/2－1351，RG59，DSNA。

[39] 《人民中国》1951年6月1日，第33页。另参见FR，1951，7：1898，关于潘尼迦与章汉夫副部长就此问题的交谈的报道。

[40] FR，1951，7：2025。

[41] FR，1951，7：2025-2026。

[42]《美国国务院公报》1951年11月12日，第762~763页。

[43]《美国国务院公报》1951年5月7日，第747页。原文另参见FR，1951，7：1521-1522。

[44] FR，1951，7：1584-1585。

[45] FR，1951，7：1585。

[46] 蓝钦：《中国使命》，第105页。

[47] 蓝钦：《中国使命》，第123页。

[48] FR，1951，6：35。

[49] FR，1951，6：35-37。

[50] 关于马歇尔等人的努力，具体参见FR，1951，7，第2部分。

第三十二章　监禁与留难

[1] 参见英国一名领事于1950年7月28日从上海发回的报告，载于FO 371/83504FC1582/159。

[2] 可参见这些文件的备忘录，1950年8月29日，893.181/7-1950；美国德士古公司备忘录，10月31日，893.181/10-3150，RG59，DSNA。

[3] 893.10/11-250，RG59，DSNA。

[4] FO371/83504FC1582/160。

[5] FO371/83504FC1582/178。

[6] FO371/83505FC1582/195。

[7] FO371/83506FC1582/208。

[8] FR，1950，6：597-598。

[9] FR，1950，6：598，注释3。

[10] 关于该过程的系统的第一手材料，参见威廉·G. 休厄尔《我在中国》（*I Stayed in China*）第五章，伦敦：乔治·艾伦和昂温出版

社，1966，第 5 章。

[11] FO371/83506FC1582/226。

[12] FO371/83506FC1582/218。

[13]《中国公报》1951 年 10 月 31 日。

[14] 詹姆斯·汤普森:《当中国面对西方：1928~1937 年在国民党中国的美国改革者》（*While China faced West: American Reformers in Nationalist China, 1928–1937*），坎布里奇：哈佛大学出版社，1969。

[15] 该资料以及下面有关胡本德经历的记述，除有注释者外，均引自他的没有出版的文件。

[16] 引自胡本德口述史录音带，13–336。这些录音带为胡本德的女儿格拉迪丝·哈伯德·斯威夫特所有，但转录带藏于哥伦比亚大学巴特勒图书馆口述历史研究室，纽约：N. Y. 10027。

[17] 胡本德口述史录音带。13–365。

[18] 胡本德会讲汉语，他曾经与人合著过一部关于华北鸟类的极有价值的著作。

[19] 哈金斯后来把她 1950 年秋天在该学校的经历写成小说，参见艾丽斯·哈金斯《假龙的胜利》（*Day of False Dragon*），费城：威斯敏斯特出版社，1985。

[20] 休厄尔:《我在中国》，第 126~127 页。

[21] 参见吴耀聪（音译）的文章，载《人民中国》1951 年 12 月 1 日，第 26 页。

[22]《中国公报》1951 年 12 月 11 日，第 2 页。

[23] 卓伟:《主与我同在红色中国：在中共监狱两年的经历》（*With God in Red China: The Story of Two Years in Chinese Communist Prisons*），纽约：哈珀和布拉泽斯出版社，1953，第 64 页。

[24] 李克、李又安:《羁囚的解放》，纽约：卡梅伦协会，1957。芮歌尼神父:《我在红色地狱的四年》（*Four Years in a Red Hell*），芝加

哥：亨利·勒涅里出版社，1956。

[25] 彼得·卢姆：《北京四载：1950~1953 年》（*Peking, 1950 - 1953*），伦敦：罗伯特·黑尔出版社，1958，第 71 页。

[26] 《美国国务院公报》1951 年 6 月 11 日，第 947 页。

[27] FO371/83504FC1582/163。

[28] FO371/83504FC1582/163。

[29] 《美国国务院公报》1951 年 12 月 12 日，第 1014 页。

[30] FR，1951，7：1581 - 1582。

[31] FR，1951，7：1797。

[32] 蓝来讷是继胡阶森之后英国外交部中最有经验的中国问题专家，他三十年的工作生涯几乎都是在中国任职。

[33] 《美国外交文件集》1951 年第 7 卷，第 1808~1810 页。关于亚欧外交官在这个问题上所采取的各种行动，参见 FR，1951，7：1827 - 1829、1836 - 1837、1845 - 1846。

[34] 参见 FR，1951，7：1864。

[35] 《美国国务院公报》1952 年 9 月 22 日，第 400 页。

[36] 给美国国务院的电报，1953 年 7 月 2 日。693.00/7 - 253，RG59，DSNA。

第三十三章　朝鲜战争的苦果

[1] 麦克法夸尔：《中美关系》，第 82 页。

[2] 拉塞尔·D. 布伊特：《苏美在亚洲的关系：1945~1954 年》（*Soviet - American Relations in Asia；1945 - 1954*），诺曼：俄克拉荷马州立大学出版社，1981，第 185 页。

[3] 德怀特·D. 艾森豪威尔：《受命变革》（*Mandate for Change*），纽约：大不列颠出版社，1963，第 123 页。

[4] C. 特纳·乔伊：《共产党人如何谈判》（*How Communists Negotiate*），纽约：麦克米伦出版公司，1955，第 130 页；艾伦·E. 古德曼：

《边谈边打——C. 特纳·乔伊海军上将在朝鲜停战会议期间的日记》（Negotiating While Fighting: The Diary of Admiral C. Turner Joy at the Korean Armistice Conference），斯坦福：胡佛研究院，1978。

[5] 乔伊：《共产党人如何谈判》，第 134 页。

[6] 停战协定的全文，参见《美国国务院公报》1953 年 8 月 3 日，第 132～140 页。

[7] 《日内瓦会议上的朝鲜问题》（The Korean Problem at the Geneva Conference），美国国务院出版物第 5609 号，1954 年 10 月，第 4 页。

[8] 此系根据笔者的个人回忆，当时笔者曾和迪安一起参加谈判。

[9] 迪安的广播报告全文，参见《纽约时报》1952 年 12 月 22 日。

[10] 迪安的广播报告全文，参见《纽约时报》1952 年 12 月 22 日。

[11] 笔者当时就是参加这一连串颇为滑稽可笑的会议——瑞典报纸称之为"就会谈问题进行谈判的会谈"——的联合国一方的联络秘书。

[12] FR, 1952-1954, 3: 673-674。培根博士于 1935 年进入美国国务院工作，是国务院中职务最高的女性。

[13] 艾森豪威尔：《受命变革》，第 249 页。一位在此期间同丘吉尔关系密切的人指出，丘吉尔"一直对中国作为一个大国的资格表示怀疑"，"义和团运动以来，他对中国的看法就没有什么变化"，参见麦克莫兰·威尔逊·莫兰《莫兰日记里的丘吉尔：力挽狂澜（1940～1965 年）》（Churchill: The Struggle for Survival, 1940-1965, Taken from the Diaries of Lord Moran），波士顿：霍顿·米夫林出版社，1966，第 594 页。

[14] FR, 1952-1954, 3: 711。

[15] FR, 1952-1954, 3: 711。

[16] FR, 1952-1954, 3: 712-713。

[17] 参见《四国联合公报》1954 年 2 月 19 日，载于《日内瓦会议上的朝鲜问题》，第 33～34 页。

[18] 安东尼·艾登：《回到原位》（Full Circle），波士顿：霍顿·米夫

林出版社,1960,第97页。

[19] 罗伯特·F. 兰特尔:《1954年日内瓦会议:解决印支战争问题》(Geneva, 1954: The Settlement of the Indochina War),普林斯顿:普林斯顿大学出版社,1969,第49页。

[20] 参见约翰·吉廷斯《世界和中国,1922~1972年》(The World and China, 1922–1972),纽约:哈珀和罗出版社,1974,第194页;卡利基:《中美危机的模式》(The Pattern of Sino-American Crisis),第100~101页。

第三十四章　中华人民共和国政策的转变

[1] 杜维廉:《与共产党人相处》(Living with the Communists),波士顿:甘比特出版社,1971,第51页。

[2] 香港给美国国务院的电报,1953年7月2日。693,00/7-253,RG59,DSNA。

[3] 杜维廉:《与共产党人相处》,第53~54页。

[4] 杜维廉:《与共产党人相处》,第82页。

[5] 安东尼·艾登:《回到原位》,波士顿:霍顿·米夫林出版社,1960,第138页。

[6] FO371/75827F18896。

[7] 美国驻伦敦大使馆1954年7月8日和21日发给美国国务院的电报。641.93/7-2154,RG59,DSNA。

[8] FO371/75827F18896。

[9] 多年来,英国对中华人民共和国在联合国席位问题的态度以及英国与国民党政府的领事级关系,都是中国拒绝和英国互派大使的原因。参见 FO371/75827F18896。

[10] 杜维廉:《与共产党人相处》,第84页。

[11] 《美国国务院公报》1954年6月21日,第950页。

[12] 杜维廉:《与共产党人相处》,第85页。

[13] 杜维廉:《与共产党人相处》,第 85 页。

[14] 本书作者同约翰逊大使一起参加了 1954 年 6 月、1955 年 8 月和 1957 年 6～12 月的会谈。

[15]《美国国务院公报》1954 年 6 月 21 日,第 949～950 页。

[16] 关于约翰逊大使对这些会谈的看法,参见 U. 亚力克西斯·约翰逊、杰夫·奥里瓦本尔斯·麦卡利斯特《权能者的右边》(The Right Hand of Power),新泽西州恩格尔伍德克利夫斯:普伦蒂斯和霍尔出版社,1984,第 233～236 页。

[17] 鲍大可:《中国和东亚六国》(China and the Major Power in the East Asia),华盛顿:图书研究院,1977,第 181 页。

[18] 柯乐博:《20 世纪的中国》(Twentieth Century China),纽约:哥伦比亚大学出版社,1964,第 343 页。关于对此问题的另一种看法,参见伊什沃·C. 欧嘉《过渡时期的中国外交政策》(Chinese Foreign Policy in an Age of Transition),波士顿:比肯出版社,1971,第 180～181 页。

[19] 柯乐博:《二十世纪的中国》,第 332 页。

[20] 关于"三反五反"运动的简况,参见莫里斯·梅斯纳《毛泽东时代的中国:中华人民共和国史》(Mao's China: A History of the People's Republic),纽约:弗里出版社,1977,第 96～97 页。

结　语

[1] FO371/75754F7099。

[2] 在 1949 年 3 月 5 日向中共中央委员会所做的报告中,毛泽东说:"关于帝国主义对我国的承认问题,不但现在不应急于去解决,而且就是在全国胜利以后的一个相当长的时期内也不必急于去解决。"参见《毛泽东选集》第 4 卷,北京:外文出版社,1961～1965,第 370～371 页。正如戈尔茨坦指出:"中共简直不相信国内外的现实条件会允许建立积极的对美关系。"参见史蒂芬·M. 戈尔茨坦《1944～1950 年中共对美政策:机遇和限制》("Chinese Communist Policy

toward the United States: Opportunities and Constrains"），载于伯格和海因里希斯主编的《未定之秋》，第 275 页。类似的观点还可参见罗伯特·G. 萨特《中国观察：中美和解》（*China Watch: Sino - American Reconciliation*），巴尔的摩：约翰斯·霍普金斯大学出版社，1978，第 32 页。另参见冈部达味《冷战与中国》（"The Cold War and China"），载于永井阳之助和入江昭主编《亚洲冷战的起源》第 241 ~ 244 页。与此不同的观点，参见塔克《尘埃未定》，第 43 页；迈克尔·H. 亨特：《毛泽东及其与美国寻求接近的问题：1948 ~ 1950 年》（"Mao Tse - tung and the Issue of Accommodation With the United States, 1948 - 1950"），载于《未定之秋》。

[3] FO371/83295FC1022/528。

[4] 卡伯特：《第一道防线》，第 42 页。大约与此同时，美国驻南京的一位外交官在日记中写道："令人吃惊的是，这里的美国商人几乎众口一词，认为谁掌权都无所谓：他们能够继续在这里做生意。"参见梅尔比《天命》，第 267 页。

[5] FO371/83295FC1022/528。

[6] FR, 1952 - 1954, 16: 804。

[7] FR, 1952 - 1954, 16: 804。

[8] 艾奇逊：《创世亲历记》，第 369 页；塔克：《尘埃未定》，第 99 页。麦克乔治·邦迪一针见血地指出："如果北京政府能改变策略，并理智行事，就会在美国政府与其反对派之间引起真正激烈的争论……但是这种情况未能出现，1949 年及 1950 年年初在承认问题上出现的论战，并不是一场真正的论战。"麦克乔治·邦迪：《责任的模式》（*The Pattern of Responsibility*），波士顿：霍顿·米夫林出版社，1951，第 190 页。

[9] 793.02/4 - 750, RG59, DSNA。

[10] 参见远东委员会副秘书长戴维·艾克勒 1950 年 1 月 6 日给助理国务卿巴特沃斯的备忘录。793.02/1—650, RG59, DSNA。关于这

一民意测验的类似结果,参见塔克《尘埃未定》,第161页,尤其是第31条注释。

[11] 拉塞尔·D. 布伊特甚至断定,"苏联施加的压力"是"1949年中共不能与美国实现某种缓和的主要障碍"。参见布伊特《苏美关系》,第83页。1950年1月英国外交部认为:"克里姆林宫的政策大概是要使共产党中国与其他的外部世界隔绝,以阻止它与西方大国建立外交关系。"参见 FO371/83313FC10338/23。

[12] 参见约翰·吉廷斯《政治家》("Statesman"),收录于迪克·威尔逊主编的《历史天平上的毛泽东——对毛泽东的基本评价》(*Mao Tse-tung in the Scales of History: A Preliminary Assessment*),纽约:坎布里奇大学出版社,1977,第257页。

[13] 正如阿姆斯特朗所言,中华人民共和国与苏联结盟,实际上使其安全更易受到威胁。参见 J. D. 阿姆斯特朗《革命外交——中国外交政策和统一战线理论》(*Revolutionary Diplomacy: Chinese Foreign Policy and United Front Doctrine*),伯克利:加利福尼亚大学出版社,1977,第68~69页。

索 引

本索引之页码系原书页码，即本书之边码。

艾奇逊（Acheson, Dean G.） 63, 139, 166~167, 184~186, 193, 199~200

艾奇逊与台湾（and Formosa） 22, 97~98, 155~156, 160

艾奇逊与中国国民党（and Chinese Nationalists） 26, 133, 157, 165

艾奇逊与对中华人民共和国的承认问题（and recognition） 67~68, 91~92, 138

艾奇逊与华德事件（and Ward case） 81~83, 127

艾奇逊与北京领事馆征用事件（and Peking consulate seizure） 111~112

艾奇逊与中苏条约（and Sino-Soviet treaty） 116~117

艾奇逊与中国的联合国代表问题（and Chinese representation） 161~162, 176~177

艾奇逊与被囚禁的美国人（and imprisoned Americans） 213~214

艾奇逊与反对派议员（and opponents in Congress） 235, 257n. 8

德里克·艾伦（Allen, Derek） 56

上海美国商会（American Chamber of Commerce, Shanghai） 59~60, 131~132

美中大众教育运动委员会（American-Chinese Committee on the Mass Education Movement） 203

美国总统轮船公司（American President Lines） 127~128

在华美国侨民（Americans in China）

美国对在华美国侨民的政策（U.S. policy toward） 6, 126~130, 134~173~174, 203~205, 212~214

中华人民共和国对美国侨民的留难（denial of exit permits to） 148~150, 204

在华美国侨民被囚禁（imprisonment of） 173~176, 210~214

紫石英号事件（Amethyst incident） 13, 239（第二章注35）

晏芝轮（SS Anchises） 55

安庆轮（Anking） 129～131

马来亚华商会（Association of Chinese Chambers of Commerce of Malya） 89～90

大西洋集团（Atlantic Group） 7～8, 23～24

艾德礼（Attlee, Clement R.） 75
　杜鲁门－艾德礼会谈（and Truman-Attlee talks） 189～190
　艾德礼对美国政策的关注（and concerns reus policy） 191～192

沃伦·奥斯汀（Austin, Warren） 182～183, 193

露丝·培根（Bacon, Ruth） 218～219, 256（第三十三章注12）

巴杰帕伊（Bajpai, Sir Girja） 180～181, 183

保大皇帝（Bao Dai） 114

鲍大可（Barnett, A. Doak） 226

巴大维（Barr, David） 7

包瑞德（Barrett, David） 32～34, 38

班德尔（Bender, Elmer C.） 34, 80, 135, 137, 173, 174, 249（第二十二章注8）

贝利亚（Beriya, Lavrenti） 117

柏林会议（Berlin Conference） 220

百慕大三国首脑会议（Bermuda summit conference） 218

欧内斯特·贝文（Bevin, Ernest） 26, 55, 63～65, 67～68, 141, 181
　贝文与中共（and Chinese Communists） 13～14, 102, 143
　贝文论周恩来的新方针（and Chou demarche） 37
　贝文与中国国民党（and Chinese Nationalists） 57, 86, 105
　贝文与华德事件（and Ward case） 83
　贝文论条约权（on treaty rights） 109～110
　贝文与中苏条约（and Sino-Soviet treaty） 114～115
　贝文论中英关系（on Sino-British relations） 142～143
　贝文论美国对华政策（on U.S. China policy） 160, 177～178
　贝文论在华商业活动（on business in China） 169
　贝文论中国在联合国的代表权问题（on Chinese representation） 177, 195
　贝文向周恩来的保证（assurances to Chou En-lai） 186

毕格斯（Biggs, E. T.） 104～105

布瓦塞万号（Boissevain） 129

婆罗洲（Borneo） 88～89

布莱德雷（Bradley, Omar） 81, 98

英美烟公司（British-American Tabacco Company） 147

英国在华企业（British business in China）

  英美在华企业的比较（comparision with American business） 40~41

  对中华人民共和国的承认一事对英国在华企业的影响（impact of recognition of PRC on） 122~123

  胡阶森向中方陈述英国在华企业问题（representations on behalf of） 146

  英国在华企业想方设法撤出中国（efforts to leave） 147

  朝鲜战争对英国在华企业的影响（impact of Korean War on） 168~169

  英国的在华商业利益政策（UK policy toward） 169~170

  英国在华企业受到的对待（treatment of） 222，223

英国内阁（British cabinet） 4

上海英国商会（British Chamber of Commerce, Shanghai） 61~62，147

  上海的英国商会与保护美国的权益（and protection of U.S. interests） 113

英国新闻处（British Information Service） 49

英国兵营（British military barracks） 124~126

大卫·布鲁斯（Bruce, David） 116

百利洋行（Bryner and Company） 124

武吉瑟林会议（Bukit Serene conference） 88~90

保加利亚（Bulgaria） 115

布奥尔（Buol, Robert） 175~176，252（第二十八章注30）

斯科特·伯德特（Burdett, Scott L.） 103

伯吉斯（Burgess, Guy） 15，239（第三章注9）

  伯吉斯论周恩来的外交方针（on Chou demarche） 36

  伯吉斯论台湾将遭到的威胁（on threat to Formosa） 99

  伯吉斯论中苏条约（on Sino-Soviet treaty） 115

缅甸（Burma） 101~102

太古洋行（Butterfield & Swire）

  太古洋行与国民党的封锁（and Nationalist blockade） 56

沃尔顿·巴特沃斯（Butterworth, W. Walton） 7，24，97，238（第二章注7）

  巴特沃斯与贸易政策（and trade policy） 20，66

  巴特沃斯与台湾（and Formosa） 23，67

  巴特沃斯论对中华人民共和国的承

认问题（on recognition） 69，87~88

巴特沃斯与国民党的封锁（and Nationalist blockade） 133，248（第二十一章注42）

约翰·卡伯特（Cabot, John M.） 20，51，232，239，239（第四章注9）

卡伯特论"工潮中的软禁风"（on "shut-in" labor problems） 41

卡伯特论在华美国人的安全问题（on safety of Americans） 43

卡伯特论毛泽东的"邀请"（on Mao "invitation"） 44

1943年《开罗宣言》（Cairo Declaration, 1943） 21，178

德士古公司（Caltex Company） 166~167

加拿大（Canada）

加拿大与华德事件（and Ward case） 84

加拿大与对中华人民共和国的承认问题（and recognition） 121，138

广州（Canton） 47~48，51~53，55，94

国民党政府迁穗（Nationalist government move to） 6~7，23

美国飞行员卡登（Carden, American pilot） 173~174

中美火油公司（Cathay Oil Company） 197

中央人民政府（Central People's Government），参见"中华人民共和国"

章汉夫（Chang Han-fu） 61，139，145，172

章汉夫与英国和中华人民共和国的谈判（and UK-PRC negotiations） 194

张柏（音译）（Chang Pai） 17

张东荪（Chang Tung-sun） 137

张闻天（Chang Wen-tien） 120

蔡斯（Chase, William） 200~201

陈诚（Chen Cheng） 22，181

成都（Chengtu） 95

陈铭枢（Chen Ming-shu） 46

陈香梅（Chennault, Anna） 140

陈纳德（Chennault, Claire） 140，175

陈毅（Chen Yi） 61~62，159

蒋经国（Chiang Ching-kuo） 22

蒋介石（Chiang Kai-shek） 22，47~48，94~97，156~157，164

蒋介石下野（retirement of） 5

蒋介石与反攻大陆（and return to the mainland） 163

乔木（即乔冠华）（Chiao Mu） 10

中国（China）

美国对华政策（policy toward） 4，

46,48,67~68,76~78,201~203,235

英国在华经济利益（British economic interests in） 40~41

中国的条约义务问题（treaty obligations of） 109

被留难在中国的美国人（Americans detained in） 173~176

英美对华政策差异（U.S.-U.K. policy difference on） 189~190,219~221

《1948年援华法》（China Aid Act of 1948） 96,165

中央航空公司（China Air Transportation Corporation，CATC） 140~141

英商中华协会（伦敦）（China Association, London） 62,66,123,169

英商中华协会与国民党对上海的轰炸（and bombing of Shanghai） 132

《中国公报》（*China Bulletin*） 205~206,213

中国内地会（China Inland Mission） 205

院外援华集团（China lobby） 221

中国航空公司（China National Aviation Corporation，CNAC） 140~141

中长铁路（China Changchun Railway） 114

中国的基督徒（Chinese Christians） 205,215

中国共产党（China Communist Party, CCP） 3~4

国共和谈（and KMT Peace talks） 5,27

中共的正统理论（orthodoxy of） 15~16

中共之派系（factions in） 38,85~86

美国对中共之态度（U.S. attitude toward） 46

中共与泰国（and Thailand） 89

中共与美英企图施加的影响（and U.S and U.K. influence） 233~234

中国的共产主义的政策（Chinese Communist policy） 236

中国的共产主义革命（Chinese Communist revolution）

毛泽东论中国的共产主义革命（Mao on） 3~4

美英对中国的共产主义革命的看法：由分歧到接近（differing U.S. and U.K. approaches to） 232~233

中国共产党的胜利（Chinese Communist victory）

中国共产党的胜利的意义（implications of） 231

外界对中国共产党的胜利的看法（foreign community view of） 232

中国国民党（Chinese Nationalists）
  中国国民党与美国的对台政策（and U. S. Formosa policy） 96～99，156～158，163～165，179～180
  英国与中国国民党的领事关系（British consular relations with） 121～122
  美国恢复对中国国民党的军事援助（restoration of U. S. military assistance to） 200～201
中国的国家资产（Chinese national property） 140～141
中国的"铁托化"（Chinese "Titoism"） 68
姬玉衡（Chi Yu-heng） 79
周恩来（Chou En-lai）
  周恩来与司徒雷登—黄华的会谈（and Stuart-Huang talks） 39
  周恩来与华德事件（and Ward case） 78，89，84
  周恩来与征用领事馆地产事件（and Consulate property seizure） 108～110
  周恩来与中苏条约（and Sino-Soviet treaty） 114，117
  周恩来与中国在联合国的代表权问题（and Chinese representation） 120
  周恩来论俄国兵营的归还（on Russian barracks return） 124
  周恩来论美国的政策（on U. S. policy） 158，161，177
  周恩来论中英建交谈判（on Sino-British negotiations） 171～172
  周恩来论美国对中国领土的轰炸（on U. S. bombing） 182
  周恩来论中华人民共和国的战争目的（on PRC war aims） 187～188
  周恩来与朝鲜停火（and Korean ceasefire） 194
  周恩来与中华人民共和国和英国的外交关系（and diplomatic relations with the U. K.） 222
周裕康（Chou Yu-kang） 44
重庆（Chungking） 51～53
  国民党政府迁都重庆（move of capital to） 94
丘吉尔（Churchill, Winston S.） 219，226，256（第三十三章注13）
舟山群岛（Chusan Islands） 61，130，153
朱德（Chu Teh） 12，27，78，223
  朱德论国民党的轰炸（on Nationalist bombing） 133
  朱德论中华人民共和国的战争目的（on PRC war aims） 188
西克尼（Cicogna, Frank） 79
中国民用航空公司（Civil Air Transport, CAT） 140，175
刘易斯·克拉克（Clark, Lewis）

50~51,241（第十章注10）

菲利普·克莱因（Cline, Philip）213

柯乐博（Clubb, O. Edmund） 9, 11, 30, 135~136, 226~227

 柯乐博与周恩来的新方针（and Chou demarche） 32~33, 39

 柯乐博与华德事件（and Ward case） 78~80

 柯乐博与北京的领事馆地产被征用（and seizure of Peking consulate） 108~109

 柯乐博的政策建议（policy recommendations of） 135~136

 柯乐博论英国与中华人民共和国的关系（on U.S.-PRC relations） 137

 柯乐博论对在华美国人的警告方式问题（on warning Americans in China） 204

科茨（Coates, Patrick） 11, 23, 50

 科茨论中英关系（on Sino-British relations） 13

 科茨论中共的正统理论（on CCP orthodoxy） 16

 科茨论周恩来的外交方针（on Chou demarche） 36

 科茨论保护美国权益问题（on protection of American interests） 53

巴黎统筹委员会（COCOM） 167~168

《中国人民政治协商会议共同纲领》（Common Program） 73

加利福尼亚联邦俱乐部（Commonwealth Club of California） 117, 134

格特鲁德·科恩（Cone, Gertrude） 213

伴侣号驱逐舰（Consort） 13

领事馆官员（consular officers） 42

领事馆地产（consular property） 106~110

领事权利（consular rights）

 中国共产党对领事权利的观点（CCP view of） 12

 西方对领事权利的观点（Western view of） 12~13

 苏联对领事权利的观点（Soviet view of） 14

 领事权利与美国的贸易政策（and U.S. trade policy） 20

弗兰克·库利（Cooley, Frank） 210

罗兰·克罗斯（Cross, Rowland M.） 248

科林·克罗（Crowe, Colin） 182

大连（Dairen） 16~17, 114

阿瑟·迪安（Dean, Arthur） 217~218

邓宁（Dening, Esler） 54, 64, 86, 141

邓宁论周恩来的新方针（on Chou demarche） 36~37

邓宁与华德事件（and Ward case） 84

邓宁论中国在联合国的代表权问题（on Chinese representation） 122

外交机构和外交人员（diplomatic missions）

    外交机构和外交人员留宁（remain in Nanking） 7，23~24

    毛泽东对外交机构和外交人员的看法（Mao's view on） 29

刘易斯·道格拉斯（Douglas, Lewis） 63~65，83~84，160

杜勒斯（Dulles, John Foster） 154，157，219~220

安东尼·艾登（Eden, Anthony） 196，220，222

艾森豪威尔（Eisenhower, Dwight） 215，219

约翰·埃默森（Emmerson, John K.） 184

福来轮船公司（Everett Steamship Corporation） 148

费子智（Fitzgerald, C. P.） 35，38

史蒂芬·菲茨杰拉德（Fitzgerald, Stephen） 89

彼得·弗莱明（Fleming, Peter） 16

弗朗西斯·福特（Ford, Francis） 213

J. F. 福特（Ford, J. F.） 60~61

外国政府的房产（foreign government property）

    对外国政府房产的处置（treatment of） 106~108，111

台湾（Formosa／Taiwan） 21~22，31，96，153，158，166，167，181，188

    台湾的法律地位（legal status of） 21

    台湾的战略重要性（strategic importance of） 21，66~67

    英美对台政策的差异（Anglo-American policy difference on） 23，66~67，162~163，188~189

    美国的对台政策（U. S. policy toward） 23，66~67，96~99，153~158，162~163，178~182，191

    台湾与联合国（and U.N.） 23，67，178，181~182，191

    台湾与英国的政策（and British policy） 67，96，121，167

    台湾与美国的承认政策（and U. S. recognition policy） 69~70

    中共攻台的威胁（invasion threat to） 99，159

    英国与台湾的关系（British relations with） 104~105

杜勒斯－腊斯克关于台湾问题的备忘录（Dulles／Rusk memo on） 154～155，250（第二十五章注 8）

台湾中立化问题（neutralization of） 158～159，160，163

麦克阿瑟访台（MacArthur's visit to） 163～164

英国关于台湾问题的军事观点（British military view of） 190

美国公众对台湾的观点（U. S. public opinion on） 236

《在红色地狱的四年》（Four Years in a Red Hell） 210

富兰克林（Franklin, A. E. E.） 131，142，246（第十七章注 7）

富兰克林论与中华人民共和国的外交关系（on diplomatic relations with the PRC） 102～103

富兰克林论中印关系（on Sino-Indian Relations） 122，161

富兰克林论中美关系（on Sino-American relations） 139

富兰克林论潘尼迦（on Panikkar） 171

奥利弗·弗兰克斯爵士（Franks, Sir Olive） 22，96，100，167，178

弗兰克斯与华德事件（and Ward case） 82～83

弗兰克斯论美国的对台政策（on U. S. Formosa policy） 155

弗兰克斯论美国对朝鲜的政策（on U. S. policy in Korea） 193

富尔顿·弗里曼（Freeman, Fulton） 245

傅泾波（Fuge, Philip）

傅泾波的角色（role of） 18

傅泾波与黄华（and Huang Hua） 29，43，137

傅泾波与周恩来的新方针（and Chou demarche） 38

傅泾波与毛泽东的"邀请"（and Mao "invitation"） 43～44

威利·加拉赫（Gallacher, Willie） 239

阿尔瓦里·加斯科因爵士（Gascoigne, Sir Alvary） 101

戈登将军号（SS *General Gordon*） 127～128，134，149

日内瓦会议（1954 年）（Geneva Conference, 1954） 222，224～226，234

中华人民共和国参加日内瓦会议（and PRC participation） 220～221

M. C. 吉勒特（Gillett, M. C.） 94～95

领事区以西的斜坡地的地产（Glacis property） 109

约瑟夫·古尔登（Goulden, Joseph C.） 185

高来含（Graham, Walter） 11，

101~103, 109~111, 125

葛量洪（Grantham, Sir Alexander）35

休伯特·格雷夫斯（Graves, Hubert）20, 87~88, 155

葛罗米柯（Gromyko, Andrei） 74

葛罗斯（Gross, Ernest） 120

海南（Hainan） 153, 75

阿马斯顿（Hammerstrom, Torsten）189

汉口（Hankow） 48, 51

韩明（音译）（Han Ming） 57~58, 242（第十一章注14）

埃夫里尔·哈里曼（Harriman, Averell） 159, 162

美国传教士海思小姐（Miss Hayes, American missionary） 212

洛伊·亨德森（Henderson, Loy）160, 180, 183

约翰·希克森（Hickerson, John D.）193

胡志明（Ho Chi-minh）
 中华人民共和国对胡志明政权的承认（and PRC recognition question）110, 114

香港（Hong Kong） 96, 105, 117, 167, 190
 香港与英国对中华人民共和国的承认政策（and British recognition policy） 69~70, 88
 中国在香港的国家资产（Chinese national property in） 140
 香港的移民政策（immigration policies of） 172
 英国对香港的政策（British policy toward） 234~235

乔治·霍珀（Hopper, George） 9

德里克·霍伊·米勒爵士（Miller, Sir Derick Hoyer） 98

《新民报》（Hsin Min Pao）
 《新民报》对英国承认中华人民共和国问题的评论（on British recognition of PRC） 104

淮海战役（Huai-Hai campaign） 3

黄华（Huang Hua） 28, 43~44, 129, 137
 黄华论中国共产党的目标（on CCP objectives） 29
 黄华论美国的援助问题（on American aid） 38~39, 47
 黄华执掌上海外事处（as head of Shanghai Foreign Affairs Bureau） 147
 黄华参加板门店谈判（at Panmunjom） 217~218

宦乡（Huan Hsiang） 101, 110, 222

胡本德（Hubbard, Hugh W.）
 胡本德继续待在中华人民共和国的原因（reasons for remaining in PRC）206~207
 胡本德论中华人民共和国的人权问

题（on human rights in PRC）
214~215

玛贝尔·哈伯德（胡本德之妻）
（Hubbard, Mable） 206

胡本德夫妇在中国的遭遇（treatment of Mabel and Huge） 208~210

哈金斯（Huggins, Alice） 206

 哈金斯遭到的骚扰（harassment of）208

理查德·休斯（Hughes, Richard）40

休伯特·汉弗莱（Humphrey, Hubert）236

匈牙利（Hungary） 115

胡阶森（Hutchison, John） 92, 102, 139, 182, 194, 233

 胡阶森与保护美国权益（and protection of U.S. interests） 112~113, 174

 胡阶森与章汉夫的谈判（and negotiations with Chang Han-fu）119~122, 141~145

 胡阶森论征用英国兵营问题（on requisitioning of British barracks）124~125

 胡阶森论上海撤离（on evacuation of Shanghai） 127~128

 胡阶森与英国公司（and British business） 146~147

 胡阶森论中华人民共和国与印度（on PRC and India） 161

 胡阶森论中英谈判（on Sino-British negotiations） 170~171, 252（第二十八章注2）

 胡阶森发出离开中国的警告（warrings to depart China）203~204

印度（India）

 印度与华德事件（and Ward case）84

 印度与承认中华人民共和国问题（and recognition of PRC） 102

 印度与台湾问题（and Formosa）179~191

印度支那（India-China）

 印度支那与英国陆军部对印度支那的担忧（and British War Office concerns） 90

美国奇异电器公司（International General Electric Company） 149

伊斯布兰德森轮船公司（Isbrandtsen Line） 126

日本（Japan） 21, 77, 179~180

哥斯达黎加飞行员若贝尔（Jaubert, Costa Rican pilot） 175, 252（第二十八章注24）

菲利普·杰塞普（Jessup, Philip）51, 156, 163, 246（第十七章注4）

路易斯·约翰逊（Johnson, Louis）165

亚力克西斯·约翰逊（Johnson, U. Alexis） 224~226

美军参谋长联席会议（Joint Chiefs of Staff, JCS）

 参谋长联席会议关于台湾问题的备忘录（recommendations on Formosa） 21，66~67，97~98

 参谋长联席会议与华德事件（and Ward case） 81

 参谋长联席会议与朝鲜战争（and Korean War） 185~186

 参谋长联席会议论贸易政策（on trade policy） 196~197

约翰·卫斯利·琼斯（Jones, John Wesley） 67

C. 特纳·乔伊（Joy, C. Turner） 215

高岗（Kao Kang） 75

乔治·凯南（Kennan, George） 159

基昂（Keon, Michael） 32，35，38

约翰·凯瑟克（Keswick, Jonh） 61~62，148

恺自威（Keswick, W. J.） 169

赫鲁晓夫（Khrushchev, Nikita） 158，187

奇石福（Ki Sok Bok） 217~218，256（第三十三章注11）

威廉·诺兰（Knowland, William F.） 212~213

朝鲜（Korea）

朝鲜问题与美国的防线（and U. S. defense） 98 另见"朝鲜战争"

朝鲜人民军（Korean People's Army） 188

关于朝鲜问题的政治会议（Korean political conference） 220

 朝鲜问题政治会议预备会议（preliminary talks on） 216~218，256（第三十三章注11）

朝鲜战争（Korean War）

 朝鲜战争与国民党出兵问题（and Nationalist troop offer） 157~158

 朝鲜战争与中国在联合国的代表权问题（and Chinese representation） 161~162，176~177

 朝鲜战争与国民党的军事行动（and Nationalist military operations） 164~165

 朝鲜战争与在华的外国公司处境（and foreign business in China） 168~169

 中华人民共和国介入朝鲜战争的威胁（and threat of PRC intervention） 182

 朝鲜战争与中国的警告（and Chinese warnings） 183~185

 朝鲜战争与缓冲区（and buffer zone） 185

 朝鲜战争与美国的意图（and U. S. intentions） 185~187

中华人民共和国介入朝鲜战争的目的（purposes of PRC intervention in） 187~189

朝鲜战争与英美的政策分歧（and U. S. -U. K. policy differences） 189~190

阿拉伯和亚洲国家提出的解决朝鲜战争的议案（and Arab-Asian resolution） 184，254

朝鲜战争对美国对华政策的影响（impact of on U. S. China policy） 201~202，215

朝鲜战争与在华西方人的遭遇（and Westerners in China） 202~203

克力斯坦（Kristan, Alfred） 79

阿瑟·克罗克（Krock, Arthur） 157

桂永清（Kuei Yung-ching） 130

昆明（Kunming） 51~53，173~175

国民党（Kuomingtang, KMT）

国民党与泰国（and Thailand） 89

中国国民党革命委员会（Kuomintang Revolutionary Committee） 46

郭沫若（Kuo Mo-jou） 223

关东（Kwantung）

苏联与中共在关东的合作（Soviet-CCP collaboration in） 17

劳工制造的暴力事件（labor violence） 146~147

成功湖（Lake Success） 187

蓝来讷（Lamb, Lionel） 212，214，222

英国商人兰福德（Langford, British businessman） 146~147

雷任民（Lei Jen-min） 222

《解放日报》（*Liberation Daily*） 42~43

李济深（Li Chi-shen） 46

吕格弗·赖伊（Lie, Trygve） 177，182

李立华（音译）（Li Li-hua） 9

凌珂一（音译）（Ling Ke-yi） 30

岭南大学（Lingnan University） 205

李宗仁（Li Tsung-jen） 5，23，42~43

刘少奇（Liu Shao-ch'i） 32，115，241（第九章注11）

刘少奇的《论国际主义与民族主义》（"Internationalism and Nationalism"） 15

刘少奇论苏联的援助（on Soviet aid） 75

伦敦商会（London Chamber of Commerce） 169

罗伯特·洛维特（Lovett, Robert） 78，199~200

陆志韦（Luh C. W.） 44

卢汉（Lu Han） 173，175

道格拉斯·麦克阿瑟（MacArthur, Douglas）

麦克阿瑟论英国对中华人民共和国

的承认（on British recognition of PRC） 101

麦克阿瑟与台湾（and Formosa） 155~159，163~164

麦克阿瑟论中华人民共和国介入朝鲜战争（on PRC intervention in Korean War） 185~186

麦卡锡（McCarthy, Joseph） 235

马康卫（McConaughy, Walter P.） 49，148，150，190，212

马康卫与上海总领事被骚扰事件（and harassment of Shanghai consulate） 51

马康卫论中共的政策（on CCP policy） 62~63

马尔科姆·麦克唐纳（McDonald, Malcolm） 11，88~89

罗德里克·麦克法夸尔（MacFarquhar, Roderick） 215

詹姆斯·麦戈文（McGovern, James） 175，252

美国飞行员麦高恩（MacGowan） 173~174，252（第二十八章注30）

麦肯齐（Mackenzie, A. R. K.） 176

赫克托·麦克尼尔（McNeil, Hector） 144

马来亚（Malaya）

英国承认中华人民共和国一事对马来亚的影响（and recognition of PRC） 88~90

马林科夫（Malenkov, Georgi） 115

马立克（Malik, Yakov） 121，177，182

东北（Manchuria） 3，11

苏联与中共在东北的合作（Soviet-CCP collaboration in） 17，75，237

苏联在东北的影响（Soviet influence in） 85

美国对东北的轰炸（U.S. bombing of） 182~183，186

菲利普·曼哈德（Manhard, Philip） 85~86

毛泽东（Mao Tse-tung） 3，12，27，34~35，73，231

毛泽东与苏联（and Soviet Union） 15，92~93，114，17~118

毛泽东的《世界革命力量团结起来，反对帝国主义的侵略》（"Revolutionary Forces of the Wold Rally to Combat Imperialist Aggression"） 16，45

毛泽东论外交机构和外交人员（on diplomatic missions） 29

毛泽东邀请司徒雷登访问北平（and invitation to Stuart） 43~48

毛泽东的《论人民民主专政》（"On People's Democratic Dictatorship"） 44~45

毛泽东的《新民主主义论》（"On

New Democracy") 45, 241（第九章注9）

毛泽东论"糖衣炮弹"（on "sugar-coated bullets"） 56~57

毛泽东与斯大林（and Stalin） 92~93

毛泽东与朝鲜战争（and Korean War） 158, 187

伯顿·马歇尔（Marshall, Burton） 202

乔治·马歇尔（Marshall, George C.） 5, 190

马祖（Matsu） 164

查尔斯·米德（Meade, Charles） 60

蒙自（Mengtze） 175

马礼文（Merchant, Livingston） 67, 97, 155, 203~204

 马礼文与华德事件（and Ward case） 80~81

默尔·米勒（Miller, Merle） 157

传教士（missionaries）

 对传教士的揭发（denunciation of） 205~206

 对传教士的监禁（detention of） 207~211

 共产党对传教士的政策（Communist policy toward） 209

 传教士与改良主义（and reformism） 210

莫尼（Money, R. C.） 56

赫伯特·莫里森（Morrison, Herbert） 195

沈阳（Mukden） 6, 8~11, 30, 34, 52, 84~85 另见"华德事件"

1949年《共同防御援助法》（Mutual Defense Act of 1949） 98

南京（Nanking） 3, 27, 52, 112

 外国驻华大使留在南京（ambassadors remain in） 7, 23~24, 31

南宁（Nanning） 175

国民党的封锁（Nationalist blockade）

 国民党的封锁与美国的政策（and U. S. policy） 54~55, 61, 133

 国民党的封锁与英国的政策（and British policy） 54~55

 国民党的封锁的效果（effectiveness of） 55

 国民党的封锁与上海的美国商界人士（and Shanghai American community） 59~60

 国民党的封锁与中共的政策（and CCP policy） 61

 英美两国对国民党的封锁的政策分歧（Anglo-American differences on） 65~66

 国民党的封锁的后果（consequences of） 123~126

国民党政府（Nationalist government）

 国民党政府迁穗（move to Canton of）

6~7, 23
国民党政府迁往重庆、成都、台北（move to Chunking, Chengtu and Taipei of） 94~95
美国与国民党政府的外交联系（U. S. diplomatic for） 95~96
向国民党政府提供军事装备（military equipment for） 165
向国民党政府提供军事援助（military assistance to） 200~201
尼赫鲁（Nehru, Jawaharlal） 119, 194
尼赫鲁对朝鲜停战的看法（on ending Korean War） 161
尼赫鲁与美国的对台政策（and U. S. Formosa policy） 180~181
理查德·诺伊施塔特（Neustadt, Richard） 184
《纽约时报》（*New York Times*） 236
聂荣臻（Nieh Jung-chen） 108
保罗·尼采（Nitze, Paul） 154
《北大西洋公约》（North Atlantic Pact） 15
华北基督教农村事业促进会（North China Christian Rural Service Union, NCCRSU） 206~207
东北人民民主政府（Northeast People's Democratic Government） 75
奥立佛（Olive, William） 42~43

《论国际主义与民族主义》（"On Internationalism and Nationalism"） 15
《新民主主义论》（"On New Democracy"） 45, 241（第九章注9）
《论人民民主专政》（"On People's Democratic Dictatorship"） 45~47
欧阳钦（Ou-yang Ching） 17, 239（第三章注12）
保罗·帕多克（Paddock, Paul Z.） 17
白崇禧（Pai Chung-hsi） 95
潘尼迦（Panikkar, K. M.） 24, 123, 161
潘尼迦论中英关系（on Sino-British relations） 171
潘尼迦与东北遭轰炸问题（and bombing of Manchuria） 183
潘尼迦与中国的警告（and Chinese warnings） 184
板门店（Panmunjom） 216~218, 224
北平（Peiping） 3, 6, 9, 32, 43~44, 52, 62
中共领导人进驻北平（arrival of CCP leaders in） 12
美国新闻处关闭在北平的工作站（closure of USIS in） 49
北京（Peiking） 73, 102~103, 112, 119, 124, 204, 210

征用在北京的领事馆地产（seizure of consular property in） 108~111，237

北京市军管会（Peiking Municipal Military Control Commission） 106，108，125

《人民中国》（People's China） 99，118，159，161

《人民日报》（People's Daily） 188~190

中国人民解放军（People's Liberation Army） 3，6，27，31，94~95

 中国人民解放军与台湾（and Formosa） 99，159

中国人民政治协商会议（People's Political Consultative Conference, CPPCC） 73，187

 政治协商会议筹备会（Preparatory Committee of） 34，240（第七章注10）

中华人民共和国（People's Republic of China, PRC） 73

 中华人民共和国与外交关系问题（and diplomatic relations） 73~76，101~102，121~122

 中华人民共和国与苏联的影响（and Soviet influence） 84~85，236~237，257

 英国对中华人民共和国的承认问题（British recognition of） 100~101，104~105

 中华人民共和国与英国建交问题（and diplomatic relations with the U.K.） 102~103，119，122，141~143，171~173，194，221~223，256

 美国从中华人民共和国撤出（and U.S. withdrawal） 111~113

 中华人民共和国的对美政策（policy toward U.S.） 137~139，223~227，231，236~237，256~267

 中华人民共和国与外商资产的保护问题（and protection of foreign property） 146

 中华人民共和国与香港移民政策（and Hong Kong immigration policy） 172

 美国对中华人民共和国的意图（U.S. intentions towards） 185~186

 美国从中华人民共和国进口商品的问题（U.S. imports from） 196

 中华人民共和国与美国的经济战（and U.S. economic warfare） 197~198

 中华人民共和国与英国的贸易政策（and British trade policy） 199

 中华人民共和国的司法程序问题（judicial process in） 211

人民政府税务局（People's Tax Bureau）

147

澎湖列岛（Pescadores） 21

石油产品（petroleum products） 166～167

波兰（Poland） 211

旅顺口（Port Arthur） 17，114

《羁囚的解放》（Prisoners of Liberation） 210

《辛丑条约》（Protocol of 1901） 108

平壤（Pyongyang） 187

金门（Quemoy/Chinmen） 164

罗伯特·兰德尔（Randle, Robert） 220

蓝钦（Rankin, Karl） 154，179～181，191，200～201

对中华人民共和国的承认问题（recognition of PRC）

 美国对承认中华人民共和国的态度（U.S. policy on） 29，31，78，91～92，135，235～237

 英国对承认中华人民共和国的态度（British policy on） 64，75～76，86～88，90～91，100～101

 英美两国对承认中华人民共和国问题的分歧（Anglo-American differences on） 68～70

 承认中华人民共和国问题与泰国政府的关系（and Thai government） 89

 承认中华人民共和国问题与法国的关系（and France） 90，110～111，114

 英联邦国家及英国的盟国对承认中华人民共和国这个问题的看法（commonwealth and allied views on） 91

 对中华人民共和国的承认这个问题对中国的重要性（importance to PRC of） 92，234

 对中华人民共和国的承认与外交关系（and diplomatic relations） 101～103

 承认中华人民共和国对英国利益的影响（effect of on British interests） 122～123，126，138，145

 美国公众舆论对承认中华人民共和国的看法（U.S. public opinion on） 236

雷贝格（Rehberg, Ralph C.） 79

《世界革命力量团结起来，反对帝国主义的侵略》（"Revolutionary Forces of the World Rally to Combat Imperialist Aggression"） 16，45

李承晚（Rhee, Syngman） 218

李又安（Rickett, Adele） 210

李克（Rickett, Allyn） 210

芮歌尼（Rigney, Harold） 210

林华德（Ringwalt, Arthur） 64，84

罗马尼亚（Rumania） 211

腊斯克（Rusk, Dean） 51，97～98，

154~155,163,193

俄国兵营（Russian military barracks） 124

三洋公司（San Yang Company） 77

查尔斯·索耶（Sawyer, Charles） 168

彼得·斯卡利特（Scarlett, Peter） 10,20,58

斯科特（Scott, R. H.） 170,190

斯科特论中华人民共和国的政策 194

雁谒森（Sen, A. K.） 119

汉城（Seoul） 188

理查德·瑟维斯（Service, Richard） 10

上海（Shanghai）

上海的美国商会（American Chamber of Commerce in） 41,59~60

美国驻沪领事馆受到困扰（harassment of U. S. consulate in） 41~42

美国新闻处关闭在上海的工作站（closure of USIS in） 49

向上海运送救援物资（relief supplies for） 57~58

在上海的美国人协会（American Association in） 60

在上海的英国商会（British Chamber of Commerce in） 61~62,123,147

外国人撤离上海（and evacuation of foreigners） 60~61,126~131,134

国民党对上海的轰炸（Nationalist bombing of） 105

上海的商业环境（business conditions in） 123

在上海的天主教神父被捕（arrest of Catholic priests in） 214

上海机器冰厂有限公司（Shanghai Ice and Cold Storage Company） 146

上海电力公司（Shanghai Power Company） 131~132,149

上海公用事业局（Shanghai Public Utility Bureau） 149

沙托克（Shattock, John S. H.） 155

壳牌石油公司（Shell Oil Company） 166~167

鲁思·希普利（Shipley, Ruth） 135

席普通（Shipton, Eric） 173,175

深圳（Shumchun） 105

尼古拉·什维尔尼克（Shvernik, Nikolai） 117

《新闻日报》（*Sin Wan Rih Paao*） 17

新加坡（Singapore） 88~90

1943年中美新约（Sino-American treaty of 1943） 108

中英关系（Sino-British relations） 170~172,222~223

1943 年中英新约（treaty of 1943）125～126

中国与印度的外交关系（Sino-Indian diplomatic relations） 122

中苏友好协会（Sino-Soviet Friendship Association） 74～75

1945 年的中苏条约（即《中苏友好同盟条约》）(Sino-Soviet treaty, 1945) 15～17

1950 年的中苏条约（即《中苏友好同盟互助条约》）及相关协定（Sino-Soviet treaty and agreements, 1950） 114，118，136

中苏条约与苏联同其他社会主义国家签订的条约比较（and other Soviet treaties） 115，247（第十九章注 2）

英国对中苏条约的评价（British appraisal of） 115～116，247，247（第十九章注 3）

美国对中苏条约的暗中攻击（U.S. covert attack on） 116

中苏条约与周恩来（and Chou En-lai） 117

史密斯（Smith, William C.） 34，80，135，137，173，174，249（第二十二章注 8）

约翰·斯奈德（Snyder, John） 196

宋卡（Songhla） 89

东南亚（Southeast Asia）

对中华人民共和国的承认一事对东南亚的影响（impact of recognition of PRC on） 88～90

东南亚与"第四点计划"（and Point Ⅳ program） 97

东南亚与 1950 年的中苏条约（and Sino-Soviet treaty, 1950） 115，247（第十九章注 3）

苏联（Soviet Union）

毛泽东的苏联观（Mao's view of） 3，15，45，117～118

苏联与驻华领事馆问题（and consulates in China） 14

苏联与中国的合作（collaboration with CCP） 17，75

苏联与中华人民共和国的外交关系（and diplomatic relations with PRC） 74

苏联与国民党中国的外交关系（and diplomatic relations with Nationalist China） 75

苏联与华德事件（and Ward case） 85

苏联与承认（中华人民共和国）问题（and recognition） 101

苏联与力量均衡（and balance of power） 154

苏联与关于朝鲜问题的政治会议（and Korean political conference） 216～218

苏联与中共的政策（and CCP policies）237，257，257（"结语"注11）

石博思（Spouse, Phillip）60~61，88，235，242（第十一章注25）

 石博思论国民党的轰炸（on Nationalist bombing）132~133

 石博思谈在华的美国侨民（on U.S. citizens in China）134~135

 石博思与美国的对台政策（and Formosa policy）155，250

斯大林（Stalin, Joseph）124，158，187

 斯大林与毛泽东（and Mao Tse-tung）93，118

 斯大林与1950年的中苏条约（and Sino-Soviet treaty, 1950）114，117

美孚行（Standard-Vacuum Oil Company）132，149，166

劳伦斯·斯坦哈特（Steinhardt, Laurence）138

施谛文爵士（Stevenson, Sir Ralph）24~25，46，50，75~76

 施谛文论周恩来的新方针（on Chou demarche）37~38

 施谛文论经济政策（on economic policy）40~41

 施谛文论保护美国权益（on protection of U.S. interests）53

 施谛文论国民党的封锁问题（on Nationalist blockade）56，58

史笃克（Stokes, William N.）8，83~84

威廉·斯特朗爵士（Strang, Sir William）84，141，160

罗伯特·斯特朗（Strong, Robert C.）94~96，164，245（第十六章注2）

 斯特朗与国民党布雷问题（and Nationalist mining）130

 斯特朗与中共对台湾的威胁问题（and threat to Taiwan）153~154

 斯特朗论如何向华的美国人发出警告（on warning Americans in China）204

司徒雷登（Stuart, J. Leighton）5~7，24，48，51，235

 司徒雷登论紫石英号事件（on *Amethyst* incident）13

 司徒雷登论中共的政策（on CCP policy）15

 司徒雷登论与中共领导人的谈判（on talks with CCP leaders）25~26

 司徒雷登与南京的占领（and capture of Nanking）27~28

 司徒雷登论美国的目标（on U.S. objectives）29

 司徒雷登论承认中华人民共和国问

题（on recognition） 29，31，92

司徒雷登论华德事件（on Ward case） 30~31，82

司徒雷登论周恩来的新方针（on Chou demarche） 33

司徒雷登与毛泽东的邀请（and Mao invitation） 43~48

司徒雷登的离开问题（departure problems of） 49~50

司徒雷登论苏联的影响（on Soviet influence） 85

司徒雷登论中华人民共和国的经济需求（on PRC's economic needs） 136，249（第二十二章注6）

驻日盟军总司令（Supreme Commander Allied Powers, SCAP） 88，81

粟裕（Su Yu） 159，226

斯沃普爵士（Swope, Gerard, Sr.） 203

台北（Taipei） 94~96，117，153，164，179

美国军事援助顾问团在台北（U.S. Military Assistance Advisory Group in） 200

大沽口（Taku Bar） 134

《大公报》（Ta Kung Pao） 103~104

淡水（Tamsui） 105，121

巽四郎（Tatsumi, Shiro） 79

泰国（Thailand） 89

詹姆斯·汤普森（Thompson, James） 206

莫里斯·多列士（Thorez, Maurice） 16

索普（Thorp, Willard）

索普论各国对联合国贸易禁运政策的遵守情况（on compliance with U.N. trade embargo） 200

《天风》（Tien Feng） 205~206

天津（Tientsin） 3，6，52，62，77，103，112

天津的英国商会（British Chamber of Commerce in） 123

天津与撤离计划（and evacuation plans） 129，134

天津公安局（Tientsin Public Security Bureau） 85~86

《泰晤士报》（伦敦）（Times, London） 19

帕尔米罗·陶里亚蒂（Togliatti, Palmieri） 16

汤姆林森（Tomlinson, Frank S.） 53，60

董显光（Tong, Hollington） 157

贸易管制（trade controls）

美国的贸易管制政策（U.S. policy on） 18~19，66，166~168，196~197

英美在贸易管制政策上的差异（U.S.-U.K. differences on） 19~20，65

封锁对贸易管制的影响（impact of blockade on） 61

贸易管制与英国的政策（and British policy） 65~66

华德事件中企图实施贸易管制措施（use of inWard case） 81

亚洲航空运输公司（Trans Asiatic Airways） 173

条约权利（treaty rights） 69，108~110，243（第十二章注19）

特伦奇（Trench，Nigel） 146~147，256（第三十四章注1）

杜维廉（Trevelyan，Humphrey） 221~224，233~234

杜鲁门（Truman，Harry S.） 7，34

 杜鲁门与对华政策（and China policy） 19，47，98，100，111，179

 杜鲁门与华德事件（and Ward case） 81

 杜鲁门与国民党的封锁（and Nationalist blockade） 133，233

 杜鲁门与台湾中立化的政策（and neutralization of Formosa） 156

 杜鲁门与国民党派兵到朝鲜战场的问题（and Nationalist troop offer） 157

 杜鲁门与朝鲜战争（and Korean War） 184~186，192

 杜鲁门与对国民党的军事援助问题（and military assistance to Nationalists） 200

杜鲁门－艾德礼会谈（Truman-Attlee talks） 189~190

蒋廷黻（Tsiang Ting-fu） 120

青岛（Tsingtao） 51，74

泰瑞尔（Tyrrell，Gerald F.） 52~53，242，（第十章注15）

联合国（United Nations）

 联合国的中国代表权问题（Chinese representation at） 119~122，141~144，161~162，176~177，195~196，218~219，247，（第二十章注8和注13）

 联合国与台湾（and Formosa） 177~182，191

 联合国与所谓东北轰炸问题（and bombing of Manchuria） 182~183，252

 中华人民共和国对进入联合国的态度（PRC attitude toward admission to） 194

联合国附加措施委员会（UN Additional Measures Committee） 198~199

联合国停火建议（UN ceasefire proposals）

 中华人民共和国拒绝联合国的停火建议（PRC rejection of） 192~193，254（第三十一章注6）

联合国共同措施委员会（UN Collective

Measures Committee) 191~193

联合国调停委员会（UN Good Offices Committee） 193, 198~199

联合国贸易禁运（UN trade embargo） 197~198

中华人民共和国对贸易禁运的反应（PRC reaction to） 199, 254（第三十一章注38）

贸易禁运的效果（effectiveness of） 199~200, 254（第三十一章注38）

美国（United States）

美国与中华人民共和国的关系（relations with PRC） 76~78, 137~139

美国与被留难在美的中国人问题（and Chinese detainees） 225~226。参见"对中华人民共和国的承认问题"

美国中央情报局（U.S. Central Intelligence Agency）

美国中央情报局与中国民用航空公司（and Civil Air Transport） 140

美国中央情报局论台湾的威胁（on threat to Taiwan） 159

美国领事馆（U.S. consulates） 50~52, 112

美国新闻处（US Information Service） 49

美国的在华权益（U.S. interests）

由英国代管美国在华权益（British representation of） 52~54, 112~113

美国第七舰队（U.S. Seventh Fleet） 156, 158~159, 164, 179, 235

罗伯特·厄克特爵士（Urquhart, Sir Robert） 24, 57, 61, 232~233, 242（第十一章注15）

厄克特论美国的对华政策（on U.S. China policy） 58~59

厄克特论保护美国在华权益问题（on protection of U.S. interests） 113

厄克特论撤离计划（on evacuation plans） 128~129

厄克特论黄华（on Huang Hua） 147

"美国之音"（Voice of American） 127

伏罗希洛夫（Voroshilov, KLiment） 117

维辛斯基（Vyshinsky, A. Y.） 114, 124

中央人民政府外交部（Wai Chao Pu） 110~111

威廉·华莱士（Wallace, William） 212~213

王炳南（Wang Ping-nan） 101, 224~226

王树奇（音译）（Wang Shu-chih）

137

华德（Ward, Angus） 8~9, 238
　　就华德事件的照会（representations on behalf of） 9~11, 78, 238
　　司徒雷登与黄华会谈中提到的华德事件（and Stuart-Huang talks） 30~31
　　华德被监禁（jailing of） 79~81, 225, 237, 244
　　华德论苏联的影响（on Soviet influence） 85

华沙谈判（Warsaw talks） 225

詹姆斯·韦布（Webb, James E.） 81, 133, 174

《当中国面对西方》（While China Faced West） 206

吴淞口（Woosung） 57~58

《世界文化》（World Culture） 159

吴国桢（Wu, K. C.）
　　吴国桢与英国和台湾的关系（and British relations with Taiwan） 104

梧州（Wuchow） 212

伍修权（Wu Tsiu-chuan） 187~188, 253

鸭绿江（Yalu River） 182, 185~186

长江（Yangtze River） 13, 23, 27, 55

长江口（Yangtze River estuary） 55, 57
　　国民党在长江口布雷（Nationalist mining of） 130

叶公超（Yeh, George K. C.） 27, 96~97, 164
　　叶公超与美国的对台政策（and U.S. policy toward Formosa） 179

叶剑英（Yeh Chien-ying） 12

燕京大学（Yenching University） 24, 28, 30, 43

营口（Yinkow） 77

肯尼思·杨格（Younger, Kenneth） 162

南斯拉夫（Yugoslavia） 16, 64

扎罗宾（Zaroubin, George N.） 144

图书在版编目(CIP)数据

抉择与分歧：英美对共产党在中国胜利的反应/(美)马丁(Martin, E. W.)著；姜中才，于占杰译. --北京：社会科学文献出版社，2016.6(2023.3重印)

书名原文：Divided Counsel: The Anglo-American Response to Communist Victory in China

ISBN 978 - 7 - 5097 - 8810 - 3

Ⅰ.①抉… Ⅱ.①马… ②姜… ③于… Ⅲ.①对华政策 - 研究 - 美国②对华政策 - 研究 - 英国 Ⅳ.①D822.371.2②D822.356.1

中国版本图书馆 CIP 数据核字(2016)第 043046 号

抉择与分歧
──英美对共产党在中国胜利的反应

著　者 / [美]埃德温·W. 马丁(Edwin W. Martin)
译　者 / 姜中才　于占杰

出 版 人 / 王利民
项目统筹 / 曹义恒
责任编辑 / 曹义恒
责任印制 / 王京美

出　　版 / 社会科学文献出版社·政法传媒分社 (010)59367126
　　　　　 地址：北京市北三环中路甲29号院华龙大厦　邮编：100029
　　　　　 网址：www.ssap.com.cn
发　　行 / 社会科学文献出版社 (010)59367028
印　　装 / 三河市东方印刷有限公司

规　　格 / 开本：889mm×1194mm　1/32
　　　　　 印张：12.125　插页：0.25　字数：277千字
版　　次 / 2016年6月第1版　2023年3月第6次印刷
书　　号 / ISBN 978 - 7 - 5097 - 8810 - 3
著作权合同
登 记 号 / 图字 01 - 2015 - 2410 号
定　　价 / 56.00 元

读者服务电话：4008918866

版权所有 翻印必究